Kaufmann/Herold
Gefahrstoffrecht für die Apotheke

Kaufmann / Herold

Gefahrstoffrecht für die Apotheke

EU- und GHS-Regelungen

Dieter Kaufmann, Augsburg
Holger Herold, Leipzig

5., völlig neu bearbeitete und erweiterte Auflage

Mit farbigen Piktogrammen
und 45 Tabellen

Deutscher Apotheker Verlag

Anschriften der Autoren

Dieter Kaufmann
Ifenstraße 2 1/2
86163 Augsburg

Dr. Holger Herold
Luther-Apotheke
Wittenberger Straße 38
04129 Leipzig

Bibliografische Information der Deutschen Nationalbibliothek
Die Deutsche Nationalbibliothek verzeichnet diese Publikation in der
Deutschen Nationalbibliografie; detaillierte bibliografische Daten sind im
Internet unter http://dnb.d-nb.de abrufbar.

5., völlig neu bearbeitete und erweiterte Auflage 2012
ISBN 978-3-7692-5339-9

© 2012 Deutscher Apotheker Verlag
Birkenwaldstr. 44, 70191 Stuttgart
www.deutscher-apotheker-verlag.de

Printed in Germany
Satz: Primustype Hurler, Notzingen
Druck und Bindung: AZ Druck und Datentechnik GmbH, Berlin
Umschlagabbildung: Roman Sigaer – Fotolia.com
Umschlaggestaltung: deblik, Berlin

Vorwort zur 5. Auflage

Kaum ein anderes Rechtsgebiet hat in den letzten Jahren solch grundlegende Wandlungen erlebt wie das Gefahrstoffrecht. Auch aktuell befindet sich dieser Rechtsraum wieder in einer Umbruchphase.

Standen in der 4. Auflage nach Inkrafttreten der Gefahrstoffverordnung 2005 noch die Einführung von Gefährdungsbeurteilungen und das Schutzstufensystem in Vordergrund, so wurden diese bestimmenden Elemente des Arbeitsschutzes mit der Gefahrstoffverordnung 2010 weiterentwickelt, bei gleichzeitiger Einführung des weltweit einheitlichen Einstufungs- und Kennzeichnungssystems (GHS) durch die EG-CLP-Verordnung vom 16. Dezember 2008.

Dies machte eine vollständige Überarbeitung des »Gefahrstoffrechts für die Apothekenpraxis« notwendig. Im vorliegenden Buch wird dem Anwender das neue Gefahrstoffrecht parallel zu den noch befristet weiter geltenden »alten« Bestimmungen erläutert. Dabei wurden die bewährte Abfolge der Kapitel und die Einteilung der Themen aus der Vorgängerauflage beibehalten.

Jeder Nutzer soll in die Lage versetzt werden, Schritt für Schritt mit fachlich fundiertem Augenmaß die neuen gefahrstoffrechtlichen Vorschriften in der Apotheke einführen zu können. Die derzeit drängendsten Fragen »Was muss ich sofort tun?«; »Wo kann ich noch Übergangsfristen nutzen?«; »Wer bietet apothekenspezifische Lösungen an?« werden nach aktuellem Kenntnisstand beantwortet. Insbesondere vermittelt das vorliegende Buch Lösungsansätze, wie sich durch die Angebote der Fachverlage und die Vorgaben der Bundesapothekerkammer die Bewältigung der gefahrstoffrechtlichen Anforderungen in der Apotheke deutlich vereinfachen lässt.

Der besondere Dank der Autoren gilt Frau Apothekerin Peggy Ahl (ABDA, Berlin), welche seitens der Bundesapothekerkammer maßgeblich an der Erarbeitung der Empfehlungen der BAK zum Arbeitsschutz unter Berücksichtigung von GHS und neuer Gefahrstoffverordnung beteiligt war und die entsprechenden Materialien in kollegialer Weise zur Verfügung gestellt hat.

Die Betreuung der aktuellen Ausgabe seitens des Lektorats Pharmazie des Deutschen Apotheker Verlages lag in den Händen von Frau Marion Schmidt und Herrn Dr. Rainer Mohr. Wir bedanken uns ganz herzlich für die geduldige, konstruktive und freundliche Zusammenarbeit.

Anregungen, Ideen und konstruktive Kritik werden von den Verfassern gern entgegengenommen, da dies sehr hilfreich für die Weiterentwicklung dieses außerordentlich komplexen Themas sein kann.

Augsburg/Leipzig, im Herbst 2011

Dieter Kaufmann
Dr. Holger Herold

Inhaltsverzeichnis

A	Einführung in das Gefahrstoffrecht	TEIL A

C   Lagerung und innerbetriebliche Kennzeichnung   TEIL C

D   Arbeitnehmerschutz   TEIL D

F Für den Notfall TEIL F

G Anhang TEIL G

Abkürzungsverzeichnis

AGS   Ausschuss für Gefahrstoffe. Der AGS setzt sich aus 21 fachkundigen Personen zusammen. Ihm kommt u. a. die Aufgabe zu, durch Erstellung und Bearbeitung von Technischen Regeln Hilfen für die Umsetzung der Gefahrstoffverordnung in der betrieblichen Praxis zu erstellen.

AGW   Arbeitsplatzgrenzwert. Es handelt sich um den Grenzwert für die zeitlich gewichtete durchschnittliche Konzentration eines Stoffes in der Luft am Arbeitsplatz in Bezug auf einen gegebenen Referenzzeitraum. Er gibt an, bei welcher Konzentration eines Stoffes akute oder chronische schädliche Wirkungen auf die Gesundheit im Allgemeinen nicht zu erwarten sind. Der AGW löst als Begriff den bisher verwendeten MAK-Wert (Maximale Arbeitsplatzkonzentration) ab.

AMG   Gesetz über den Verkehr mit Arzneimitteln (Arzneimittelgesetz).

ApBetrO   Verordnung über den Betrieb von Apotheken (Apothekenbetriebsordnung).

ArbSchG   Gesetz über die Durchführung von Maßnahmen des Arbeitsschutzes zur Verbesserung der Sicherheit und des Gesundheitsschutzes der Beschäftigten bei der Arbeit (Arbeitsschutzgesetz).

BAuA   Bundesanstalt für Arbeitsschutz und Arbeitsmedizin. Die Bundesanstalt für Arbeitsschutz und Arbeitsmedizin (BAuA) nimmt als Ressortforschungseinrichtung des Bundes eine Schlüsselstellung bei der Gestaltung einer sicheren und gesunden Arbeitswelt ein. Downloadmöglichkeit für TRGS u. a. gefahrstoffrechtliche Dokumente unter www.baua.de.

BetrSichV   Verordnung über Sicherheit und Gesundheitsschutz bei der Bereitstellung von Arbeitsmitteln und deren Benutzung bei der Arbeit, über Sicherheit beim Betrieb überwachungsbedürftiger Anlagen und über die Organisation des betrieblichen Arbeitsschutzes (Betriebssicherheitsverordnung).

ChemG   Gesetz zum Schutz vor gefährlichen Stoffen (Chemikaliengesetz).

ChemVerbotsV   Verordnung über Verbote und Beschränkungen des Inverkehrbringens gefährlicher Stoffe, Zubereitungen und Erzeugnisse nach dem Chemikaliengesetz (Chemikalien-Verbotsverordnung).

CLP   Classification, Labelling and Packaging = Einstufung, Kennzeichnung und Verpackung.

EG-CLP-VO   VERORDNUNG (EG) Nr. 1272/2008 DES EUROPÄISCHEN PARLAMENTS UND DES RATES vom 16. Dezember 2008 über die Einstufung, Kennzeichnung und Verpackung von Stoffen und Gemischen, zur Änderung und Aufhebung der Richtlinien 67/548/EWG und 1999/45/EG und zur Änderung der Verordnung (EG) Nr. 1907/2006; ergänzt durch die VERORDNUNG (EG) Nr. 790/2009 DER KOMMISSION vom 10. August 2009 zur Änderung der Verordnung (EG) Nr. 1272/2008 des Europäischen Parlaments und des Rates über die Einstufung, Kennzeichnung und Verpackung von Stoffen und Gemischen zwecks Anpassung an den technischen und wissenschaftlichen Fortschritt.

GHS   Globally Hamonized System of Classification and Labelling of Chemicals = Global harmonisiertes System der Einstufung und Kennzeichnung von Chemikalien.

GefStoffV 2005   Verordnung zum Schutz vor Gefahrstoffen (Gefahrstoffverordnung) vom 23.12.2004.

GefStoffV 2010   Verordnung zum Schutz vor Gefahrstoffen (Gefahrstoffverordnung) vom 26.11.2010.

GÜG   Gesetz zur Überwachung des Verkehrs mit Grundstoffen, die für die unerlaubte
           Herstellung von Betäubungsmitteln missbraucht werden können
           (Grundstoffüberwachungsgesetz).
PSA   Persönliche Schutzausrüstung.
REACH   Registration, Evaluation and Authorisation of Chemicals (Registrierung, Bewertung
           und Zulassung von Chemikalien).
RL   Richtlinie.
RL 1999/45/EG   EG-Richtlinie zur Einstufung, Kennzeichnung und Verpackung gefährlicher
           Zubereitungen (Zubereitungsrichtlinie).
RL 67/548/EWG   EG-Richtlinie zur Angleichung der Rechts- und Verwaltungsvorschriften für die
           Einstufung, Verpackung und Kennzeichnung gefährlicher Stoffe (Chemikalien-Grund-
           richtlinie, Stoffrichtlinie).
SDB   Sicherheitsdatenblatt.
TRbF   Technische Regeln für brennbare Flüssigkeiten.
TRGS   Technische Regeln für Gefahrstoffe. TRGS werden vom AGS erstellt und vom
           Bundesministerium für Arbeit und Soziales veröffentlicht (siehe auch unter
           www.baua.de).

Einleitung: Altes und neues Gefahrstoffrecht – Gemeinsamkeiten und Unterschiede

Am 20. Januar 2009 ist die CLP-Verordnung (EG) Nr. 1272/2008 in Kraft getreten (CLP: Classification, Labelling, Packaging). Die CLP-Verordnung ist die europäische Umsetzung des auf UN-Ebene erarbeiteten, weltweit harmonisierten Einstufungs- und Kennzeichnungssystems GHS (Globally Harmonized System of Classifikation und Labelling of Chemicals).

Die Entwicklung eines solchen weltweit einheitlichen Systems der Einstufung und Kennzeichnung von Stoffen und Gemischen wurde auf der UN-Konferenz für Umwelt und Entwicklung 1992 in Rio de Janeiro beschlossen. Nach 10jähriger Erarbeitungsphase konnte das UN-GHS-Dokument im Jahre 2002 verabschiedet werden.

Mit der CLP-Verordnung wird europaweit ein neues System für die Einstufung, Kennzeichnung und Verpackung von Stoffen und Gemischen eingeführt, dessen neue Vorschriften in allen Mitgliedsstaaten unmittelbare Rechtswirksamkeit entfalten. Die EG-Richtlinien 67/548/EWG (Stoffrichtlinie) und 1999/45/EG (Zubereitungsrichtlinie), die die rechtliche Basis für das bisher gültige Einstufungs- und Kennzeichnungssystem bilden, werden zum 1. Juni 2015 aufgehoben.

Bis zu diesem Zeitpunkt geben Übergangsbestimmungen genügend Spielraum, um die betrieblichen Dokumentationen zum Gefahrstoffrecht schrittweise an die neuen Gegebenheiten anzupassen.

Inhaltlich regeln Stoff- und Zubereitungsrichtline, welche Stoffe und Gemische (=Zubereitungen) der allgemeinen Einstufungs- und Kennzeichnungspflicht unterliegen, wer als Inverkehrbringer diese Pflichten zu erfüllen hat und wie bei der Einstufung und Kennzeichnung vorzugehen ist. Die Mitgliedsstaaten der Europäischen Union mussten die Richtlinieninhalte in ihre nationalen Rechtssysteme integrieren (Umsetzungspflicht). In Deutschland werden die beiden Richtlinien über das Chemikaliengesetz und die Gefahrstoffverordnung umgesetzt.

Ein Vergleich der beiden Einstufungs- und Kennzeichnungssysteme zeigt, dass sie eine recht weitgehende inhaltliche Übereinstimmung aufweisen. Stoffe und Gemische werden in der Regel aufgrund ihrer intrinsischen Eigenschaften eingestuft und sind entsprechend dieser Ergebnisse zu kennzeichnen. Bis auf den Umstand, dass auch einzelne Erzeugnisse unter die CLP-Verordnung fallen, ist der Anwendungsbereich von CLP-Verordnung und Stoff- und Zubereitungsrichtlinie gleich.

Grundsätzliche Unterschiede und Gemeinsamkeiten

Beide Systeme erstrecken sich auf physikalische Gefahren sowie Gesundheits- und Umweltgefahren. Sie decken in etwa die gleichen Gefährdungen ab, auch wenn diese von den Systemen unterschiedlich differenziert und kategorisiert werden. Dabei ist das System nach CLP-Verordnung in seinem Aufbau klarer gegliedert. Die Systematik der CLP-Gefahrenklassen ist bei den Gesundheits- und Umweltgefahren stärker an den auftretenden Wirkungen orientiert als das System der Gefährlichkeitsmerkmale nach Stoff- und Zubereitungsrichtlinie. In der (UN-GHS/)CLP-Systematik manifestieren sich die Wirkungsarten in jeweils eigenen Gefahrenklassen.

Obwohl sich die CLP-Verordnung inhaltlich stark an die Vorgaben des UN-GHS anlehnt, greift sie methodisch auch auf bewährte Verfahren aus Stoff- und Zubereitungsrichtlinie zurück. So bleibt das Prinzip der harmonisierten rechtsverbindlichen Einstufung von Stoffen erhalten, auch wenn es sich zukünftig bei neuen Einstufungen in erster Linie auf bestimmte Eigenschaften konzentriert, die am meisten Anlass zur Besorgnis geben.

Neu dagegen ist die Einrichtung eines öffentlich zugänglichen Einstufungs- und Kennzeichnungsverzeichnisses. Mit diesem Instrument wird eine Vereinheitlichung der Einstufungen angestrebt.

Bei einer Reihe von Eigenschaften im Bereich der Gesundheits- und Umweltgefahren zielen die Einstufungskriterien nach CLP-Verordnung auf die Bewertung durch einen Experten ab. In diesem Zusammenhang wird dem Ansatz der Beweiskraftermittlung zur Ableitung eines wissenschaftlichen Gesamtbildes eine große Bedeutung beigemessen. Ähnliche methodische Elemente finden sich ansatzweise auch im System nach Stoff- und Zubereitungsrichtlinie.

Insgesamt eröffnet die CLP-Verordnung mehr Bewertungsfreiräume.

Für die Apotheken kommt es darauf an, unter Beibehaltung des Schutzniveaus der bisherigen Gefahrstoffverordnung und Chemikalienverbotsverordnung die innerbetrieblichen Dokumentationen und die Kennzeichnung der abzugebenden Gefahrstoffe schrittweise den EG-CLP-Vorschriften anzupassen.

Bis zum 01.06.2015 können dabei Dokumente nach »altem« Recht und neu erstellte Dokumente gleichberechtigt nebeneinander vorliegen. Entscheidend ist, dass das Schutzniveau für die Beschäftigten erhalten bleibt.

Teil A
Einführung in das Gefahrstoffrecht

1 Rechtsgrundlagen und Übergangsvorschriften

Das Gefahrstoffrecht ist ein komplexes Rechtsgebiet, in dem zum einen europäische Regelungen und nationale Bestimmungen miteinander verknüpft sind und zum anderen in einer aktuell bis zum 01.06.2015 andauernden Übergangsfrist die Einstufungs- und Kennzeichnungsvorschriften auf das weltweit geltende GHS-System umgestellt werden.

Die wichtigsten Regelungen auf europäischer Ebene sind:

- die Stoffrichtlinie RL 67/548/EWG,
- die Zubereitungsrichtlinie RL 1999/45/EG und
- die EG-CLP-Verordnung VO 1272/2008 vom 16. Dezember 2008.

Die Gefährlichkeitsmerkmale und Einstufungskriterien der Stoff- und Zubereitungsrichtlinien sind in nationales Recht überführt worden und noch bis spätestens 01.06.2015 Basis

- des Chemikaliengesetzes,
- der Gefahrstoffverordnung und
- der Chemikalienverbotsverordnung.

Das bisher gültige Schutzniveau für die Maßnahmen des Arbeitsschutzes (Betriebsanweisungen, Gefährdungsbeurteilungen) und die Abgabe von Gefahrstoffen bleibt damit erst einmal weiter bestehen.

Die **Gefahrstoffverordnung** regelt dabei die Fragen des Umgangs mit den Gefahrstoffen, d. h. Einstufung, Kennzeichnung, Verpackung, Arbeitsschutzmaßnahmen und Verwendungsverbote. In der **Chemikalienverbotsverordnung** werden die Abgabebestimmungen (Abgabevoraussetzungen, Beschränkungen, Abgabeverbote, Dokumentationspflichten) fixiert.

Die detaillierte Umsetzung der Gesetzes- und Verordnungsvorgaben erfolgt über die **TRGS** (Technische Regeln für Gefahrstoffe), die vom AGS (Ausschuss für Gefahrstoffe) aufgestellt und weiterentwickelt werden. Die momentan gültigen TRGS basieren noch auf den Vorgaben der Stoff- und Zubereitungsrichtlinien und werden erst in den nächsten Jahren an die Systematik der EG-CLP-Verordnung angepasst.

Die Umstellung der Einstufung und Kennzeichnung auf GHS ist Teil der neuen europäischen Chemikalienpolitik. Das System der Einstufung und Kennzeichnung nach den Richtlinien 67/548/EWG (Stoffrichtlinie) und 1999/45/EG (Zubereitungsrichtlinie) wird schrittweise durch die Verordnung (EG) Nr. 1272/2008 abgelöst. Diese Verordnung – auch

GHS- oder **CLP-Verordnung** (Classification, Labelling and Packaging) genannt – ist am 20. Januar 2009 in Kraft getreten.

Die damit einhergehenden Übergangsfristen für die Einstufung und Kennzeichnung von Stoffen und Zubereitungen bzw. Gemischen veranschaulicht die folgende Übersicht.

Dies bedeutet für **Stoffe**, dass ab dem 01.12.2010 und bis mindestens 01.06.2015 in sämtlichen Sicherheitsdatenblättern die Einstufungen nach »altem« Recht (Stoffrichtlinie) und »neuem« Recht (EG-CLP-Verordnung) parallel vorhanden sein müssen. Die Kennzeichnung für neu konfektionierte Ware ab dem 01.12.2010 hat nach den neuen Vorschriften der EG-CLP-Verordnung zu erfolgen; für vorher schon im Verkehr befindliche Ware gibt es eine Abverkaufsfrist von 2 Jahren bis zum 01.12.2012.

Gemische (bedeutungsgleich mit Zubereitungen) müssen bis zum 01.06.2015 im Sicherheitsdatenblatt die Einstufung nach der Zubereitungsrichtlinie weiterhin enthalten und spätestens ab dem 01.06.2015 auf die EG-CLP-Verordnung umgestellt sein. Erfolgt eine Einstufung nach EG-CLP-Verordnung vor dem 01.06.2015, so gilt auch hier wie bei

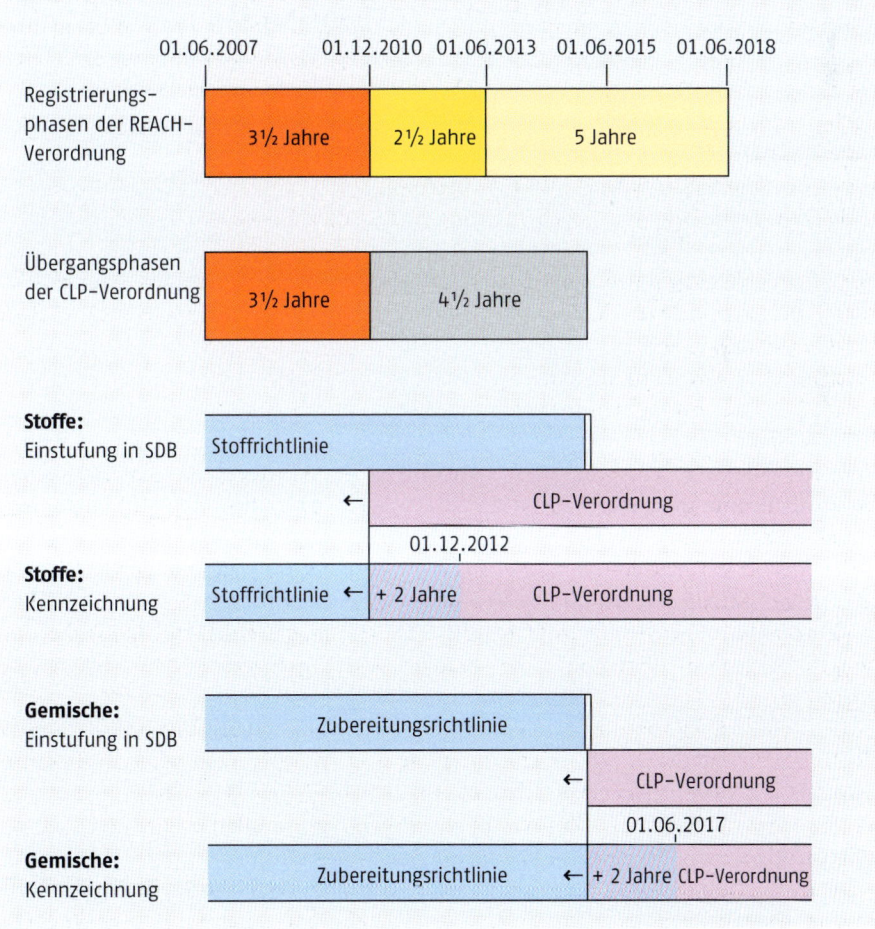

o Abb. 1.1 Übergangsphasen gemäß CL-Verordnung und REACH-Registrierungsphasen
Quelle: Das neue Einstufungs- und Kennzeichnungssystem für Chemikalien nach GHS – kurz erklärt. Umweltbundesamt Dessau

den Stoffen die Doppeldeklaration der Einstufung im Sicherheitsdatenblatt. Die Kennzeichnung muss für Gemische spätestens zum 01.06.2015 auf das neue System umgestellt werden, eine frühere Umstellung ist jederzeit möglich. Auch hier gilt wie bei den Stoffen am Ende eine Abverkaufsfrist von 2 Jahren bis zum 01.06.2017.

Während in den Sicherheitsdatenblättern bis zum 01.06.2015 die parallele Deklaration von »alter« und »neuer« Einstufung zwingend vorgeschrieben ist, gilt für die Kennzeichnung, dass auf den Gefäßen nur entweder die »alte« oder die »neue« Kennzeichnung aufzubringen ist; eine Mischkennzeichnung ist niemals zulässig.

Für die tägliche Arbeit mit Gefahrstoffen stellt die Übergangsphase bis zum 01.06.2015 eine besondere Herausforderung dar. Zum einen werden die Stoffe und Gemische (=Zubereitungen) nach neuer Einstufungs- und Kennzeichnungssystematik in den Verkehr gebracht, zum anderen gelten die Einstufungskriterien nach »altem« Recht für den Umgang mit Gefahrstoffen und deren Abgabe noch weiter. Für sachgerechte Entscheidungen ist somit die Verfügbarkeit der aktuellen Sicherheitsdatenblätter mit beiden Kennzeichnungen unbedingte Voraussetzung.

2 Was sind Gefahrstoffe?

Die Definition des Begriffs »Gefahrstoff« findet sich im § 19 Abs. 2 des Chemikaliengesetzes und umfasst folgende Stoffe und Gemische (=Zubereitungen):

a) gefährliche Stoffe und Zubereitungen nach § 3 a des Chemikaliengesetzes sowie Stoffe und Zubereitungen, die sonstige chronisch schädigende Eigenschaften besitzen,

b) Stoffe, Zubereitungen und Erzeugnisse, die explosionsfähig sind,

c) Stoffe, Zubereitungen und Erzeugnisse, aus denen bei der Herstellung oder Verwendung Stoffe oder Zubereitungen nach Buchstabe a oder b entstehen oder freigesetzt werden,

d) Stoffe und Zubereitungen, die die Kriterien nach Buchstabe a bis c nicht erfüllen, aber aufgrund ihrer physikalisch-chemischen, chemischen oder toxikologischen Eigenschaften und der Art und Weise, wie sie am Arbeitsplatz verwendet werden oder dort vorhanden sind, eine Gefährdung für die Gesundheit und die Sicherheit der Beschäftigten darstellen können und

e) alle Stoffe, denen ein Arbeitsplatzgrenzwert zugewiesen ist.

Gefährliche Stoffe nach Punkt a werden hinsichtlich ihrer toxischen, physikalisch-chemischen und/oder umweltgefährdenden Eigenschaften »eingestuft«, d. h. aufgrund von Ergebnissen experimenteller Untersuchungen einem oder mehreren der folgenden Gefähr-

◻ **Tab. 2.1** Überblick zu den gültigen Gefährlichkeitsmerkmalen

Gesundheitsggefahren	Chemisch-physikalische Gefahren	Umweltgefahren
Sehr giftig	Explosionsgefährlich	Umweltgefährlich
Giftig	Brandfördernd	
Gesundheitsschädlich	Hochentzündlich	
Krebserzeugend	Leichtentzündlich	
Fortpflanzungsgefährdend	Entzündlich	
Erbgutverändernd		
Ätzend		
Reizend		
Sensibilisierend		

lichkeitsmerkmale zugeordnet. Die Zuordnungskriterien sind in der Gefahrstoffverordnung geregelt.

Diese bisher verwendeten Gefährlichkeitsmerkmale nach § 3 a des Chemikaliengesetzes werden in der aktuellen Fassung der Gefahrstoffverordnung und in der Chemikalienverbotsverordnung als Handlungs- und Entscheidungsbasis bis zum 01.06.2015 weitergeführt. Damit bleibt das bisherige Schutzniveau im Umgang mit den Gefahrstoffen erhalten.

Parallel dazu erfolgt die Umstellung der Einstufung in Gefahrenklassen und -kategorien sowie der Kennzeichnung von Stoffen und Gemischen nach den neuen Regeln der EG-CLP-VO in verschiedenen Übergangsphasen bis zum 01.06.2015 (Einzelheiten ▶ Kap. 4).

Stoffe – Zubereitungen – Gemische

Bei Gefahrstoffen kann es sich um einen Einzelstoff oder um eine Mischung aus mehreren Stoffen handeln. Entsprechend war daher bisher stets von »Stoffen« und »Zubereitungen« die Rede.

Der Begriff »Zubereitung« wird in der EG-CLP-VO durch den Begriff »Gemisch« ersetzt. Beide Bezeichnungen sind bedeutungsgleich zu verwenden. Gemische können aus mehreren Gefahrstoffen oder aus einem Gefahrstoff und einem oder mehreren sonstigen Stoffen bestehen.

3 Einstufung und Kennzeichnung nach »altem« Recht

3.1 Gefahrensymbole

Symbole auf Verpackungen geben einen ersten Hinweis auf die Art der Gefährlichkeit des Inhaltes. Unter dem Symbol befindet sich die »Gefahrenbezeichnung«. Jedes Symbol erhält außerdem noch einen sog. »Kennbuchstaben«, der in Texten als Kürzel für die Gefahrenbezeichnung verwendet werden kann. Dieser ist bei der Kennzeichnung von Verpackungen nicht anzugeben.

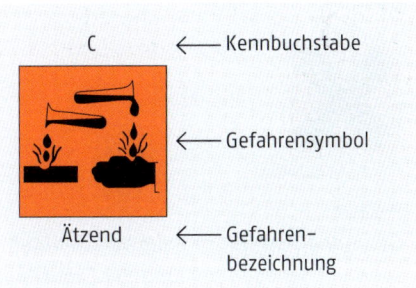

C ← Kennbuchstabe

← Gefahrensymbol

Ätzend ← Gefahren-
bezeichnung

T⁺ — Sehr giftig

T — Giftig

Xn — Gesundheitsschädlich

F⁺ — Hochentzündlich

F — Leichtentzündlich

O — Brandfördernd

C — Ätzend

Xi — Reizend

E — Explosionsgefährlich

N — Umweltgefährlich

Folgende Gefährlichkeitsmerkmale besitzen kein eigenes Gefahrensymbol; es wird eines der Symbole in Kombination mit Gefahrenhinweisen (R-Sätzen) verwendet:
- Krebserzeugende, erbgutschädigende, fortpflanzungsgefährdende Stoffe.
- Sensibilisierende Stoffe.

»Entzündlichen Stoffen« ist kein Symbol zugeordnet, sondern nur der R-Satz 10. (Näheres unter ▶ Kap. 3.4.3).

3.2 R-Sätze

Jedem Gefahrstoff sind außer dem Gefahrensymbol die sogenannten R-Sätze, »Gefahrenhinweise«, zugeordnet. Dabei handelt es sich um standardisierte Kurzbeschreibungen der möglichen Gefahren, die von dem entsprechenden Stoff ausgehen. Sie beschreiben die Art der Gefährdung näher und ergänzen das Symbol um zusätzliche Angaben zur Gefährlichkeit.

Beispiel: Chloroform

Xn

Gesundheitsschädlich

R-Sätze:
Gesundheitsschädlich beim Verschlucken. Gesundheitsschädlich: Gefahr ernster Gesundheitsschäden bei längerer Exposition durch Einatmen und durch Verschlucken. Reizt die Haut.
Verdacht auf krebserzeugende Wirkung.

Die R-Sätze sind auch Bestandteil der Kennzeichnung von Gefahrstoffen und wörtlich zu übernehmen.

Die R-Sätze sind von 1 bis 68 durchnummeriert und lauten:
R 1   In trockenem Zustand explosionsgefährlich.
R 2   Durch Schlag, Reibung, Feuer oder andere Zündquellen explosionsgefährlich.
R 3   Durch Schlag, Reibung, Feuer oder andere Zündquellen besonders explosionsgefährlich.
R 4   Bildet hochempfindliche explosionsgefährliche Metallverbindungen.
R 5   Beim Erwärmen explosionsfähig.
R 6   Mit und ohne Luft explosionsfähig.
R 7   Kann Brand verursachen.
R 8   Feuergefahr bei Berührung mit brennbaren Stoffen.
R 9   Explosionsgefahr bei Mischung mit brennbaren Stoffen.
R 10   Entzündlich.
R 11   Leichtentzündlich.
R 12   Hochentzündlich.

R 14	Reagiert heftig mit Wasser.
R 15	Reagiert mit Wasser unter Bildung hochentzündlicher Gase.
R 16	Explosionsgefährlich in Mischung mit brandfördernden Stoffen.
R 17	Selbstentzündlich an der Luft.
R 18	Bei Gebrauch Bildung explosionsfähiger/leichtentzündlicher Dampf-Luftgemische möglich.
R 19	Kann explosionsfähige Peroxide bilden.
R 20	Gesundheitsschädlich beim Einatmen.
R 21	Gesundheitsschädlich bei Berührung mit der Haut.
R 22	Gesundheitsschädlich beim Verschlucken.
R 23	Giftig beim Einatmen.
R 24	Giftig bei Berührung mit der Haut.
R 25	Giftig beim Verschlucken.
R 26	Sehr giftig beim Einatmen.
R 27	Sehr giftig bei Berührung mit der Haut.
R 28	Sehr giftig beim Verschlucken.
R 29	Entwickelt bei Berührung mit Wasser giftige Gase.
R 30	Kann bei Gebrauch leicht entzündlich werden.
R 31	Entwickelt bei Berührung mit Säure giftige Gase.
R 32	Entwickelt bei Berührung mit Säure sehr giftige Gase.
R 33	Gefahr kumulativer Wirkungen.
R 34	Verursacht Verätzungen.
R 35	Verursacht schwere Verätzungen.
R 36	Reizt die Augen.
R 37	Reizt die Atmungsorgane.
R 38	Reizt die Haut.
R 39	Ernste Gefahr irreversiblen Schadens.
R 40	Verdacht auf krebserzeugende Wirkung.
R 41	Gefahr ernster Augenschäden.
R 42	Sensibilisierung durch Einatmen möglich.
R 43	Sensibilisierung durch Hautkontakt möglich.
R 44	Explosionsgefahr bei Erhitzen unter Einschluss.
R 45	Kann Krebs erzeugen.
R 46	Kann vererbbare Schäden verursachen.
R 48	Gefahr ernster Gesundheitsschäden bei längerer Exposition.
R 49	Kann Krebs erzeugen beim Einatmen.
R 50	Sehr giftig für Wasserorganismen.
R 51	Giftig für Wasserorganismen.
R 52	Schädlich für Wasserorganismen.
R 53	Kann in Gewässern längerfristig schädliche Wirkungen haben.
R 54	Giftig für Pflanzen.
R 55	Giftig für Tiere.
R 56	Giftig für Bodenorganismen.
R 57	Giftig für Bienen.
R 58	Kann längerfristig schädliche Wirkungen auf die Umwelt haben.
R 59	Gefährlich für die Ozonschicht.
R 60	Kann die Fortpflanzungsfähigkeit beeinträchtigen.
R 61	Kann das Kind im Mutterleib schädigen.

3

R 62   Kann möglicherweise die Fortpflanzungsfähigkeit beeinträchtigen.
R 63   Kann das Kind im Mutterleib möglicherweise schädigen.
R 64   Kann Säuglinge über die Muttermilch schädigen.
R 65   Gesundheitsschädlich: kann beim Verschlucken Lungenschäden verursachen.
R 66   Wiederholter Kontakt kann zu spröder oder rissiger Haut führen.
R 67   Dämpfe können Schläfrigkeit oder Benommenheit verursachen.
R 68   Irreversibler Schaden möglich.

Es können auch mehrere R-Sätze sprachlich zusammengefasst sein; man nennt sie dann »kombinierte R-Sätze«. Diese erhalten die Nummern der einzelnen Sätze, getrennt durch einen Schrägstrich. Sie lauten:

R 14/15   Reagiert heftig mit Wasser unter Bildung hochentzündlicher Gase.
R 15/29   Reagiert mit Wasser unter Bildung giftiger und hochentzündlicher Gase.
R 20/21   Gesundheitsschädlich beim Einatmen und bei Berührung mit der Haut.
R 20/22   Gesundheitsschädlich beim Einatmen und Verschlucken.
R 20/21/22   Gesundheitsschädlich beim Einatmen, Verschlucken und Berührung mit der Haut.
R21/22   Gesundheitsschädlich bei Berührung mit der Haut und beim Verschlucken.
R 23/24   Giftig beim Einatmen und bei Berührung mit der Haut.
R 23/25   Giftig beim Einatmen und Verschlucken.
R 23/24/25   Giftig beim Einatmen, Verschlucken und Berührung mit der Haut.
R 24/25   Giftig bei Berührung mit der Haut und beim Verschlucken.
R 26/27   Sehr giftig beim Einatmen und bei Berührung mit der Haut.
R 26/28   Sehr giftig beim Einatmen und Verschlucken.
R 26/27/28   Sehr giftig beim Einatmen, Verschlucken und Berührung mit der Haut.
R 27/28   Sehr giftig bei Berührung mit der Haut und beim Verschlucken.
R 36/37   Reizt die Augen und die Atmungsorgane.
R 36/38   Reizt die Augen und die Haut.
R 36/37/38   Reizt die Augen, Atmungsorgane und die Haut.
R 37/38   Reizt die Atmungsorgane und die Haut.
R 39/23   Giftig: ernste Gefahr irreversiblen Schadens durch Einatmen.
R 39/24   Giftig: ernste Gefahr irreversiblen Schadens bei Berührung mit der Haut.
R 39/25   Giftig: ernste Gefahr irreversiblen Schadens durch Verschlucken.
R 39/23/24   Giftig: ernste Gefahr irreversiblen Schadens durch Einatmen und bei Berührung mit der Haut.
R 39/23/25   Giftig: ernste Gefahr irreversiblen Schadens durch Einatmen und durch Verschlucken.
R 39/24/25   Giftig: ernste Gefahr irreversiblen Schadens bei Berührung mit der Haut und durch Verschlucken.
R 39/23/24/25   Giftig: ernste Gefahr irreversiblen Schadens durch Einatmen, Berührung mit der Haut und durch Verschlucken.
R 39/26   Sehr giftig: ernste Gefahr irreversiblen Schadens durch Einatmen.
R 39/27   Sehr giftig: ernste Gefahr irreversiblen Schadens bei Berührung mit der Haut.
R 39/28   Sehr giftig: ernste Gefahr irreversiblen Schadens durch Verschlucken.
R 39/26/27   Sehr giftig: ernste Gefahr irreversiblen Schadens durch Einatmen und bei Berührung mit der Haut.

R 39/26/28	Sehr giftig: ernste Gefahr irreversiblen Schadens durch Einatmen und durch Verschlucken.
R 39/27/28	Sehr giftig: ernste Gefahr irreversiblen Schadens bei Berührung mit der Haut und durch Verschlucken.
R 39/26/27/28	Sehr giftig: ernste Gefahr irreversiblen Schadens durch Einatmen, Berührung mit der Haut und durch Verschlucken.
R 42/43	Sensibilisierung durch Einatmen und Hautkontakt möglich.
R 48/20	Gesundheitsschädlich: Gefahr ernster Gesundheitsschäden bei längerer Exposition durch Einatmen.
R 48/21	Gesundheitsschädlich: Gefahr ernster Gesundheitsschäden bei längerer Exposition durch Berührung mit der Haut.
R 48/22	Gesundheitsschädlich: Gefahr ernster Gesundheitsschäden bei längerer Exposition durch Verschlucken.
R 48/20/21	Gesundheitsschädlich: Gefahr ernster Gesundheitsschäden bei längerer Exposition durch Einatmen und durch Berührung mit der Haut.
R 48/20/22	Gesundheitsschädlich: Gefahr ernster Gesundheitsschäden bei längerer Exposition durch Einatmen und durch Verschlucken.
R 48/21/22	Gesundheitsschädlich: Gefahr ernster Gesundheitsschäden bei längerer Exposition durch Berührung mit der Haut und durch Verschlucken.
R 48/20/21/22	Gesundheitsschädlich: Gefahr ernster Gesundheitsschäden bei längerer Exposition durch Einatmen, Berührung mit der Haut und durch Verschlucken.
R 48/23	Giftig: Gefahr ernster Gesundheitsschäden bei längerer Exposition durch Einatmen.
R 48/24	Giftig: Gefahr ernster Gesundheitsschäden bei längerer Exposition durch Berührung mit der Haut.
R 48/25	Giftig: Gefahr ernster Gesundheitsschäden bei längerer Exposition durch Verschlucken.
R 48/23/24	Giftig: Gefahr ernster Gesundheitsschäden bei längerer Exposition durch Einatmen und durch Berührung mit der Haut.
R 48/23/25	Giftig: Gefahr ernster Gesundheitsschäden bei längerer Exposition durch Einatmen und durch Verschlucken.
R 48/24/25	Giftig: Gefahr ernster Gesundheitsschäden bei längerer Exposition durch Berührung mit der Haut und durch Verschlucken.
R 48/23/24/25	Giftig: Gefahr ernster Gesundheitsschäden bei längerer Exposition durch Einatmen, Berührung mit der Haut und durch Verschlucken.
R 50/53	Sehr giftig für Wasserorganismen, kann in Gewässern längerfristig schädliche Wirkungen haben.
R 51/53	Giftig für Wasserorganismen, kann in Gewässern längerfristig schädliche Wirkungen haben.
R 52/53	Schädlich für Wasserorganismen, kann in Gewässern längerfristig schädliche Wirkungen haben.
R 40/20	Gesundheitsschädlich: Möglichkeit irreversiblen Schadens durch Einatmen.
R 68/21	Gesundheitsschädlich: Möglichkeit irreversiblen Schadens bei Berührung mit der Haut.

3

R 68/22	Gesundheitsschädlich: Möglichkeit irreversiblen Schadens durch Verschlucken.
R 68/20/21	Gesundheitsschädlich: Möglichkeit irreversiblen Schadens durch Einatmen und bei Berührung mit der Haut.
R 68/20/22	Gesundheitsschädlich: Möglichkeit irreversiblen Schadens durch Einatmen und durch Verschlucken.
R 68/21/22	Gesundheitsschädlich: Möglichkeit irreversiblen Schadens bei Berührung mit der Haut und durch Verschlucken.
R 68/20/21/22	Gesundheitsschädlich: Möglichkeit irreversiblen Schadens durch Einatmen, Berührung mit der Haut und durch Verschlucken.

3.3   S-Sätze

Um dem Verwender kurze und prägnante Empfehlungen für den sicheren Umgang mit einem Gefahrstoff zu geben, sind standardisierte Sicherheitsratschläge auf den Gefäßen anzubringen, die sogenannten S-Sätze, die ebenfalls durchnummeriert sind.

Die S-Sätze sind auch Bestandteil der Kennzeichnung von Gefahrstoffen und wörtlich zu übernehmen.

S 1	Unter Verschluss aufbewahren.
S 2	Darf nicht in die Hände von Kindern gelangen.
S 3	Kühl aufbewahren.
S 4	Von Wohnplätzen fernhalten.
S 5	Unter ... aufbewahren (geeignete Flüssigkeit vom Hersteller anzugeben).
S 6	Unter ... aufbewahren (inertes Gas vom Hersteller anzugeben).
S 7	Behälter dicht geschlossen halten.
S 8	Behälter trocken halten.
S 9	Behälter an einem gut gelüfteten Ort aufbewahren.
S 12	Behälter nicht gasdicht verschließen.
S 13	Von Nahrungsmitteln, Getränken und Futtermitteln fernhalten.
S 14	Von ... fernhalten (inkompatible Substanzen sind vom Hersteller anzugeben).
S 15	Vor Hitze schützen.
S 16	Von Zündquellen fernhalten — Nicht rauchen.
S 17	Von brennbaren Stoffen fernhalten.
S 18	Behälter mit Vorsicht öffnen und handhaben.
S 20	Bei der Arbeit nicht essen und trinken.
S 21	Bei der Arbeit nicht rauchen.
S 22	Staub nicht einatmen.
S 23	Gas/Rauch/Dampf/Aerosol nicht einatmen (geeignete Bezeichnung(en) vom Hersteller anzugeben).
S 24	Berührung mit der Haut vermeiden.
S 25	Berührung mit den Augen vermeiden.
S 26	Bei Berührung mit den Augen sofort gründlich mit Wasser abspülen und Arzt konsultieren.
S 27	Beschmutzte, getränkte Kleidung sofort ausziehen.
S 28	Bei Berührung mit der Haut sofort abwaschen mit viel ... (vom Hersteller anzugeben).
S 29	Nicht in die Kanalisation gelangen lassen.
S 30	Niemals Wasser hinzugießen.

S 33   Maßnahmen gegen elektrostatische Aufladungen treffen.

S 35   Abfälle und Behälter müssen in gesicherter Weise beseitigt werden.

S 36   Bei der Arbeit geeignete Schutzkleidung tragen.

S 37   Geeignete Schutzhandschuhe tragen.

S 38   Bei unzureichender Belüftung Atemschutzgerät anlegen.

S 39   Schutzbrille/Gesichtsschutz tragen.

S 40   Fußboden und verunreinigte Gegenstände mit ... reinigen (Material vom Hersteller anzugeben).

S 41   Explosions- und Brandgase nicht einatmen.

S 42   Bei Räuchern/Versprühen geeignetes Atemschutzgerät anlegen (geeignete Bezeichnung(en) vom Hersteller anzugeben).

S 43   Zum Löschen ... (vom Hersteller anzugeben) verwenden (wenn Wasser die Gefahr erhöht, anfügen: »Kein Wasser verwenden«).

S 45   Bei Unfall oder Unwohlsein sofort Arzt hinzuziehen (wenn möglich, dieses Etikett vorzeigen).

S 46   Bei Verschlucken sofort ärztlichen Rat einholen und Verpackung oder Etikett vorzeigen.

S 47   Nicht bei Temperaturen über ... °C aufbewahren (vom Hersteller anzugeben).

S 48   Feucht halten mit ... (geeignetes Mittel vom Hersteller anzugeben).

S 49   Nur im Originalbehälter aufbewahren.

S 50   Nicht mischen mit ... (vom Hersteller anzugeben).

S 51   Nur in gut gelüfteten Bereichen verwenden.

S 52   Nicht großflächig für Wohn- und Aufenthaltsräume zu verwenden.

S 53   Exposition vermeiden — vor Gebrauch besondere Anweisungen einholen.

S 56   Diesen Stoff und seinen Behälter der Problemabfallentsorgung zuführen.

S 57   Zur Vermeidung einer Kontamination der Umwelt geeigneten Behälter verwenden.

S 59   Information zur Wiederverwendung/Wiederverwertung beim Hersteller/ Lieferanten erfragen.

S 60   Dieser Stoff und sein Behälter sind als gefährlicher Abfall zu entsorgen.

S 61   Freisetzung in die Umwelt vermeiden. Besondere Anweisungen einholen/ Sicherheitsdatenblatt zu Rate ziehen.

S 62   Bei Verschlucken kein Erbrechen herbeiführen. Sofort ärztlichen Rat einholen und Verpackung oder dieses Etikett vorzeigen.

S 63   Bei Unfall durch Einatmen: Verunfallten an die frische Luft bringen und ruhig stellen.

S 64   Bei Verschlucken Mund mit Wasser ausspülen (nur wenn Verunfallter bei Bewusstsein ist).

Kombinierte S-Sätze:

S 1/2   Unter Verschluss und für Kinder unzugänglich aufbewahren.

S 3/7   Behälter dicht geschlossen halten und an einem kühlen Ort aufbewahren.

S 3/9/14   An einem kühlen, gut gelüfteten Ort, entfernt von ... aufbewahren. (die Stoffe, mit denen Kontakt vermieden werden muss, sind vom Hersteller anzugeben).

S 3/9/14/49   Nur im Originalbehälter an einem kühlen, gut gelüfteten Ort, entfernt von ... aufbewahren (die Stoffe, mit denen Kontakt vermieden werden muss, sind vom Hersteller anzugeben).

S 3/9/49   Nur im Originalbehälter an einem kühlen, gut gelüfteten Ort aufbewahren.

S 3/14	An einem kühlen, von ... entfernten Ort aufbewahren (die Stoffe, mit denen Kontakt vermieden werden muss, sind vom Hersteller anzugeben).
S 7/8	Behälter trocken und dicht geschlossen halten.
S 7/9	Behälter dicht geschlossen an einem gut gelüfteten Ort aufbewahren.
S 7/47	Behälter dicht geschlossen und nicht bei Temperaturen über ... °C aufbewahren (vom Hersteller anzugeben).
S 20/21	Bei der Arbeit nicht essen, trinken, rauchen.
S 24/25	Berührung mit den Augen und der Haut vermeiden.
S 27/28	Bei Berührung mit der Haut beschmutzte, getränkte Kleidung sofort ausziehen und Haut sofort mit viel ... abwaschen (vom Hersteller anzugeben).
S 29/35	Nicht in die Kanalisation gelangen lassen; Abfälle und Behälter müssen in gesicherter Weise beseitigt werden.
S 29/56	Nicht in die Kanalisation gelangen lassen; diesen Stoff und seinen Behälter der Problemabfallentsorgung zuführen.
S 36/37	Bei der Arbeit geeignete Schutzhandschuhe und Schutzkleidung tragen.
S 36/37/39	Bei der Arbeit geeignete Schutzkleidung, Schutzhandschuhe und Schutzbrille/Gesichtsschutz tragen.
S 36/39	Bei der Arbeit geeignete Schutzkleidung und Schutzbrille/Gesichtsschutz tragen.
S 37/39	Bei der Arbeit geeignete Schutzhandschuhe und Schutzbrille/Gesichtsschutz tragen.
S 47/49	Nur im Originalbehälter bei einer Temperatur von nicht über ...°C (vom Hersteller anzugeben) aufbewahren.

3.4 Einstufung von Gefahrstoffen

Gefährliche Stoffe werden »eingestuft«, das heißt, sie werden aufgrund von Ergebnissen experimenteller Untersuchungen einem oder mehreren Gefährlichkeitsmerkmalen zugeordnet. Die Gefährlichkeit wird durch **Symbole** und **R-Sätze** zum Ausdruck gebracht.

3.4.1 Einstufung aufgrund von Gesundheitsgefährdungen (Auswahl)

a) Akute Toxizität

- Sehr giftig: $LD_{50} < 25$ mg/kg (Ratte; orale Aufnahme)
- Giftig: LD_{50} zwischen 25 und 200 mg/kg
- Gesundheitsschädlich: LD_{50} zwischen 200 und 2000 mg/kg

LD_{50} ist die Dosis eines Gefahrstoffes in mg pro kg Körpergewicht, die bei 50 % der Versuchstiere zum Tode führt (LD = Letale Dosis).

T
Giftig

T⁺
Sehr giftig

Xn
Gesundheitsschädlich

Beispiele für zugeordnete R-Sätze

R 20   Gesundheitsschädlich beim Einatmen.
R 24   Giftig bei Berührung mit der Haut.
R 27   Sehr giftig bei Berührung mit der Haut.
R 28   Sehr giftig beim Verschlucken.

Stoffbeispiele		
Sehr giftig	**Giftig**	**Gesundheitsschädlich**
Atropinsulfat	Methadon	Salicylsäure
Colchicin	Diclofenac	Terpentinöl
Scopolamin	Methanol	Clotrimazol
Strychnin	Natriumfluorid	Polidocanol
Colecalciferol	Xylometazolin	Nelkenöl
Crotonöl	Phenolum liquefactum	Gentamycin

b) Chronische Toxizität

T
Giftig

T⁺
Sehr giftig

Xn
Gesundheitsschädlich

Beispiele für zugeordnete R-Sätze

R 39   Ernste Gefahr irreversiblen Schadens.
R 48   Gefahr ernster Gesundheitsschäden bei längerer Exposition.

Stoffbeispiel: Benzol

c) Ätzende und reizende Wirkung

- Ätzend: Ein Gefahrstoff wird als »ätzend« eingestuft, wenn er in der Lage ist, die Haut von Versuchstieren in ihrer gesamten Dicke innerhalb eines vorgegebenen Zeitraums zu zerstören.
- Reizend: Ein Gefahrstoff wird als »reizend« eingestuft, wenn er nach vorgegebener Einwirkzeit eine Hautentzündung auslöst.

3

C   Xi

Ätzend   Reizend

Beispiele für zugeordnete R-Sätze

R 34   Verursacht Verätzungen.

R 37   Reizt die Atmungsorgane.

R 38   Reizt die Haut.

R 41   Gefahr ernster Augenschäden.

Stoffbeispiele	
Ätzend	**Reizend**
Ammoniaklösung > 10 %	Ammoniaklösung 5–10 %
Salzsäure > 25 %	Salzsäure 10–25 %
Kaliumhydroxid	Menthol
Silbernitrat	Campher
Zinkchlorid	Ethacridinlactat

d) Sensibilisierende Wirkung

■ Einatmen oder Hautkontakt löst Überempfindlichkeitsreaktionen aus.

Xn   Xi

Gesundheitsschädlich   Reizend

Beispiele für zugeordnete R-Sätze

R 42   Sensibilisierung durch Einatmen möglich.

R 43   Sensibilisierung durch Hautkontakt möglich.

Stoffbeispiele		
Erythromycin	Perubalsam	Lidocain
Gentamycin	Chloramphenicol	Benzocain

3.4.2 Einstufung aufgrund besonderer Gesundheitsgefahren (CMR-Stoffe)

Stoffe mit cancerogenen, mutagenen oder reproduktionstoxischen Eigenschaften werden »CMR-Stoffe« genannt.

Zur Charakterisierung von entsprechenden Stoffen werden folgende Abkürzungen verwendet:

Carc. = carcinogen (krebserzeugend)
Muta. = mutagen (erbgutschädigend)
Repr. = reproduktionstoxisch (die Fortpflanzungsfähigkeit gefährdend)
Cat.   = Kategorie

Nach Gefährlichkeit erfolgt die Einteilung in drei Kategorien:
Kategorie 1: Wirken beim Menschen bekanntermaßen CMR-erzeugend.
Kategorie 2: Es existieren hinreichende Anhaltspunkte für eine CMR-Eigenschaft.
Kategorie 3: CMR-Verdachtsstoffe; es existieren Hinweise, aber keine ausreichenden Anhaltspunkte.
Zwischen Kategorie 1 und 2 muss in der Apotheke beim Arbeitsschutz nicht unterschieden werden. Stoffe beider Kategorien sind als CMR-Stoffe anzusehen; Kategorie 3 sind CMR-Verdachtsstoffe.

Beispiele:
- Chloroform: Carc. Cat. 3 (Verdacht auf krebserzeugende Wirkung)
- Kaliumdichromat: Muta. Cat. 2 und Carc. Cat. 2 (Krebserzeugender und erbgutschädigender Stoff)
- Benzol: Carc. Cat. 1 (Krebserzeugender Stoff)

3

Besonderheit bei reproduktionstoxischen Stoffen

Man unterscheidet

»fruchtschädigende Stoffe« (entwicklungsschädigende Stoffe), die vorgeburtliche Schäden an der Nachkommenschaft verursachen.	»fruchtbarkeitsgefährdende Stoffe«, die die männliche oder weibliche Fortpflanzungsfähigkeit beeinträchtigen können.
Man bezeichnet sie als R_E-Stoffe	Man bezeichnet sie als R_F-Stoffe

Den CMR-Stoffen der Kategorien 1 und 2 wird das Symbol »T« zugeordnet, Stoffen der Kategorie 3 das Symbol »Xn«, jeweils in Kombination mit entsprechenden R-Sätzen gemäß folgender Tabelle:

	Cat. 1 und Cat. 2 Giftig	Cat. 3 Gesundheitsschädlich
Cancerogen	R 45 Kann Krebs erzeugen. Oder R 49 Kann Krebs erzeugen beim Einatmen.	R 40 Verdacht auf krebserzeugende Wirkung.
Mutagen	R 46 Kann vererbbare Schäden verursachen.	R 68 Irreversibler Schaden möglich.

| Reproduk-tionstoxisch | R$_F$–Stoffe | R 60 Kann die Fort-pflanzungsfähigkeit beeinträchtigen. | R 62 Kann möglicher-weise die Fortpflanzungs-fähigkeit beeinträchtigen. |
| | R$_E$–Stoffe | R 61 Kann das Kind im Mutterleib schädigen. | R 63 Kann das Kind im Mutterleib möglicher-weise schädigen. |

Beispiele:
- Prednison: Repr. Cat. 1E 3F (fruchtschädigend, Verdacht auf fortpflanzungsschädigende Wirkung)
- Estradiol: Repr. Cat. 1F 3E (fortpflanzungsschädigend, Verdacht auf fruchtschädigende Wirkung)

Verdünnungen: Bei Verdünnungen gilt die Einstufung als CMR-Stoff der Kategorien 1 bzw. 2 bereits ab 0,1 % für krebserzeugende bzw. mutagene Stoffe und ab 0,5 % für repro-duktionstoxische Stoffe, soweit keine anderen Konzentrationen gesetzlich festgelegt sind.

3.4.3 Einstufung aufgrund chemisch-physikalischer Gefahren (Auswahl)

a) Brennbare Flüssigkeiten

Brennbare Flüssigkeiten sind nicht deshalb als besonders gefährlich anzusehen, weil sie sich anzünden lassen, sondern weil sie Dämpfe entwickeln, die mit Luft ein entzündliches bzw. explosionsfähiges Gemisch bilden. Diese Dämpfe entstehen allerdings erst oberhalb einer bestimmten Temperatur, die man als Flammpunkt (Abkürzung FP) bezeichnet. Je tiefer der Flammpunkt einer Flüssigkeit, desto gefährlicher ist sie somit hinsichtlich der Brand- und Explosionsgefahr.

Beispiel: Der Flammpunkt von Isopropylalkohol liegt bei 12 °C; d. h., ab einer Tempera-tur von 12 °C entstehen über der Flüssigkeitsoberfläche entzündliche bzw. explosionsge-fährliche Dampf/Luft-Gemische.

Brennbare Flüssigkeiten werden gemäß Gefahrstoffverordnung nach den folgenden Kri-terien in drei Gruppen eingeteilt:
- Hochentzündlich: Flammpunkt unter 0 °C und Siedepunkt höchstens 35 °C
- Leichtentzündlich: Flammpunkt unter 21 °C
- Entzündlich: Flammpunkt zwischen 21 °C und 55 °C

F

Leichtentzündlich

F$^+$

Hochentzündlich

Beispiele für zugeordnete R-Sätze

R 10   Entzündlich (ohne Gefahrensymbol).

R 11   Leichtentzündlich.

R 12   Hochentzündlich.

Stoffbeispiele		
Hochentzündlich	**Leichtentzündlich**	**Entzündlich**
Diethylether	Aceton	Terpentinöl
Kollodium	Wundbenzin	Essigsäure (90–100 %)
Acetaldehyd	Ethanol > 77 % Vol. (70 % m/m)	Ethanol < 77 % Vol.
	Isopropylalkohol > 48 % Vol.	Isopropylalkohol < 48 % Vol.
	(40 % m/m)	Verschiedene ätherische Öle
	Etherweingeist (Hoffmannstropfen)	
	Baldriantinktur	

Während von den »nur« entzündlichen Substanzen eine relativ geringe Gefahr ausgeht, da die Flammpunkte bei der üblichen Lagerung wohl nicht erreicht werden, ist vor allem bei der Verwendung von hochentzündlichen Flüssigkeiten besondere Vorsicht geboten.

Zur Beachtung: Die früher übliche Einteilung in die Gefahrklassen AI, AII, AIII und B entfällt seit März 2003, da die zugrunde liegende »Verordnung über brennbare Flüssigkeiten« außer Kraft getreten ist. Die Gefahrenklassen sind lediglich für die Berechnung der Lagermengen hilfreich und werden unter Teil C, ▶ Kap. 10.4 beschrieben.

b) Brandfördernde Stoffe

Als brandfördernd werden Gefahrstoffe eingestuft, wenn sie bei Berührung mit brennbaren Stoffen durch Sauerstoffabgabe die Brandgefahr und Heftigkeit eines Brandes beträchtlich erhöhen.

Stoffbeispiele		
Natriumchlorat	Kaliumnitrat	Natriumnitrit
Kaliumchlorat	Kaliumpermanganat	Natriumnitrat

3.4.4 Einstufung aufgrund umweltschädigender Eigenschaften

Ein Gefahrstoff wird als »umweltgefährlich« eingestuft, wenn er in der Lage ist, auf schädliche Weise Wasser, Boden, Luft sowie Tiere, Pflanzen und Mikroorganismen zu beeinträchtigen.

Stoffbeispiele		
Zinkoxid	Silbernitrat	Kaliumpermanganat
Wundbenzin	Konz. Ammoniaklösung	Terpentinöl

4 Neue Einstufung und Kennzeichnung nach EG-CLP-Verordnung

4.1 Gefahrenklassen und Gefahrenkategorien

Nach EG-CLP-VO werden die unterschiedlichen Gefahren in 28 verschiedene Gefahrenklassen eingeteilt. Dabei stehen 16 Gefahrenklassen für physikalische und chemische Gefahren, 10 Gefahrenklassen beschreiben Gefahren für die menschliche Gesundheit (toxische Eigenschaften, Gesundheitsgefahren) und die übrigen 2 Gefahrenklassen konkretisieren Umweltgefahren mit den Schwerpunkten des Schutzes der Gewässer und der Ozonschicht.

Die einzelnen Gefahrenklassen unterteilen sich weiter in ein bis sieben verschiedene Gefahrenkategorien, um eine Abstufung des Schweregrads der Gefährdung zu erreichen.

Gefahrenklassen und -kategorien werden in den einschlägigen Unterlagen zur Einstufung und Kennzeichnung von Gefahrstoffen mit einem Abkürzungscode dargestellt.

◘ **Tab. 4.1** Übersicht der Gefahrenklassen mit zugehörigen Abkürzungscodes

Gefahrenklassen	Gefahrenklassen- und -kategorien (Codes)	
Explosive Stoffe/Gemische und Erzeugnisse mit Explosivstoff	Inst. Expl. Expl. 1.1 Expl. 1.2 Expl. 1.3 Expl. 1.4 Expl. 1.5 Expl. 1.6	Physikalisch-chemische Gefahren
Entzündbare Gase	Entz. Gas 1 Entz. Gas 2	
Entzündbare Aerosole	Entz. Aerosol 1 Entz. Aerosol 2	
Oxidierende Gase	Oxid. Gas 1	

■ **Tab. 4.1** Übersicht der Gefahrenklassen mit zugehörigen Abkürzungscodes (Fortsetzung)

Gefahrenklassen	Gefahrenklassen- und -kategorien (Codes)	
Gase unter Druck	Pressgas	Physikalisch-chemische Gefahren
Entzündbare Flüssigkeiten	Entz. Fl. 1 Entz. Fl. 2 Entz. Fl. 3	
Entzündbare Feststoffe	Entz. Festst. 1 Entz. Festst. 2	
Selbstzersetzliche Stoffe oder Gemische	Selbstzers. A Selbstzers. B Selbstzers. CD Selbstzers. EF Selbstzers. G	
Pyrophore Flüssigkeiten	Pyr. Fl. 1	
Pyrophore Feststoffe	Pyr. Festst. 1	
Selbsterhitzungsfähige Stoffe oder Gemische	Selbsterh. 1 Selbsterh. 2	
Stoffe oder Gemische, die bei Berührung mit Wasser entzündbare Gase abgeben	Wasserreakt. 1 Wasserreakt. 2 Wasserreakt. 3	
Oxidierende Flüssigkeiten	Oxid. Fl. 1 Oxid. Fl. 2 Oxid. Fl. 3	
Oxidierende Feststoffe	Oxid. Festst. 1 Oxid. Festst. 2 Oxid. Festst. 3	
Organische Peroxide	Org. Perox. A Org. Perox. B Org. Perox. CD Org. Perox. EF Org. Perox. G	
Auf Metalle korrosiv wirkende Stoffe oder Gemische	Met. korr. 1	
Akute Toxizität	Akut. Tox. 1 Akut. Tox. 2 Akut. Tox. 3 Akut. Tox. 4	Gesundheits-gefahren

4

◘ **Tab. 4.1** Übersicht der Gefahrenklassen mit zugehörigen Abkürzungscodes (Fortsetzung)

Gefahrenklassen	Gefahrenklassen- und -kategorien (Codes)	
Ätz-/Reizwirkung auf die Haut	Hautätz. 1A Hautätz. 1B Hautätz. 1C Hautätz. 2	Gesundheits-gefahren
Schwere Augenschädigung/ Augenreizung	Augenschäd. 1 Augenreiz. 2	
Sensibilisierung der Atemwege/ Haut	Sens. Atemw. 1 Sens. Haut 1	
Keimzell-Mutagenität	Mutag. 1A Mutag. 1B Mutag. 2	
Karzinogenität	Karz. 1A Karz. 1B Karz. 2	
Reproduktionstoxizität	Repr. 1A Repr. 1B Repr. 2 Lakt.	
Spezifische Zielorgan-Toxizität (einmalige Exposition)	STOT einm. 1 STOT einm. 2 STOT einm. 3	
Spezifische Zielorgan-Toxizität (wiederholte Exposition)	STOT wdh. 1 STOT wdh. 2	
Aspirationsgefahr	Asp. 1	
Gewässergefährdend	Aqu. akut 1 Aqu. chron. 1 Aqu. chron. 2 Aqu. chron. 3 Aqu. chron. 4	Umwelt-gefahren
Schädigt die Ozonschicht	Ozon	

4.2 Gefahrenpiktogramme und Signalwörter

Die **Gefahrenpiktogramme** nach EG-CLP-VO sind rot umrandete Rauten mit schwarzen Symbolen auf weißem Grund. Sie geben einen ersten augenfälligen Hinweis auf Art und Schwere der zu erwartenden Gefahr. Die Beschreibung der Piktogramme erfolgt im Gegensatz zum alten System nicht mehr mit Gefahrenbezeichnungen (z. B. giftig, hochentzündlich) sondern mit einem Code (z. B. GHS06 für Totenkopf mit gekreuzten Knochen).

Gefahrenpiktogramme mit Codierung

GHS01	GHS04	GHS07
GHS02	GHS05	GHS08
GHS03	GHS06	GHS09

Bezeichnung der Piktogramme

GHS01   Explodierende Bombe
GHS02   Flamme
GHS03   Flamme über einem Kreis
GHS04   Gasflasche
GHS05   Ätzwirkung
GHS06   Totenkopf mit gekreuzten Knochen
GHS07   Ausrufezeichen
GHS08   Gesundheitsgefahr
GHS09   Umwelt

Die Piktogramme GHS04, GHS07 und GHS08 wurden neu in die Kennzeichnungsvorschriften eingeführt.

Das im bisherigen System verwendete Andreaskreuz für weniger schwere Gefahren (Xn, Xi) wird nicht mehr verwendet. Aufgrund abweichender Einstufungsgrenzen (z. B. LD_{50}) können diese Stoffe und Gemische jetzt mit GHS05, GHS06, GHS07 und/oder GHS08 gekennzeichnet sein.

Neben den Gefahrenpiktogrammen geben die **Signalwörter** einen Hinweis auf die Schwere der zu erwartenden Gefahr. Die zwei Signalwörter »Gefahr« und »Achtung« ersetzen dabei die im alten System gebräuchlichen Gefahrenbezeichnungen (z. B. giftig, leichtentzündlich).

Das Signalwort »**Gefahr**« steht dabei für schwerwiegende Gefahren; mit dem Signalwort »**Achtung**« werden die übrigen, weniger schwerwiegenden Gefahren bezeichnet. Die Kennzeichnung erfolgt immer nur mit einem Signalwort, da die Aufbringung des Wortes »Gefahr« die Deklarierung des Wortes »Achtung« erübrigt.

4.3   Gefahrenhinweise (H-Sätze)

Die Gefahrenhinweise (H-Sätze, Hazard Statements) beschreiben die Art und ggf. den Schweregrad einer Gefahr, die von einem Stoff oder einem Gemisch ausgehen können. Sie ersetzen die bisherigen R-Sätze und sind jeweils bestimmten Gefahrenklassen und -kategorien zugeordnet (vgl. ▶ Kap. 4.5).

Die H-Sätze entstammen der weltweit geltenden GHS-Systematik. Sie werden durch dreistellige Nummerncodes dargestellt, die nach folgender Systematik geordnet sind:

2xxer-Nummern → Physikalische Gefahren

3xxer-Nummern → Gesundheitsgefahren

4xxer-Nummern → Umweltgefahren

Darüber hinaus wurden für den Bereich des Europäischen Wirtschaftsraums noch weitere ehemalige R-Sätze aus den abzulösenden EG-Richtlinien in das EG-CLP-System übernommen, für die es im GHS-System keine Entsprechung gibt. Diese sogenannten »Left overs« bzw. ergänzenden Gefahrenmerkmale werden mit dem Buchstabenkürzel »EUH« und der Nummer der ehemaligen R-Sätze beschrieben (z. B. EUH 001 »In trockenem Zustand explosiv.«). Die EUH-Sätze ab Nr. EUH201 gelten als ergänzende Kennzeichnungselemente ausschließlich für Gemische.

Bei entsprechender Einstufung muss grundsätzlich **jeder H-Satz im Wortlaut auf dem Etikett** des Gefahrstoffgebindes deklariert werden; Kombinationen aus verschiedenen H-Sätzen sind nicht zugelassen. Die Gefahrenhinweise werden direkt aus dem Ergebnis der Einstufung übernommen.

Wenn eindeutig Doppelungen vorliegen oder einzelne Gefahrenhinweise eindeutig überflüssig sind, dann können diese H-Sätze weggelassen werden (z. B. H241 kann H240 und H242 ersetzen).

Eine besondere Ausdifferenzierung erfahren die H-Sätze H360 und H361 durch den Zusatz der Buchstaben F und/oder D. Der Zusatz F (»fertility«) erfolgt, wenn die Schädigung der Fortpflanzungsfähigkeit (Sexualfunktion und Fruchtbarkeit) in den Kategorien 1A und 1B belegt ist; der Zusatz D (»development«) steht für die Entwicklungstoxizität des Embryos bzw. Fetus in den Kategorien 1A und 1B. Die Kleinbuchstaben »f« und »d« symbolisieren die entsprechenden Gefährdungen in der Kategorie 2 (f= Kann **vermutlich** die Fruchtbarkeit beeinträchtigen.).

4.3.1 H–Sätze, ergänzende Gefahrenmerkmale und Kennzeichnungselemente

H200-Reihe: Physikalische Gefahren

H200   Instabil, explosiv.

H201   Explosiv, Gefahr der Massenexplosion.

H202   Explosiv, große Gefahr durch Splitter, Spreng- und Wurfstücke.

H203   Explosiv, Gefahr durch Feuer, Luftdruck oder Splitter, Spreng- und Wurfstücke.

H204   Gefahr durch Feuer oder Splitter, Spreng- und Wurfstücke.

H205   Gefahr der Massenexplosion bei Feuer.

H220   Extrem entzündbares Gas.

H221   Entzündbares Gas.

H222   Extrem entzündbares Aerosol.

H223   Entzündbares Aerosol.

H224   Flüssigkeit und Dampf extrem entzündbar.

H225   Flüssigkeit und Dampf leicht entzündbar.

H226   Flüssigkeit und Dampf entzündbar.

H228   Entzündbarer Feststoff.

H240   Erwärmung kann Explosion verursachen.

H241   Erwärmung kann Brand oder Explosion verursachen.

H242   Erwärmung kann Brand verursachen.

H250   Entzündet sich in Berührung mit Luft von selbst.

H251   Selbsterhitzungsfähig; kann in Brand geraten.

H252   In großen Mengen selbsterhitzungsfähig; kann in Brand geraten.

H260   In Berührung mit Wasser entstehen entzündbare Gase, die sich spontan entzünden können.

H261   In Berührung mit Wasser entstehen entzündbare Gase.

H270   Kann Brand verursachen oder verstärken; Oxidationsmittel.

H271   Kann Brand oder Explosion verursachen; starkes Oxidationsmittel.

H272   Kann Brand verstärken; Oxidationsmittel.

H280   Enthält Gas unter Druck; kann bei Erwärmung explodieren.

H281   Enthält tiefgekühltes Gas; kann Kälteverbrennungen oder -verletzungen verursachen.

H290   Kann gegenüber Metallen korrosiv sein.

H300-Reihe: Gesundheitsgefahren

H300   Lebensgefahr bei Verschlucken.

H301   Giftig bei Verschlucken.

H302   Gesundheitsschädlich bei Verschlucken.

H304   Kann bei Verschlucken und Eindringen in die Atemwege tödlich sein.

H310   Lebensgefahr bei Hautkontakt.

H311   Giftig bei Hautkontakt.

H312   Gesundheitsschädlich bei Hautkontakt.

H314   Verursacht schwere Verätzungen der Haut und schwere Augenschäden.

H315   Verursacht Hautreizungen.

H317   Kann allergische Hautreaktionen verursachen.

H318   Verursacht schwere Augenschäden.

H319 Verursacht schwere Augenreizung.

H330 Lebensgefahr bei Einatmen.

H331 Giftig bei Einatmen.

H332 Gesundheitsschädlich bei Einatmen.

H334 Kann bei Einatmen Allergie, asthmaartige Symptome oder Atembeschwerden verursachen.

H335 Kann die Atemwege reizen.

H336 Kann Schläfrigkeit und Benommenheit verursachen.

H340 Kann genetische Defekte verursachen. *<Expositionsweg angeben, sofern schlüssig belegt ist, dass diese Gefahr bei keinem anderen Expositionsweg besteht>*.

H341 Kann vermutlich genetische Defekte verursachen *<Expositionsweg angeben, sofern schlüssig belegt ist, dass diese Gefahr bei keinem anderen Expositionsweg besteht>*.

H350 Kann Krebs erzeugen *<Expositionsweg angeben, sofern schlüssig belegt ist, dass diese Gefahr bei keinem anderen Expositionsweg besteht>*.

H350i Kann bei Einatmen Krebs erzeugen.

H351 Kann vermutlich Krebs erzeugen. *<Expositionsweg angeben, sofern schlüssig belegt ist, dass diese Gefahr bei keinem anderen Expositionsweg besteht>*.

H360 Kann die Fruchtbarkeit beeinträchtigen oder das Kind im Mutterleib schädigen *<konkrete Wirkung angeben, sofern bekannt> <Expositionsweg angeben, sofern schlüssig belegt ist, dass die Gefahr bei keinem anderen Expositionsweg besteht>*.

H360F Kann die Fruchtbarkeit beeinträchtigen.

H360D Kann das Kind im Mutterleib schädigen.

H360FD Kann die Fruchtbarkeit beeinträchtigen. Kann das Kind im Mutterleib schädigen.

H360Fd Kann die Fruchtbarkeit beeinträchtigen. Kann vermutlich das Kind im Mutterleib schädigen.

H360Df Kann das Kind im Mutterleib schädigen. Kann vermutlich die Fruchtbarkeit beeinträchtigen.

H361 Kann vermutlich die Fruchtbarkeit beeinträchtigen oder das Kind im Mutterleib schädigen *<konkrete Wirkung angeben, sofern bekannt> <Expositionsweg angeben, sofern schlüssig belegt ist, dass die Gefahr bei keinem anderen Expositionsweg besteht>*.

H361f Kann vermutlich die Fruchtbarkeit beeinträchtigen.

H361d Kann vermutlich das Kind im Mutterleib schädigen.

H361fd Kann vermutlich die Fruchtbarkeit beeinträchtigen. Kann vermutlich das Kind im Mutterleib schädigen.

H362 Kann Säuglinge über die Muttermilch schädigen.

H370 Schädigt die Organe *<oder alle betroffenen Organe nennen, sofern bekannt> <Expositionsweg angeben, sofern schlüssig belegt ist, dass diese Gefahr bei keinem anderen Expositionsweg besteht>*.

H371 Kann die Organe schädigen *<oder alle betroffenen Organe nennen, sofern bekannt> <Expositionsweg angeben, sofern schlüssig belegt ist, dass diese Gefahr bei keinem anderen Expositionsweg besteht>*.

H372 Schädigt die Organe *<alle betroffenen Organe nennen>* bei längerer oder wiederholter Exposition *<Expositionsweg angeben, wenn schlüssig belegt ist, dass diese Gefahr bei keinem anderen Expositionsweg besteht>*.

H373   Kann die Organe schädigen <*alle betroffenen Organe nennen, sofern bekannt*> bei längerer oder wiederholter Exposition <*Expositionsweg angeben, wenn schlüssig belegt ist, dass diese Gefahr bei keinem anderen Expositionsweg besteht*>.

Kombinations-H-Sätze für Akut-Toxizitätsgefahren

H300 + H310	Lebensgefahr bei Verschlucken oder Hautkontakt.
H300 + H330	Lebensgefahr bei Verschlucken oder Einatmen.
H300 + H310 + H330	Lebensgefahr bei Verschlucken, Hautkontakt oder Einatmen.
H301 + H311	Giftig bei Verschlucken oder Hautkontakt.
H301 + H331	Giftig bei Verschlucken oder Einatmen.
H301 + H311 + H331	Giftig bei Verschlucken, Hautkontakt oder Einatmen.
H302 + H312	Gesundheitsschädlich bei Verschlucken oder Hautkontakt.
H302 + H332	Gesundheitsschädlich bei Verschlucken oder Einatmen.
H302 + H312 + H332	Gesundheitsschädlich bei Verschlucken, Hautkontakt oder Einatmen.
H310 + H330	Lebensgefahr bei Hautkontakt oder Einatmen.
H311 + H331	Giftig bei Hautkontakt oder Einatmen.
H312 + H332	Gesundheitsschädlich bei Hautkontakt oder Einatmen.

H400-Reihe: Umweltgefahren

H400	Sehr giftig für Wasserorganismen.
H410	Sehr giftig für Wasserorganismen mit langfristiger Wirkung.
H411	Giftig für Wasserorganismen, mit langfristiger Wirkung.
H412	Schädlich für Wasserorganismen, mit langfristiger Wirkung.
H413	Kann für Wasserorganismen schädlich sein, mit langfristiger Wirkung.

Ergänzende Gefahrenmerkmale und Kennzeichnungselemente (EUH-Sätze)

EUH001	In trockenem Zustand explosionsgefährlich.
EUH006	Mit und ohne Luft explosionsfähig.
EUH014	Reagiert heftig mit Wasser.
EUH018	Kann bei Verwendung explosionsfähige/entzündbare Dampf/Luft-Gemische bilden.
EUH019	Kann explosionsfähige Peroxide bilden.
EUH029	Entwickelt bei Berührung mit Wasser giftige Gase.
EUH031	Entwickelt bei Berührung mit Säure giftige Gase.
EUH032	Entwickelt bei Berührung mit Säure sehr giftige Gase.
EUH044	Explosionsgefahr bei Erhitzen und Einschluss.
EUH059	Die Ozonschicht schädigend.
EUH066	Wiederholter Kontakt kann zu spröder oder rissiger Haut führen.
EUH070	Giftig bei Berührung mit den Augen.
EUH071	Wirkt ätzend auf die Atemwege.
EUH201/201A	Enthält Blei. Nicht für den Anstrich von Gegenständen verwenden, die von Kindern gekaut oder gelutscht werden könnten. Achtung! Enthält Blei.
EUH202	Cyanacrylat. Gefahr. Klebt innerhalb von Sekunden Haut und Augenlider zusammen. Darf nicht in die Hände von Kindern gelangen.

EUH203	Enthält Chrom(VI). Kann allergische Reaktionen hervorrufen.
EUH204	Enthält Isocyanate. Kann allergische Reaktionen hervorrufen.
EUH205	Enthält epoxidhaltige Verbindungen. Kann allergische Reaktionen hervorrufen.
EUH206	Achtung! Nicht zusammen mit anderen Produkten verwenden, da gefährliche Gase (Chlor) freigesetzt werden können.
EUH207	Achtung! Enthält Cadmium. Bei der Verwendung entstehen gefährliche Dämpfe. Hinweise des Herstellers beachten. Sicherheitsanweisungen einhalten.
EUH208	Enthält <*Name des sensibilisierenden Stoffes*>. Kann allergische Reaktionen hervorrufen.
EUH209	Kann bei Verwendung leicht entzündbar werden.
EUH209 A	Kann bei Verwendung entzündbar werden.
EUH210	Sicherheitsdatenblatt auf Anfrage erhältlich.
EUH401	Zur Vermeidung von Risiken für Mensch und Umwelt die Gebrauchsanleitung einhalten.

4.4 Sicherheitshinweise (P-Sätze)

Die Sicherheitshinweise (P-Sätze, Precautionary Statements) geben in standardisierter Form Auskunft über die Vermeidung von Gefahren, die richtige Reaktion im Falle eines ungewollten Kontakts mit dem Gefahrstoff sowie die Lagerung und Entsorgung. Sie treten an die Stelle der bisherigen S-Sätze (Sicherheitsratschläge).

Die P-Sätze werden mit dem Buchstaben »P« und einem dreistelligen Nummerncode codiert (PXXX). Diese Nummern sind nach folgender Systematik geordnet:

P1xx → Allgemeines
P2xx → Prävention
P3xx → Reaktion
P4xx → Lagerung
P5xx → Entsorgung

Die Sicherheitshinweise werden nach den in Anhang IV Teil 1 der EG-CLP-Verordnung festgelegten Kriterien vom Herstellenden/Abgebenden dem zu erwartenden Anwendungszweck entsprechend ausgewählt, wobei sowohl die Gefahrenhinweise (H-Sätze) als auch die beabsichtigten oder ermittelten Verwendungen des Stoffes oder Gemisches zu berücksichtigen sind. Dies ist eine Abkehr von der bisherigen Praxis, nach der die S-Sätze bei einer europaweit einheitlichen Einstufung in der EG-Stoffliste für alle Handelsstufen unabhängig von Anwendungszweck und Verpackungsgröße des Gefahrstoffs einheitlich verbindlich waren.

Es sind somit für den gleichen Gefahrstoff je nach Art des Endabnehmers (gewerbliche Verwendung, privater Endverbraucher) deutliche Unterschiede in der Deklaration der P-Sätze möglich. Die komplette Übersicht der für den konkreten Gefahrstoff möglichen P-Sätze ergibt sich aus der Zuordnung zu den ermittelten H-Sätzen in den Tabellen aus Anhang I Teile 2 bis 5 der EG-CLP-VO (▶ Kap. 4.5 und 4.6).

Bei der Kennzeichnung sollen **nicht mehr als sechs Sicherheitshinweise** aufgeführt werden, es sei denn, die Schwere der Gefahren macht eine größere Anzahl erforderlich. Sollten bestimmte Sicherheitshinweise aufgrund des Stoffes, Gemisches oder seiner Verpackung eindeutig überflüssig oder unnötig sein, werden sie nicht in das Kennzeichnungsetikett aufgenommen (z. B. P242 »Nur funkenfreies Werkzeug verwenden« bei der Abgabe von 100 ml Aceton an einen Endverbraucher). Die klare Lesbarkeit und Übersichtlichkeit des Etiketts hat Vorrang vor einer Überfrachtung mit überflüssigen Informationen.

Wird der Stoff oder das Gemisch an die breite Öffentlichkeit abgegeben, trägt das Kennzeichnungsetikett einen Sicherheitshinweis zur Entsorgung des Stoffes oder Gemisches sowie zur Entsorgung der Verpackung (**P501** »Inhalt/Behälter <*dem zuständigen Entsorgungsunternehmen*> zuführen«; P502 »Informationen zur Wiederverwendung/ Wiederverwertung beim Hersteller/Lieferanten erfragen.«).

Im Gegensatz zu den H-Sätzen sind bei P-Sätzen grundsätzlich Kombinationssätze möglich (z. B. P301 + P310). Die auffällige Schreibweise in Großbuchstaben bei P-Sätzen der 300er Reihe (z. B. P301 BEI VERSCHLUCKEN:) ist in der EG-CLP-VO so vorgegeben und damit verbindlich.

4.4.1 Übersicht aller derzeit definierten P-Sätze

P100-Reihe: Allgemeines

P101	Ist ärztlicher Rat erforderlich, Verpackung oder Kennzeichnungsetikett bereithalten.
P102	Darf nicht in die Hände von Kindern gelangen.
P103	Vor Gebrauch Kennzeichnungsetikett lesen.

P200-Reihe: Prävention

P201	Vor Gebrauch besondere Anweisungen einholen.
P202	Vor Gebrauch alle Sicherheitshinweise lesen und verstehen.
P210	Von Hitze/Funken/offener Flamme/heißen Oberflächen fernhalten. Nicht rauchen.
P211	Nicht gegen offene Flamme oder andere Zündquelle sprühen.
P220	Von Kleidung/…/brennbaren Materialien fernhalten/entfernt aufbewahren.
P221	Mischen mit brennbaren Stoffen/… unbedingt verhindern.
P222	Kontakt mit Luft nicht zulassen.
P223	Kontakt mit Wasser wegen heftiger Reaktion und möglichem Aufflammen unbedingt verhindern.
P230	Feucht halten mit …
P231	Unter inertem Gas handhaben.
P232	Vor Feuchtigkeit schützen.
P233	Behälter dicht verschlossen halten.
P234	Nur im Originalbehälter aufbewahren.
P235	Kühl halten.
P240	Behälter und zu befüllende Anlage erden.
P241	Explosionsgeschützte elektrische Betriebsmittel/Lüftungsanlagen/Beleuchtung/… verwenden.
P242	Nur funkenfreies Werkzeug verwenden.
P243	Maßnahmen gegen elektrostatische Aufladungen treffen.
P244	Druckminderer frei von Fett und Öl halten.

P250   Nicht schleifen/stoßen/.../reiben.
P251   Behälter steht unter Druck: Nicht durchstechen oder verbrennen, auch nicht nach der Verwendung.
P260   Staub/Rauch/Gas/Nebel/Dampf/Aerosol nicht einatmen.
P261   Einatmen von Staub/Rauch/Gas/Nebel/Dampf/Aerosol vermeiden.
P262   Nicht in die Augen, auf die Haut oder auf die Kleidung gelangen lassen.
P263   Kontakt während der Schwangerschaft/und der Stillzeit vermeiden.
P264   Nach Gebrauch ... gründlich waschen.
P270   Bei Gebrauch nicht essen, trinken oder rauchen.
P271   Nur im Freien oder in gut belüfteten Räumen verwenden.
P272   Kontaminierte Arbeitskleidung nicht außerhalb des Arbeitsplatzes tragen.
P273   Freisetzung in die Umwelt vermeiden.
P280   Schutzhandschuhe/Schutzkleidung/Augenschutz/Gesichtsschutz tragen.
P281   Vorgeschriebene persönliche Schutzausrüstung verwenden.
P282   Schutzhandschuhe/Gesichtsschild/Augenschutz mit Kälteisolierung tragen.
P283   Schwer entflammbare/flammhemmende Kleidung tragen.
P284   Atemschutz tragen.
P285   Bei unzureichender Belüftung Atemschutz tragen.
P231 + P232   Unter inertem Gas handhaben. Vor Feuchtigkeit schützen.
P235 + P410   Kühl halten. Vor Sonnenbestrahlung schützen.

P300-Reihe: Reaktion

P301   BEI VERSCHLUCKEN:
P302   BEI BERÜHRUNG MIT DER HAUT:
P303   BEI BERÜHRUNG MIT DER HAUT (oder dem Haar):
P304   BEI EINATMEN:
P305   BEI KONTAKT MIT DEN AUGEN:
P306   BEI KONTAMINIERTER KLEIDUNG:
P307   BEI EXPOSITION:
P308   BEI EXPOSITION ODER FALLS BETROFFEN:
P309   BEI EXPOSITION ODER UNWOHLSEIN:
P310   Sofort GIFTINFORMATIONSZENTRUM oder Arzt anrufen.
P311   GIFTINFORMATIONSZENTRUM oder Arzt anrufen.
P312   Bei Unwohlsein GIFTINFORMATIONSZENTRUM oder Arzt anrufen.
P313   Ärztlichen Rat einholen/ärztliche Hilfe hinzuziehen.
P314   Bei Unwohlsein ärztlichen Rat einholen/ärztliche Hilfe hinzuziehen.
P315   Sofort ärztlichen Rat einholen/ärztliche Hilfe hinzuziehen.
P320   Besondere Behandlung dringend erforderlich (siehe ... auf diesem Kennzeichnungsetikett).
P321   Besondere Behandlung (siehe ... auf diesem Kennzeichnungsetikett).
P322   Gezielte Maßnahmen (siehe ... auf diesem Kennzeichnungsetikett).
P330   Mund ausspülen.
P331   KEIN Erbrechen herbeiführen.
P332   Bei Hautreizung:
P333   Bei Hautreizung oder -ausschlag:
P334   In kaltes Wasser tauchen/nassen Verband anlegen.
P335   Lose Partikel von der Haut abbürsten.

P336	Vereiste Bereiche mit lauwarmem Wasser auftauen. Betroffenen Bereich nicht reiben.
P337	Bei anhaltender Augenreizung:
P338	Eventuell vorhandene Kontaktlinsen nach Möglichkeit entfernen. Weiter ausspülen.
P340	Die betroffene Person an die frische Luft bringen und in einer Position ruhigstellen, die das Atmen erleichtert.
P341	Bei Atembeschwerden an die frische Luft bringen und in einer Position ruhigstellen, die das Atmen erleichtert.
P342	Bei Symptomen der Atemwege:
P350	Behutsam mit viel Wasser und Seife waschen.
P351	Einige Minuten lang behutsam mit Wasser ausspülen.
P352	Mit viel Wasser und Seife waschen.
P353	Haut mit Wasser abwaschen/duschen.
P360	Kontaminierte Kleidung und Haut sofort mit viel Wasser abwaschen und danach Kleidung ausziehen.
P361	Alle kontaminierten Kleidungsstücke sofort ausziehen.
P362	Kontaminierte Kleidung ausziehen und vor erneutem Tragen waschen.
P363	Kontaminierte Kleidung vor erneutem Tragen waschen.
P370	Bei Brand:
P371	Bei Großbrand und großen Mengen:
P372	Explosionsgefahr bei Brand.
P373	KEINE Brandbekämpfung, wenn das Feuer explosive Stoffe/Gemische/ Erzeugnisse erreicht.
P374	Brandbekämpfung mit üblichen Vorsichtsmaßnahmen aus angemessener Entfernung.
P375	Wegen Explosionsgefahr Brand aus der Entfernung bekämpfen.
P376	Undichtigkeit beseitigen, wenn gefahrlos möglich.
P377	Brand von ausströmendem Gas: Nicht löschen, bis Undichtigkeit gefahrlos beseitigt werden kann.
P378	… zum Löschen verwenden.
P380	Umgebung räumen.
P381	Alle Zündquellen entfernen, wenn gefahrlos möglich.
P390	Verschüttete Mengen aufnehmen, um Materialschäden zu vermeiden.
P391	Verschüttete Mengen aufnehmen.
P301 + P310	BEI VERSCHLUCKEN: Sofort GIFTINFOMATIONSZENTRUM oder Arzt anrufen.
P301 + P312	BEI VERSCHLUCKEN: Bei Unwohlsein GIFTINFORMATIONS- ZENTRUM oder Arzt anrufen.
P301 + P330 + P331	BEI VERSCHLUCKEN: Mund ausspülen. KEIN Erbrechen herbeiführen.
P302 + P334	BEI KONTAKT MIT DER HAUT: In kaltes Wasser tauchen/ nassen Verband anlegen.
P302 + P350	BEI KONTAKT MIT DER HAUT: Behutsam mit viel Wasser und Seife waschen.
P302 + P352	BEI KONTAKT MIT DER HAUT: Mit viel Wasser und Seife waschen.

4

P303 + P361 + P353	BEI KONTAKT MIT DER HAUT (oder dem Haar): Alle beschmutzten, getränkten Kleidungsstücke sofort ausziehen. Haut mit Wasser abwaschen/duschen.
P304 + P340	BEI EINATMEN: An die frische Luft bringen und in einer Position ruhigstellen, die das Atmen erleichtert.
P304 + P341	BEI EINATMEN: Bei Atembeschwerden an die frische Luft bringen und in einer Position ruhigstellen, die das Atmen erleichtert.
P305 + P351 + P338	BEI KONTAKT MIT DEN AUGEN: Einige Minuten lang behutsam mit Wasser spülen. Vorhandene Kontaktlinsen nach Möglichkeit entfernen. Weiter spülen.
P306 + P360	BEI KONTAKT MIT DER KLEIDUNG: Kontaminierte Kleidung und Haut sofort mit viel Wasser abwaschen und danach Kleidung ausziehen.
P307 + P311	BEI EXPOSITION: GIFTINFORMATIONSZENTRUM oder Arzt anrufen.
P308 + P313	BEI EXPOSITION ODER FALLS BETROFFEN: Ärztlichen Rat einholen/ärztliche Hilfe hinzuziehen.
P309 + P311	BEI EXPOSITION ODER UNWOHLSEIN: GIFTINFORMATIONSZENTRUM oder Arzt anrufen.
P332 + P313	Bei Hautreizung: Ärztlichen Rat einholen/ärztliche Hilfe hinzuziehen.
P333 + P313	Bei Hautreizung oder -ausschlag: Ärztlichen Rat einholen/ärztliche Hilfe hinzuziehen.
P335 + P334	Lose Partikel von der Haut abbürsten. In kaltes Wasser tauchen/nassen Verband anlegen.
P337 + P313	Bei anhaltender Augenreizung: Ärztlichen Rat einholen/ärztliche Hilfe hinzuziehen.
P342 + P311	Bei Symptomen der Atemwege: GIFTINFORMATIONSZENTRUM oder Arzt anrufen.
P370 + P376	Bei Brand: Undichtigkeit beseitigen, wenn gefahrlos möglich.
P370 + P378	Bei Brand: … zum Löschen verwenden.
P370 + P380	Bei Brand: Umgebung räumen.
P370 + P380 + P375	Bei Brand: Umgebung räumen. Wegen Explosionsgefahr Brand aus der Entfernung bekämpfen.
P371 + P380 + P375	Bei Großbrand und großen Mengen: Umgebung räumen. Wegen Explosionsgefahr Brand aus der Entfernung bekämpfen.

P400-Reihe: Aufbewahrung

P401	… aufbewahren.
P402	An einem trockenen Ort aufbewahren.
P403	An einem gut belüfteten Ort aufbewahren.
P404	In einem geschlossenen Behälter aufbewahren.
P405	Unter Verschluss aufbewahren.
P406	In korrosionsbeständigem/… Behälter mit korrosionsbeständiger Auskleidung aufbewahren.
P407	Luftspalt zwischen Stapeln/Paletten lassen.
P410	Vor Sonnenbestrahlung schützen.
P411	Bei Temperaturen von nicht mehr als … °C / … aufbewahren.

P412	Nicht Temperaturen von mehr als 50 °C aussetzen.
P413	Schüttgut in Mengen von mehr als ... kg bei Temperaturen von nicht mehr als ... °C aufbewahren.
P420	Von anderen Materialien entfernt aufbewahren.
P422	Inhalt in/unter ... aufbewahren.
P402 + P404	In einem geschlossenen Behälter an einem trockenen Ort aufbewahren.
P403 + P233	Behälter dicht verschlossen an einem gut belüfteten Ort aufbewahren.
P403 + P235	Kühl an einem gut belüfteten Ort aufbewahren.
P410 + P403	Vor Sonnenbestrahlung geschützt an einem gut belüfteten Ort aufbewahren.
P410 + P412	Vor Sonnenbestrahlung schützen und nicht Temperaturen von mehr als 50 °C aussetzen.
P411 + P235	Kühl und bei Temperaturen von nicht mehr als ... °C aufbewahren.

P500-Reihe: Entsorgung

| P501 | Inhalt/Behälter ... zuführen. |
| P502 | Informationen zur Wiederverwendung/Wiederverwertung beim Hersteller/Lieferanten erfragen. |

4.5 Kennzeichnungstabellen der einzelnen Gefahrenklassen nach Anhang I EG-CLP-VO

In der Liste der harmonisierten Einstufung und Kennzeichnung gefährlicher Stoffe (EG-Stoffliste, Anhang VI EG-CLP-VO) sind alle europaweit harmonisiert eingestuften Stoffe mit Namen, Produktidentifikatoren (Index-Nr., EG-Nr., CAS-Nr.), Gefahrenklassen und -kategorien, Gefahrenpiktogrammcode, Signalwort, den Codes für die H-Sätze, den Codierungen der ergänzenden Gefahrenmerkmale (EUH-Sätze) und den spezifischen Konzentrationsgrenzen angegeben.

Im Gegensatz zur EG-Stoffliste nach »altem« Recht gibt es keine einheitliche Vorgabe für die Sicherheitshinweise (P-Sätze). Diese sind vom Abgebenden dem Verwendungszweck und Zielkundenkreis (gewerblich, privat...) entsprechend auszuwählen.

Die für einen konkreten Gefahrstoff möglichen P-Sätze der Prävention (P2xx), Reaktion (P3xx), Lagerung (P4xx) und Entsorgung (P5xx) kann man nach Kenntnis der H-Sätze bzw. der Gefahrenklasse und -kategorie aus den unten angeführten Kennzeichnungstabellen entnehmen. Die allgemeinen P-Sätze (P1xx) gelten unabhängig von den Gefahrenklassen und -kategorien und sind in den Tabellen nicht explizit mit aufgeführt.

Ein Beispiel für die praktische Vorgehensweise bei der Auswahl der P-Sätze wird im Anschluss an die Kennzeichnungstabellen beschrieben (▶ Kap. 4.6).

Kennzeichnungstabellen für Physikalische Gefahren

◻ **Tab. 4.2** Explosive Stoffe/Gemische und Erzeugnisse mit Explosivstoff

Einstufung	Gefahren-piktogramme	Signal-wort	Gefahren-hinweis	Sicherheitshinweise			
				Prävention	Reaktion	Lagerung	Entsorgung
Instabil, explosiv		Gefahr	H200	P201 P202 P281	P372 P373 P380	P401	P501
Unterklasse 1.1		Gefahr	H201	P210 P230 P240 P250 P280	P370 +P380 P372 P373	P401	P501
Unterklasse 1.2		Gefahr	H202	P210 P230 P240 P250 P280	P370 +P380 P372 P373	P401	P501
Unterklasse 1.3		Gefahr	H203	P210 P230 P240 P250 P280	P370 +P380 P372 P373	P401	P501
Unterklasse 1.4		Achtung	H204	P210 P240 P250 P280	P370 +P380 P372 P373	P401	P501
Unterklasse 1.5	–	Gefahr	H205	P210 P230 P240 P250 P280	P370 +P380 P372 P373	P401	P501
Unterklasse 1.6	–	–	–	–	–	–	–

Quelle: Leitfaden zur Anwendung der GHS-Verordnung. Das neue Einstufungs- und Kennzeichnungssystem für Chemikalien nach GHS – kurz erklärt. Umweltbundesamt, Dessau-Roßlau, 2009
http://www.uba.de/uba-info-medien/3973.html
http://www.umweltdaten.de/publikationen/fpdf-l/3973.pdf

▪ **Tab. 4.3** Entzündbare Gase

Einstufung	Gefahren-piktogramme	Signal-wort	Gefahren-hinweis	Sicherheitshinweise			
				Prävention	Reaktion	Lagerung	Entsorgung
Kategorie 1		Gefahr	H220	P210	P377 P381	P403	–
Kategorie 2	–	Achtung	H221	P210	P377 P381	P403	–

▪ **Tab. 4.4** Entzündbare Aerosole

Einstufung	Gefahren-piktogramme	Signal-wort	Gefahren-hinweis	Sicherheitshinweise			
				Prävention	Reaktion	Lagerung	Entsorgung
Kategorie 1		Gefahr	H222	P210 P211 P251	–	P410 +P412	–
Kategorie 2		Achtung	H223	P210 P211 P251	–	P410 +P412	–

▪ **Tab. 4.5** Oxidierende Gase

Einstufung	Gefahren-piktogramme	Signal-wort	Gefahren-hinweis	Sicherheitshinweise			
				Prävention	Reaktion	Lagerung	Entsorgung
Kategorie 1		Achtung	H270	P220 P244	P370 +P376	P403	–

4

◻ **Tab. 4.6** Gase unter Druck

Einstufung	Gefahrenpiktogramme	Signalwort	Gefahrenhinweis	Sicherheitshinweise			
				Prävention	Reaktion	Lagerung	Entsorgung
Verdichtetes Gas		Achtung	H280	–	–	P410 + P403	–
Verflüssigtes Gas		Achtung	H280	–	–	P410 + P403	–
Tiefgekühlt verflüssigtes Gas		Achtung	H281	P282	P336 P315	P403	–
Gelöstes Gas		Achtung	H280	–	–	P410 + P403	–

◻ **Tab. 4.7** Entzündbare Flüssigkeiten

Einstufung	Gefahrenpiktogramme	Signalwort	Gefahrenhinweis	Sicherheitshinweise			
				Prävention	Reaktion	Lagerung	Entsorgung
Kategorie 1		Gefahr	H224	P210 P233 P240 P241 P242 P243 P280	P303 +P361 + P353 P370 +P378	P403 + P235	P501
Kategorie 2		Gefahr	H225	P210 P233 P240 P241 P242 P243 P280	P303 +P361 + P353 P370 +P378	P403 + P235	P501
Kategorie 3		Achtung	H226	P210 P233 P240 P241 P242 P243 P280	P303 +P361 + P353 P370 +P378	P403 + P235	P501

◻ **Tab. 4.8** Entzündbare Feststoffe

Einstufung	Gefahren-piktogramme	Signal-wort	Gefahren-hinweis	Sicherheitshinweise			
				Prävention	Reaktion	Lagerung	Entsorgung
Kategorie 1		Gefahr	H228	P210 P240 P241 P280	P370 +P378	–	–
Kategorie 2		Achtung	H228	P210 P240 P241 P280	P370 +P378	–	–

◻ **Tab. 4.9** Selbstzersetzliche Stoffe und Gemische

Einstufung	Gefahren-piktogramme	Signal-wort	Gefahren-hinweis	Sicherheitshinweise			
				Prävention	Reaktion	Lagerung	Entsorgung
Typ A		Gefahr	H240	P210 P220 P234 P280	P370+P378 P370+P380 +P375	P403+P235 P411 P420	P501
Typ B		Gefahr	H241	P210 P220 P234 P280	P370+P378 P370+P380 +P375	P403+P235 P411 P420	P501
Typ C & D		Gefahr	H242	P210 P220 P234 P280	P370+P378	P403+P235 P411 P420	P501
Typen E & F		Achtung	H242	P210 P220 P234 P280	P370+P378	P403+P235 P411 P420	P501
Typ G	–	–	–	–	–	–	–

◻ **Tab. 4.10** Pyrophore Flüssigkeiten

Einstufung	Gefahren-piktogramme	Signal-wort	Gefahren-hinweis	Sicherheitshinweise			
				Prävention	Reaktion	Lagerung	Entsorgung
Kategorie 1		Gefahr	H250	P210 P222 P280	P302 +P334 P370 +P378	P422	–

◻ **Tab. 4.11** Pyrophore Feststoffe

Einstufung	Gefahren-piktogramme	Signal-wort	Gefahren-hinweis	Sicherheitshinweise			
				Prävention	Reaktion	Lagerung	Entsorgung
Kategorie 1		Gefahr	H250	P210 P222 P280	P335 +P334 P370 +P378	P422	–

◻ **Tab. 4.12** Selbsterhitzungsfähige Stoffe und Gemische

Einstufung	Gefahren-piktogramme	Signal-wort	Gefahren-hinweis	Sicherheitshinweise			
				Prävention	Reaktion	Lagerung	Entsorgung
Kategorie 1		Gefahr	H251	P235 +P410 P280	–	P407 P413 P420	–
Kategorie 2		Achtung	H252	P235 +P410 P280	–	P407 P413 P420	–

◻ **Tab. 4.13** Stoffe und Gemische, die in Berührung mit Wasser entzündbare Gase entwicklen

Einstufung	Gefahren-pikto-gramme	Signal-wort	Gefahren-hinweis	Sicherheitshinweise			
				Prävention	Reaktion	Lagerung	Entsorgung
Kategorie 1		Gefahr	H260	P223 P231 +P232 P280	P335 +P334 P370 +P378	P402 +P404	P501
Kategorie 2		Gefahr	H261	P223 P231 +P232 P280	P335 +P334 P370 +P378	P402 +P404	P501
Kategorie 3		Achtung	H261	P231 +P232 P280	P370 +P378	P402 +P404	P501

◻ **Tab. 4.14** Oxidierende Flüssigkeiten

Einstufung	Gefahren-pikto-gramme	Signal-wort	Gefahren-hinweis	Sicherheitshinweise			
				Prävention	Reaktion	Lagerung	Entsorgung
Kategorie 1		Gefahr	H271	P210 P220 P221 P280 P283	P306 +P360 P371 +P380 +P375 P370 +P378	–	P501
Kategorie 2		Gefahr	H272	P210 P220 P221 P280	P370 +P378	–	P501
Kategorie 3		Achtung	H272	P210 P220 P221 P280	P370 +P378	–	P501

4

◻ **Tab.4.15** Oxidierende Feststoffe

Einstufung	Gefahren-piktogramme	Signal-wort	Gefahren-hinweis	Sicherheitshinweise			
				Prävention	Reaktion	Lagerung	Entsorgung
Kategorie 1		Gefahr	H271	P210 P220 P221 P280 P283	P306 +P360 P371 +P380 +P375 P370 +P378	–	P501
Kategorie 2		Gefahr	H272	P210 P220 P221 P280	P370 +P378	–	P501
Kategorie 3		Achtung	H272	P210 P220 P221 P280	P370 +P378	–	P501

◻ **Tab. 4.16** Organische Peroxide

Einstufung	Gefahren-piktogramme	Signal-wort	Gefahren-hinweis	Sicherheitshinweise			
				Prävention	Reaktion	Lagerung	Entsorgung
Typ A		Gefahr	H240	P210 P220 P234 P280	–	P411 +P235 P410 P420	P501
Typ B		Gefahr	H241	P210 P220 P234 P280	–	P411 +P235 P410 P420	P501
Typen C & D		Gefahr	H242	P210 P220 P234 P280	–	P411 +P235 P410 P420	P501
Typen E & F		Achtung	H242	P210 P220 P234 P280	–	P411 +P235 P410 P420	P501
Typ G	–	–	–	–	–	–	–

◘ **Tab. 4.17** Korrosiv gegenüber Metallen

Einstufung	Gefahren-piktogramme	Signal-wort	Gefahren-hinweis	Sicherheitshinweise			
				Prävention	Reaktion	Lagerung	Entsorgung
Kategorie 1		Achtung	H290	P234	P390	P406	–

◘ **Tab. 4.18** Akute Toxizität

Einstufung	Gefahren-piktogramme	Signal-wort	Gefahren-hinweis	Sicherheitshinweise			
				Prävention	Reaktion	Lagerung	Entsorgung
Kategorie 1 – oral		Gefahr	H300	P264 P270	P301 +P310 P321 P330	P405	P501
Kategorie 1 – dermal		Gefahr	H310	P262 P264 P270 P280	P302 +P350 P310 P322 P361 P363	P405	P501
Kategorie 1 – inhalativ		Gefahr	H330	P260 P271 P284	P304 +P340 P310 P320	P403 +P233 P405	P501
Kategorie 2 – oral		Gefahr	H300	P264 P270	P301 +P310 P321 P330	P405	P501
Kategorie 2 – dermal		Gefahr	H310	P262 P264 P270 P280	P302 +P350 P310 P322 P361 P363	P405	P501
Kategorie 2 – inhalativ		Gefahr	H330	P260 P271 P284	P304 +P340 P310 P320	P403 +P233 P405	P501
Kategorie 3 – oral		Gefahr	H301	P264 P270	P301 +P310 P321 P330	P405	P501

4

◻ **Tab. 4.18** Akute Toxizität (Fortsetzung)

Einstufung	Gefahrenpiktogramme	Signalwort	Gefahrenhinweis	Sicherheitshinweise			
				Prävention	Reaktion	Lagerung	Entsorgung
Kategorie 3 – dermal		Gefahr	H311	P280	P302 +P352 P312 P322 P361 P363	P405	P501
Kategorie 3 – inhalativ		Gefahr	H331	P261 P271	P304 +P340 P311 P321	P403 +P233 P405	P501
Kategorie 4 – oral		Achtung	H302	P264 P270	P301 +P312 P330	–	P501
Kategorie 4 – dermal		Achtung	H312	P280	P302 +P352 P312 P322 P363	–	P501
Kategorie 4 – inhalativ		Achtung	H332	P261 P271	P304 +P340 P312	–	–

◻ **Tab. 4.19** Ätz-/Reizwirkung auf die Haut

Einstufung	Gefahrenpiktogramme	Signalwort	Gefahrenhinweis	Sicherheitshinweise			
				Prävention	Reaktion	Lagerung	Entsorgung
Kategorie 1A, 1B, 1C		Gefahr	H314	P260 P264 P280	P301 +P330 +P331 P303 +P361 +P353 P363 P304 +P340 P310 P321 P305 +P351 +P338	P405	P501
Kategorie 2		Achtung	H315	P264 P280	P302 +P352 P321 P332 +P313 P362	–	–

◻ **Tab. 4.20** Schwere Augenschädigung/Augenreizung

Einstufung	Gefahren-piktogramme	Signal-wort	Gefahren-hinweis	Sicherheitshinweise			
				Prävention	Reaktion	Lagerung	Entsorgung
Kategorie 1		Gefahr	H318	P280	P305 +P351 +P338 P310	–	–
Kategorie 2		Achtung	H319	P264 P280	P305 +P351 +P338 P337 +P313	–	–

◻ **Tab. 4.21** Sensibilisierung der Atemwege oder der Haut

Einstufung	Gefahren-piktogramme	Signal-wort	Gefahren-hinweis	Sicherheitshinweise			
				Prävention	Reaktion	Lagerung	Entsorgung
Sensibilisie-rung der Atemwege Kategorie 1		Gefahr	H334	P261 P285	P304 +P341 P342 +P311	–	P501
Sensibilisie-rung der Haut Kategorie 1		Achtung	H317	P261 P272 P280	P302 +P352 P333 +P313 P321 P363	–	P501

◻ **Tab. 4.22** Keimzellmutagenität

Einstufung	Gefahren-piktogramme	Signal-wort	Gefahren-hinweis	Sicherheitshinweise			
				Prävention	Reaktion	Lagerung	Entsorgung
Kategorie 1A		Gefahr	H340	P201 P202 P281	P308 +P313	P405	P501
Kategorie 1B		Gefahr	H340	P201 P202 P281	P308 +P313	P405	P501
Kategorie 2		Achtung	H341	P201 P202 P281	P308 +P313	P405	P501

◻ **Tab. 4.23** Karzinogenität

Einstufung	Gefahren-piktogramme	Signal-wort	Gefahren-hinweis	Sicherheitshinweise			
				Prävention	Reaktion	Lagerung	Entsorgung
Kategorie 1A		Gefahr	H350	P201 P202 P281	P308 +P313	P405	P501
Kategorie 1B		Gefahr	H350	P201 P202 P281	P308 +P313	P405	P501
Kategorie 2		Achtung	H351	P201 P202 P281	P308 +P313	P405	P501

◻ **Tab. 4.24** Reproduktionstoxizität

Einstufung	Gefahren-piktogramme	Signal-wort	Gefahren-hinweis	Sicherheitshinweise			
				Prävention	Reaktion	Lagerung	Entsorgung
Kategorie 1A		Gefahr	H360	P201 P202 P281	P308 +P313	P405	P501
Kategorie 1B		Gefahr	H360	P201 P202 P281	P308 +P313	P405	P501
Kategorie 2		Achtung	H361	P201 P202 P281	P308 +P313	P405	P501
Zusatzkategorie für Wirkungen auf/über Laktation	–	–	H362	P201 P260 P263 P264 P270	P308 +P313	–	–

◻ **Tab. 4.25** Spezifische Zielorgan–Toxizität (einmalige Exposition)

Einstufung	Gefahren-piktogramme	Signalwort	Gefahrenhinweis	Sicherheitshinweise			
				Prävention	Reaktion	Lagerung	Entsorgung
Kategorie 1		Gefahr	H370	P260 P264 P270	P307 +P311 P321	P405	P501
Kategorie 2		Achtung	H371	P260 P264 P270	P309 +P311	P405	P501
Kategorie 3 Atemwegs-reizung		Achtung	H335	P261 P271	P304 +P340 P312	P403 +P233 P405	P501
Kategorie 3 Betäubende Wirkung		Achtung	H336	P261 P271	P304 +P340 P312	P403 +P233 P405	P501

◻ **Tab. 4.26** Spezifische Zielorgan–Toxizität (wiederholte Exposition)

Einstufung	Gefahren-piktogramme	Signalwort	Gefahrenhinweis	Sicherheitshinweise			
				Prävention	Reaktion	Lagerung	Entsorgung
Kategorie 1		Gefahr	H372	P260 P264 P270	P314	–	P501
Kategorie 2		Achtung	H373	P260	P314	–	P501

◻ **Tab. 4.27** Aspirationsgefahr

Einstufung	Gefahren-piktogramme	Signalwort	Gefahrenhinweis	Sicherheitshinweise			
				Prävention	Reaktion	Lagerung	Entsorgung
Kategorie 1		Gefahr	H304	–	P301 +P310 P331	P405	P501

4

◻ **Tab. 4.28** Gewässergefährdend

Einstufung	Gefahren-piktogramme	Signal-wort	Gefahren-hinweis	Sicherheitshinweise			
				Prävention	Reaktion	Lagerung	Entsorgung
Akut Kategorie 1		Achtung	H400	P273	P391	–	P501
Chronisch Kategorie 1		Achtung	H410	P273	P391	–	P501
Chronisch Kategorie 2		–	H411	P273	P391	–	P501
Chronisch Kategorie 3	–	–	H412	P273	–	–	P501
Chronisch Kategorie 4	–	–	H413	P273	–	–	P501

◻ **Tab. 4.29** Die Ozonschicht schädigend[1)2)]

Einstufung	Gefahren-piktogramme	Signal-wort	Gefahren-hinweis	Sicherheitshinweise			
				Prävention	Reaktion	Lagerung	Entsorgung
Die Ozonschicht schädigend	–	Gefahr	P420	–	–	–	P502

[1)] Die Kennzeichnungselemente sind auf dem Kennzeichnungsschild im Bereich für ergänzende Informationen anzuordnen.
[2)] P-Sätze und Gefahrenhinweis vom Autor geändert gemäß 2. EG-CLP-Änderungs-VO.

4.6 Auswahl der P-Sätze (Beispiel Aceton)

In der Legaleinstufung eines Stoffes (EG-Stoffliste) werden die Gefahrenklasse und -kategorie, das Gefahrenpiktogramm, das Signalwort und die H-Sätze vorgegeben. Für die praktische Auswahl der P-Sätze geht man über den H-Satz-Code in die einzelnen Kennzeichnungstabellen und kann die Komplettauswahl der P-Sätze der Gruppen P2xx bis P5xx zusammentragen. Am Beispiel des Acetons soll die sachgerechte Auswahl der P-Sätze beschrieben werden.

◻ **Tab. 4.30** Aceton, 250 ml, Verwendungszweck Nagellackentfernung, Fleckentfernung in kleinem Umfang

Gefahrenklasse und -kategorie	Gefahrenpiktogramm Signalwort	H-Sätze	Mögliche P-Sätze aus den Kennzeichnungstabellen
Entz. Fl. 2	GHS02 Gefahr	H225	P210, P233, P240, P241, P242, P243, P280, P303 + 361 + 353, P370 + 378, P403 + 235, P501
Augenreiz. 2	GHS07 Achtung	H319	P264, P280, P305 + 351 + 338, P337 + 313
STOT einm. 3	GHS07 Achtung	H336	P261, P271, P304 + 340, P312, P403 + 233, P405, P501

Vor dem Abgebenden steht die Entscheidung, welche der möglichen P-Sätze dem zu erwartenden Anwendungszweck am besten entsprechen.

Die Auswahl besteht aus folgenden Textbausteinen:

P210   Von Hitze/Funken/offener Flamme/heißen Oberflächen fernhalten. Nicht rauchen.

P233   Behälter dicht verschlossen halten.

P240   Behälter und zu befüllende Anlage erden.

P241   Explosionsgeschützte elektrische Betriebsmittel/Lüftungsanlagen/Beleuchtung/… verwenden.

P242   Nur funkenfreies Werkzeug verwenden.

P243   Maßnahmen gegen elektrostatische Aufladung treffen.

P261   Einatmen von Staub/Rauch/Nebel/Gas/Dampf/Aerosol vermeiden.

P264   Nach Gebrauch … gründlich waschen.

P271   Nur im Freien oder in gut belüfteten Räumen verwenden.

P280   Schutzhandschuhe/Schutzkleidung/Augenschutz/Gesichtsschutz tragen.

P312   Bei Unwohlsein GIFTINFORMATIONSZENTRUM oder Arzt anrufen.

P303 + 361 + 353   BEI KONTAKT MIT DER HAUT (oder dem Haar): Alle beschmutzten, getränkten Kleidungsstücke sofort ausziehen. Haut mit Wasser abwaschen/duschen.

P304 + 340   BEI EINATMEN: An die frische Luft bringen und in einer Position ruhigstellen, die das Atmen erleichtert.

P305 + 351 + 338   BEI KONTAKT MIT DEN AUGEN: Einige Minuten lang behutsam mit Wasser spülen. Vorhandene Kontaktlinsen nach Möglichkeit entfernen. Weiter spülen.

P337 + 313   Bei anhaltender Augenreizung: Ärztlichen Rat einholen/ärztliche Hilfe hinzuziehen.

P370 + 378   Bei Brand: … zum Löschen verwenden.

P403 + 233   Behälter dicht verschlossen an einem gut belüfteten Ort aufbewahren.

P403 + 235   Kühl an einem gut belüfteten Ort aufbewahren.

P405   Unter Verschluss aufbewahren.

P501   Inhalt/Behälter … zuführen.

4

P502   Informationen zur Wiederverwendung/Wiederverwertung beim Hersteller/
Lieferanten erfragen.

Unter der Maßgabe der oben angegebenen Mengen und des Verwendungszwecks könnten die fett markierten P-Sätze angemessen sein.

Obligatorisch bei der Abgabe an die breite Öffentlichkeit ist **P501**, wobei der zuständige Entsorger möglichst konkret genannt werden sollte (z. B. kommunale Sondermüllannahme). Dringend empfehlenswert ist aus der Reihe der allgemeinen P-Sätze (100er Reihe) der Satz **P102** »Darf nicht in die Hände von Kindern gelangen.«

Insgesamt sollen nicht mehr als 6 P-Sätze deklariert werden und offensichtlich überflüssige Informationen können entfallen. Die Kombinationen gelten dabei als ein P-Satz. Der Andruck der Textbausteine in GROSSBUCHSTABEN ist wegen der gewünschten Signalwirkung unbedingt zu beachten.

Konkrete Beispiele für die Erstellung von Kennzeichnungsetiketten werden in ▶ Kap. 8.5 beschrieben.

5 EG-Stoffliste – apothekenrelevante Beispiele

Ein zentrales Element im gewerbsmäßigen Umgang mit Gefahrstoffen ist die EG-Stoffliste. Sie enthält die europaweit einheitlich und verbindlich eingestuften Stoffe.

In der aktuellen Übergangsphase gibt es die EG-Stoffliste mit »alter« und »neuer« Einstufung und Kennzeichnung. Die Liste mit den bisherigen Einstufungen befand sich ursprünglich im Anhang I der RL 64/548/EWG und bildet jetzt die Tabelle 3.2 im Anhang VI der EG-CLP-VO; die neue Einstufung nach GHS-System befindet sich in Tabelle 3.1 der EG-CLP-VO.

5.1 Liste nach RL 67/548/EWG und RL 1999/45 EG (»alt«)

In der nachfolgenden Auflistung sind die Einstufungen und Kennzeichnungen für einige apothekenrelevante Stoffe und Zubereitungen nach »altem« Recht angegeben. Die Einstufungen sind für Entscheidungen im Umgang mit den Gefahrstoffen (z. B. Aufbewahrung unter Verschluss) und die Abgabevorschriften nach Chemikalienverbotsverordnung bis zum 01.06.2015 bedeutsam. Darüber hinaus können bis zu diesem Zeitpunkt auch Zubereitungen noch nach »altem« Recht gekennzeichnet werden.

In **Spalte 1** erfolgt die alphabetische Auflistung der Stoffe; »Anm. B« steht für Stoffe, die in wässriger Lösung in verschiedenen Konzentrationen in den Handel gebracht werden. Die Angabe der Konzentration in Masseprozenten ist verpflichtend (z. B. Ammoniak 20 %). Die Einstufung und Kennzeichnung dieser Stoffe ist konzentrationsabhängig.

Spalte 2 enthält die auf dem Etikett des Abgabegefäßes anzugebende EG-Nummer des jeweiligen Stoffs.

Spalte 3 umfasst die Einstufung der Stoffe und ist Basis für alle Entscheidungen zum Umgang mit den Gefahrstoffen (Arbeitsschutzmaßnahmen, Gefährdungsbeurteilungen, Lagerungsvorschriften) und kann je nach betrieblichem Erfordernis in diesen Dokumenten bis zum 01.06.2015 genutzt werden.

Spalte 4 enthält Angaben zur Kennzeichnung von Reinstoffen, die auf das Etikett zu übernehmen sind. Dies gilt seit dem 01.12.2010 nur noch für vor diesem Zeitpunkt gekennzeichnete Stoffe. Die Kennbuchstaben (T, T+, Xn usw.) bezeichnen die anzubringenden Gefahrensymbole mit der jeweiligen Gefahrenbezeichnung. Die R- und S-Sätze sind wortgetreu zu übernehmen.

Kombinierte Sätze sind an den Schrägstrichen zu erkennen; einzelne Sätze sind durch Bindestriche getrennt. R25-48/23 bedeutet somit, dass der R-Satz 25 und der kombinierte R-Satz 48/23 aufzutragen sind.

Spalte 5 und 6 enthalten Angaben zur Einstufung und Kennzeichnung von Zubereitungen, d. h. hier von Verdünnungen mit Wasser. Die Gefährlichkeit von Gefahrstoffen hängt von deren Konzentration ab. Spalte 5 gibt Konzentrationsbereiche an, für die in Spalte 6 auf gleicher Zeilenhöhe die Einstufung abgelesen werden kann. Zur Beachtung: »C« in Spalte 5 bedeutet »Konzentration« , in Spalte 6 handelt es sich bei »C« um den Kennbuchstaben für die Gefahrenbezeichnung »ätzend«. Im Gegensatz zu den Stoffen macht die EG-Stoffliste bei den Zubereitungen (Verdünnungen) keine Angabe zu den anzugebenden S-Sätzen. Diese müssen selbst mithilfe eines Leitfadens ausgewählt werden und wurden von den Verfassern ergänzt.

◻ **Tab. 5.1** Auszug aus der EG-Stoffliste mit apothekenrelevanten Stoffen nach alter Einstufung/ Kennzeichnung

Stoffidentität		Stoff		Zubereitungen	
Bezeichnung	EG-Nr. (EINECS-Nummer)	Einstufung	Kennzeichnung	Konzentrations-grenzen	Einstufung/ Kennzeich-nung
1	2	3	4	5	6
Aceton	200-662-2	F; R 11 Xi; R36 R66-67	Symb.: F; Xi R: 11-36-66-67 S: 2-9-16-26		
Aluminiumchlorid, wasserfrei	231-208-1	C; R34	Symb.: C R: 34 S: 1/2-7/8-28-45		
Ameisensäure ... % Anm. B	200-579-1	C; R35	Symb.: C R: 35 S: 1/2-23-26-45	C 90 %	C; R: 35 S: 1/2-23-26-45
				10 %≤ C < 90 %	C; R: 34 S: 1/2-26-45
				2 %≤ C < 10 %	Xi; R: 36/38 S: 2-26-46
Ammoniak ... % Anm. B	215-647-6	C; R34 N; R50	Symb.: C; N R: 34-50 S: 1/2-26-36/37/39-45-61	C 25 %	C, N; R: 34-50 S: 1/2-26-36/37/39-45-61
				10 %≤ C < 25 %	C; R:34 S: 1/2-26-36/37/39-45
				5 %≤ C < 10 %	Xi; R: 36/37/38 S: 2-23-26-46

◘ **Tab. 5.1** Auszug aus der EG-Stoffliste mit apothekenrelevanten Stoffen nach alter Einstufung/
Kennzeichnung (Fortsetzung)

Stoffidentität		Stoff		Zubereitungen	
Bezeichnung	EG-Nr. (EINECS-Nummer)	Einstufung	Kennzeichnung	Konzentrations-grenzen	Einstufung/Kennzeich-nung
1	2	3	4	5	6
Benzin (Wundbenzin DAB)	265-151-9	F; R11 Xn; R65 N; R51/53	Symb.: F; Xn; N R: 11-51/53-65-67 S: 2-9-16-23-24-33-61-62		
Calciumchlorid	233-140-8	Xi; R 36	Symb.: Xi R: 36 S: 2-22-24		
Chloralhydrat (Trichloracetalde-hydbismonohydrat)	206-117-5	T; R25 Xi; R 36/38	Symb.: T R: 25-36/38 S: 1/2-25-45		
Coffein (Trimethylxanthin)	200-362-1	Xn; R22	Symb.: Xn R: 22 S: 2		
Diethylether (»Äther«)	200-467-2	F+; R12 R 19 Xn; R 22 R 66 R 67	Symb.: F+; Xn R: 12-19-22-66-67 S: 2-9-16-29-33		
Essigsäure … % Anm. B	200-580-7	C; R10 R 35	Symb.: C R: 10-35 S: 1/2-23-26-45	C ≥90 %	C; R: 35 S: 1/2-23-26-45
				25 %≤ C < 90 %	C; R: 34 S: 1/2-23-26-45
				10 %≤ C < 25 %	Xi; R: 36/38 S: 2-23-26-46
Ethanol	200-578-6	F; R 11	Symb.: F R: 11 S: 2-7-16	C ≥70 % (= 77 % Vol.)	F; R11

5

◨ **Tab. 5.1** Auszug aus der EG-Stoffliste mit apothekenrelevanten Stoffen nach alter Einstufung/Kennzeichnung (Fortsetzung)

Stoffidentität		Stoff		Zubereitungen	
Bezeichnung	EG-Nr. (EINECS-Nummer)	Einstufung	Kennzeichnung	Konzentrations-grenzen	Einstufung/Kennzeich-nung
1	2	3	4	5	6
Formaldehyd ... % Anm. B	200-001-8	Carc. Cat. 3; R 40 T; R23/24/25 C; R34 R43	Symb.: T R: 23/24/25-34-40-43 S: 1/2-26-36/37/39-45-51	C ≥25 %	T; R: 23/24/25-34-40-43 S: 1/2-26-36/37/39-45-51
				5 %≤ C < 25 %	Xn; R: 20/21/22-36/37/38-40-43 S: 2-26-36/37-46-51
				1 %≤ C < 5 %	Xn; R: 40-43 S: 2-26-36/37-46-51
				0,2 %≤ C < 1 %	Xi; R: 43 S: 2-24-37-46
Isopropylalkohol siehe Propan-2-ol					
Iod	231-442-4	Xn; R 20/21 N; R50	Symb.: Xn; N R: 20/21-50 S: 2-23-25-61		
Kaliumhydroxid	215-181-3	Xn; R22 C; R35	Symb.: C R: 22-35 S: 1/2-26-37/39-45	C ≥25 %	C; R: 22-35 S: 1/2-26-37/39-45
				5 %≤ C < 25 %	C; R: 35 S: 1/2-26-37/39-45
				2 %≤ C < 5 %	C; R: 34 S: 1/2-26-37/39-45
				0,5 %≤ C < 2 %	Xi; R: 36/38 S: 2-26-37-46
Kaliumpermanganat	231-760-3	O; R8 Xn; R22 N; R50-53	Symb.: O; Xn; N R: 8-22-50/53 S: 2-60-61		

■ **Tab. 5.1** Auszug aus der EG-Stoffliste mit apothekenrelevanten Stoffen nach alter Einstufung/Kennzeichnung (Fortsetzung)

Stoffidentität		Stoff		Zubereitungen	
Bezeichnung	EG-Nr. (EINECS-Nummer)	Einstufung	Kennzeichnung	Konzentra-tions-grenzen	Einstufung/Kennzeich-nung
1	2	3	4	5	6
Methanol	200-659-6	F; R11 T; R23/24/ 25-39/ 23/24/25	Symb.: F; T R: 11- 23/24/25- 39/23/24/25 S: 1/2-7-16- 36/37-45	C ≥ 20 %	F; T; R: 11-23/ 24/25-39/ 23/24/25 S: 1/2-7-16- 36/37-45
				10 % ≤ C < 20 %	T; R: 20/21/ 22-39/23/ 24/25 S: 1/2-36/ 37-45
				3 % ≤ C < 10 %	Xn; R: 20/21/ 22-68/20/ 21/22 S: 2-36/37- 46
Natriumcarbonat	207-838-8	Xi; R36	Symb.: Xi R: 36 S: 2-22-26		
Natriumfluorid	231-667-8	T; R25 Xi; R36/38 R32	Symb.: T R: 25-32- 36/38 S: 1/2-22-36- 45		
Natriumhydroxid	215-185-5	C; R35	Symb.: C R: 35 S: 1/2-26- 37/39-45	C ≥ 5 %	C; R:35 S: 26-37/ 39-45
				2 % ≤ C < 5 %	C; R: 34 S: 26-37/ 39-45
				0,5 % ≤ C < 2 %	Xi; R: 36/38 S: 2-26-37- 46
Natrium-hypochlorit-lösung ... % Aktivchlor[1] Anm. B	231-668-3	C; R34 R31 N; R50	Symb.: C; N R: 31-34-50 S: 1/2-28-45- 50-61	C ≥ 25 %	C; N; R: 31-34-50 S: 1/2-28-45 -50-61
				10 % ≤ C < 25 %	C; R: 31-34 S: 1/2-28- 45-50
				5 % ≤ C < 10 %	Xi; R: 31-36/38 S: 2-26-46

5

▪ **Tab. 5.1** Auszug aus der EG-Stoffliste mit apothekenrelevanten Stoffen nach alter Einstufung/ Kennzeichnung (Fortsetzung)

Stoffidentität		Stoff		Zubereitungen	
Bezeichnung	EG-Nr. (EINECS- Nummer)	Einstufung	Kennzeichnung	Konzentra- tions- grenzen	Einstufung/ Kennzeich- nung
1	2	3	4	5	6
Phosphorsäure … % Anm. B	231–633–2	C; R34	Symb.: C R:34 S1/2–26–45	C ≥25 % 10 %≤ C < 25 %	C; R:34 S: 1/2–26–45 Xi; R: 36/38 S:2–26–46
Propan–2–ol (Isopropylalkohol)	200–661–7	F; R11 Xi; R36 R67	Symb.: F; Xi R: 11–36–67 S: 2–7–16– 24/25– 26	C ≥ 40 % 20 %≤ C < 40 %	F; Xi; R: 11–36–67 S: 2–7–16– 24/25–26–46 Xi; R: 36–67 S: 2–24/25– 26
Salpetersäure …% Anm. B	231–714–2	0; R8 C; R35	Symb.: 0; C R: 8–35 S: 1/2–23–26– 36–45	C ≥ 20 % 5 %≤ C < 20 % C ≥ 70 %	C; R:35 S: 1/2–23–26 36–45 C; R: 34 S: 1/2–23– 26–36–45 0; R: 8
Salzsäure … % Anm. B	231–595–7	C; R34 Xi; R37	Symb.: C R: 34–37 S: 1 /2–26–45	C ≥ 25 % 10 %≤ C < 25 %	C; R: 34–37 S: 1/2–26–45 Xi; R: 36/37/38 S: 2–26–46
Schwefelsäure … % Anm. B	231–639–5	C; R35	Symb.: C R: 35 S: 1/2–26–30– 45	C ≥15 % 5 %≤ C < 15 %	C; R:35 S: 1/2–26– 30–45 Xi; R: 36/38 S: 2–26–46
Silbernitrat	231–853–9	C; R34 N; R50–53	Symbol.: C; N R: 34–50–53 S: 1/2–26–45– 60–61		
Terpentinöl	232–350–7	Xn; R10 R20/21/ 22–65 Xi; R36/38 R43 N; R51–53	Symb.: Xn; N R: 10–20/ 21/22–36/38– 43–51/53–65 S: 2–36/37–46– 61–62		

■ **Tab. 5.1** Auszug aus der EG-Stoffliste mit apothekenrelevanten Stoffen nach alter Einstufung/ Kennzeichnung (Fortsetzung)

Stoffidentität		Stoff		Zubereitungen	
Bezeichnung	EG-Nr. (EINECS-Nummer)	Einstufung	Kennzeichnung	Konzentrations-grenzen	Einstufung/ Kennzeich-nung
1	2	3	4	5	6
Thymol	201-944-8	Xn; R22 C; R34 N; R51-53	Symb.: C; N R: 22-34-51/53 S: 1/2-26-28-36/37/39-45-61		
Xylol Anm. C	215-535-7	R: 10 Xn; R20/21 Xi; R38	Symb.: Xn R: 10-20/21-38 S: 2-25	C ≥ 20% 12,5% ≤ C < 20%	Xn; R: 20/ 21-38 S: 2-25-46 Xn; R: 20/21 S: 2-25-46
Wasserstoffperoxid in Lösung ... % Anm. B	231-765-0	R: 5 0; R8 C; R35 Xn; R 20/22	Symb.: 0; C R: 5-8-20/22-35 S: 1/2-17-26-28-36/37/39-45	50% ≤ C < 70% 35% ≤ C < 50% 8% ≤ C < 35% 5% ≤ C < 8%	C; 0; R: 8-20/ 22-34 S: 1/2-17-26-28-36/37/ 39-45 Xn; R: 22-37/38-41 S: 2-26-36/37/39-46 Xn; R: 22-41 S: 2-26-36/37/39-46 Xi; R: 36 S: 2-26-46
Zinkoxid	215-222-5	N; R50-53	Symb.: N R: 50/53 S: 60-61		
Zinksulfat	231-793-3	Xn; R22-41 N; R50-53	Symb.: Xn; N R: 22-41-50/53 S: 2-22-26-39-46-60-61		

[1] Bei Natriumhypochloritlösungen ab einer Konzentration von 1% Aktivchlor ist zusätzlich der folgende Hinweis aufzutragen: »Vorsicht! Nicht zusammen mit anderen Produkten verwenden, da gefährliche Gase (Chlor) freigesetzt werden können«. Außerdem lautet der S-Satz 50 hier: "Nicht mischen mit Säuren", der S-Satz 28: »Bei Berührung mit der Haut sofort abwaschen mit viel Wasser«.

5.2   Liste nach Anhang VI der EG–CLP–VO Nr. 1272/2008 (»neu«)

Nachfolgend werden die Einstufungs- und Kennzeichnungsvorschriften nach der EG-CLP-VO für einige apothekenrelevante Gefahrstoffe zusammengefasst. Als Datenbasis und Grundlage dient die *Liste der harmonisierten Einstufung und Kennzeichnung gefährlicher Stoffe* im Anhang VI, Tabelle 3.1 der EG-CLP-VO.

Die Stoffidentität wird mit der deutschen Bezeichnung der Gefahrstoffe und den verfügbaren Nummern – Index-Nr., EG-Nr. und CAS-Nr. – dargestellt.

Die Gefahrenklassen und -kategorien und die Piktogramme und Signalwörter sind bei den konzentrationsunabhängig eingestuften Stoffen (ohne …%-Angabe) der EG-Liste entnommen; die H-Sätze der Einstufung und Kennzeichnung sowie die EUH-Sätze wurden in einer Spalte zusammengefasst. Falls H-Sätze nur der Einstufung, aber nicht der Kennzeichnung dienen (z. B. H400), ist dies extra vermerkt.

Bei Stoffen, die in wässriger Lösung in unterschiedlicher Konzentration in den Handel gebracht werden (z. B. Salzsäure …%, Anmerkung B), wurden anhand der spezifischen Konzentrationsgrenzen die Kennzeichnungsempfehlungen ermittelt. So lassen sich ausgehend von den Konzentrationsstufen in der jeweiligen Zeile die Einstufungs- und Kennzeichnungsvorschriften ablesen.

Die Sicherheitshinweise (P-Sätze) wurden vom Autor unter der Annahme ausgewählt, dass eine Abgabe apothekentypischer Kleinmengen an Endverbraucher/Anwender erfolgt. Dies kann nur eine allgemeine Empfehlung sein, da die Auswahl der P-Sätze nicht der Legaleinstufung unterliegt, sondern vom Abgebenden/Lieferanten für jeden zu erwartenden Anwendungszweck individuell vorzunehmen ist. Einzig der Hinweis auf eine sachgerechte Entsorgung (P501) ist gemäß EG-CLP-VO Pflicht bei der Abgabe von Gefahrstoffen an eine breite Öffentlichkeit. (▶ Kap. 8.2)

Der Hinweis auf die Angabe von P102 (»Darf nicht in die Hände von Kindern gelangen.«) erfolgte stoffunabhängig bei jedem Gefahrstoff. Bei der Abgabe von Gefahrstoffen an Privathaushalte sollte dieser P-Satz unbedingt mit deklariert werden.

CMR-Stoffe der Gefahrenkategorien Mutag. 1A/1B, Karz. 1A/1B und Repr. 1A/1B (bisher als CMR-Stoffe Kat. 1 und 2 bezeichnet) wurden nicht mit in die Tabelle aufgenommen, da deren Abgabe an private Endverbraucher gemäß Chemikalienverbotsverordnung untersagt ist.

■ Tab. 5.2 Einstufungs- und Kennzeichnungsvorschriften auf der Basis von Anhang VI EG-CLP-VO

Stoffidentität		Einstufung und Kennzeichnung					
Bezeichnung Deutsch	Index-Nr. EG-Nr. CAS-Nr.	Gefahrenklasse, Gefahrenkategorie	Piktogramme Signalwörter	Gefahrenhinweise (H-Sätze) und ergänzende Gefahrenmerkmale (EUH-Sätze)	Sicherheitshinweise (P-Sätze) Empfehlungen	Spezifische Konzentrationsgrenzen[2]	Anmerkungen gemäß Liste der harmonisierten Einstufung
1	2	3	4	5	6	7	8
Aceton	606-001-00-8 200-662-2 67-64-1	Entz. Fl. 2 Augenreiz. 2 STOT einm. 3	GHS02 GHS07 Gefahr	H225 H319 H336 EUH066	(P102), P210, P271, P305+351+338, P403+233, P501		
Aluminiumchlorid, wasserfrei	013-003-00-7 231-208-1 7446-70-0	Hautätz. 1B	GHS05 Gefahr	H314	(P102), P260, P280, P303+P361+P353, P305+P351+P338, P405, P501		
Ameisensäure ... %	607-001-00-0 200-579-1 64-18-6	Hautätz. 1A	GHS05 Gefahr	H314	(P102), P260, P280, P303+P361+P353, P305+P351+P338, P405, P501	Hautätz. 1A; H314: C ≥ 90 %	B
		Hautätz. 1B	GHS05 Gefahr	H314	(P102), P260, P280, P303+P361+P353, P305+P351+P338, P405, P501	Hautätz. 1B; H314: 10 % ≤ C < 90 %	
		Hautreiz. 2 Augenreiz. 2	GHS07 Achtung	H315 H319	(P102), P280, P302+P352, P305+P351+P338, P337+P313, P501	Hautreiz. 2; H315: 2 % ≤ C < 10 % Augenreiz. 2; H319: 2 % ≤ C < 10 %	

5

▪ **Tab. 5.2** Einstufungs- und Kennzeichnungsvorschriften auf der Basis von Anhang VI EG-CLP-VO (Fortsetzung)

Stoffidentität		Einstufung und Kennzeichnung			Sicherheitshinweise (P-Sätze) Empfehlungen	Spezifische Konzentrationsgrenzen[2]	Anmerkungen gemäß Liste der harmonisierten Einstufung
Bezeichnung Deutsch	Index-Nr. EG-Nr. CAS-Nr.	Gefahrenklasse, Gefahrenkategorie	Piktogramme Signalwörter	Gefahrenhinweise (H-Sätze) und ergänzende Gefahrenmerkmale (EUH-Sätze)			
1	2	3	4	5	6	7	8
Ammoniak … %	007-001-01-2 215-647-6 1336-21-6	Hautätz. 1B Aqu. akut 1 STOT einm. 3	GHS05 GHS07 GHS09 Gefahr	H314 H400 H335	(P102), P260, P273, P280, P304+P340, P305+P351+P338, P405, P501	STOT einm. 3; H335: C ≥ 5 %	B
		Hautätz. 1B Aqu. akut 1	GHS05 GHS09 Gefahr	H314 H400	(P102), P260, P273, P280, P305+P351+P338, P405, P501		
Benzin (Wundbenzin DAB)	649-328-00-1 265-151-9 64742-49-0	(Karz. 1B)[1] Asp. 1	GHS08 Gefahr	(H350)[1] H304	(P102), P210, P260, P262, P281, P301+P310, P331, P403+P235, P501		HP[1]
		Entz. Fl 2 Hautreiz. 2 STOT einm. 3 Aqu. chron. 2	GHS02 GHS07 GHS09	H225 H315 H336 H411			Ergänzungen zur Legaleinstufung nach Hersteller-SDB
Calciumchlorid	017-013-00-2 233-140-8 10043-52-4	Augenreiz. 2	GHS07 Achtung	H319	(P102), P280, P305+P351+P338, P501		

Stoff	Index-/EG-/CAS-Nr.	Einstufung	Kennzeichnung	H-Sätze	P-Sätze	Anmerkungen/Konz.
Chloralhydrat	605-014-00-6 206-117-5 302-17-0	Akut Tox. 3 Augenreiz. 2 Hautreiz. 2	GHS06 Gefahr	H301 H319 H315	(P102), P280, P301+P310, P330, P305+P351 +P338, P405, P501	
Coffein	613-086-00-5 200-362-1 58-08-2	Akut Tox. 4	GHS07 Achtung	H302	(P102), P264, P301+P312, P330, P501	
Diethylether	603-022-00-4 200-467-2 60-29-7	Entz. Fl. 1 Akut Tox. 4 STOT einm. 3	GHS02 GHS07 Gefahr	H224 H302 H336	(P102), P210, P280, P303+P361+P353, P304+P340, P403+P235, P501	
Essigsäure …%	607-002-00-6 200-580-7 64-19-7	Entz. Fl. 3 Hautätz. 1A	GHS02 GHS05 Gefahr	H226 H314	(P102), P260, P280, P303+P361+P353, P305+P351+P338, P405, P501	B Hautätz. 1A; H314: C ≥ 90 %
		Entz. Fl. 3 Hautätz. 1B	GHS02 GHS05 Gefahr	H226 H314	(P102), P260, P280, P303+P361+P353, P305+P351+P338, P405, P501	Hautätz. 1B; H314: 25 % ≤ C < 90 %
		Hautreiz. 2 Augenreiz. 2	GHS07 Achtung	H315 H319	(P102), P280, P302+P352, P305+P351+P338, P337+P313, P501	Hautreiz. 2; H315: 10 % ≤ C < 25 % Augenreiz. 2; H319: 10 % ≤ C < 25 %
Ethanol	603-002-00-5 200-578-6 64-17-5	Entz. Fl. 2	GHS02 Gefahr	H225	(P102), P210, P403+P235, P501	

5

▫ **Tab. 5.2** Einstufungs- und Kennzeichnungsvorschriften auf der Basis von Anhang VI EG-CLP-VO (Fortsetzung)

Stoffidentität		Einstufung und Kennzeichnung				Spezifische Konzentrations-grenzen[2]	Anmerkungen gemäß Liste der harmonisierten Einstufung
Bezeichnung Deutsch	Index-Nr. EG-Nr. CAS-Nr.	Gefahrenklasse, Gefahrenkategorie	Piktogramme Signalwörter	Gefahrenhinweise (H-Sätze) und ergänzende Gefahrenmerkmale (EUH-Sätze)	Sicherheitshinweise (P-Sätze) Empfehlungen		
1	2	3	4	5	6	7	8
Formaldehyd ... %	605-001-00-5 200-001-8 50-00-0	Karz. 2 Akut Tox. 3 Hautätz. 1B Sens. Haut 1 STOT einm. 3	GHS06 GHS08 GHS05 Gefahr	H351 H331 H311 H301 H314 H317 H335	(P102), P261, P280, P305+P351+P338, P333+P313, P363, P403+P233, P501	Hautätz. 1B; H314: C ≥25 % STOT einm. 3; H335: C ≥ 5 % Sens. Haut 1; H317: C ≥ 0,2 %	B D
		Karz. 2 Akut Tox. 3 Hautreiz. 2 Augenreiz. 2 Sens. Haut 1 STOT einm. 3	GHS06 GHS08 Gefahr	H351 H331 H311 H301 H315 H319 H317 H335	(P102), P261, P280, P305+P351+P338, P333+P313, P363, P403+P233, P501	Hautreiz. 2; H315: 5 % ≤ C < 25 % Augenreiz. 2; H319: 5 % ≤ C < 25 % STOT einm. 3; H335: C ≥ 5 % Sens. Haut 1; H317: C ≥ 0,2 %	
		Karz. 2 Akut Tox. 3 Sens. Haut 1	GHS06 Gefahr	H351 H331 H311 H301 H317	(P102), P261, P280, P305+P351+P338, P333+P313, P363, P403+P233, P501	Sens. Haut 1; H317: C ≥ 0,2 %; 0,2 ≤ C < 5 %	

Stoff	Nummern	Einstufung	GHS / Signalwort	H-Sätze	P-Sätze	Konzentrationsgrenzen
Iod	053-001-00-3 231-442-4 7553-56-2	Akut Tox. 4 Aqu. akut 1	GHS07 GHS09 Achtung	H312 H313 H400	(P102), P261, P273, P280, P302+P352, P391, P501	
Kaliumhydroxid	019-002-00-8 215-181-3 310-58-3	Akut Tox. 4 Hautätz. 1A	GHS05 GHS07 Gefahr	H302 H314	(P102), P260, P280, P303+P361+P353, P305+P351+P338, P405, P501	Hautätz. 1A; H314: C ≥ 5 %
		Akut Tox. 4 Hautätz. 1B	GHS05 GHS07 Gefahr	H302 H314	(P102), P260, P280, (P102), P303+P361+P353, P305+P351+P338, P405, P501	Hautätz. 1B; H314: 2 % ≤ C <5 %
		Akut Tox. 4 Hautreiz. 2 Augenreiz. 2	GHS07 Achtung	H302 H315 H319	(P102), P280, P302+P352, P305+P351+P338, P337+P313, P501	Hautreiz. 2; H315: 0,5 % ≤ C < 2 % Augenreiz. 2; H319: 0,5 % ≤ C < 2 %
Kalium- permanganat	025-002-00-9 231-760-3 7722-64-7	Oxid. Festst. 2 Akut Tox. 4 Aqu. akut 1 Aqu. chron. 1	GHS03 GHS07 GHS09 Gefahr	H272 H302 H400 (nur Einstufung) H410	(P102), P210, P221, P280, P273, P391, P501	
Methanol	603-001-00-X 200-659-6 67-56-1	Entz. Fl. 2 Akut Tox. 3 STOT einm. 1	GHS02 GHS06 GHS08 Gefahr	H225 H331 H311 H301 H370	(P102), P210, P261, P271, P280, P301+P310, P403+P233, P501,	STOT einm. 1; H370: C ≥ 10 %
		Akut Tox. 3 STOT einm. 2	GHS06 GHS08 Gefahr	H331 H311 H301 H371	(P102), P261, P271, P280, P301+P310, P403+P233, P501	STOT einm. 2; H371: 3 % ≤ C < 10 %

5

◻ Tab. 5.2 Einstufungs- und Kennzeichnungsvorschriften auf der Basis von Anhang VI EG-CLP-VO (Fortsetzung)

Stoffidentität		Einstufung und Kennzeichnung					
Bezeichnung Deutsch	Index-Nr. EG-Nr. CAS-Nr.	Gefahrenklasse, Gefahrenkategorie	Piktogramme Signalwörter	Gefahrenhinweise (H-Sätze) und ergänzende Gefahrenmerkmale (EUH-Sätze)	Sicherheitshinweise (P-Sätze) Empfehlungen	Spezifische Konzentrationsgrenzen[2]	Anmerkungen gemäß Liste der harmonisierten Einstufung
1	2	3	4	5	6	7	8
Natriumcarbonat	011-005-00-2 207-838-8 497-19-8	Augenreiz. 2	GHS07 Achtung	H319	(P102), P280, P305+351+P338, P337+P313, P501		
Natriumfluorid	009-004-00-7 231-667-8 7681-49-4	Akut Tox. 3 Augenreiz. 2 Hautreiz. 2	GHS06 Gefahr	H301 H319 H315	(P102), P280, P301+P310, P305+P351+P338, P405, P501		
Natriumhydroxid	011-002-00-6 215-185-5 1310-73-2	Hautätz. 1A	GHS05 Gefahr	H314	(P102), P260, P280, P303+P361+P353, P305+P351+P338, P405, P501	Hautätz. 1A; H314: C ≥ 5 %	
		Hautätz. 1B	GHS05 Gefahr	H314	(P102), P260, P280, P303+P361+P353, P305+P351+P338, P405, P501	Hautätz. 1B; H314: 2 % ≤ C < 5 %	
		Hautreiz. 2 Augenreiz. 2	GHS07 Achtung	H315 H319	(P102), P280, P302+P352, P305+P351+P338, P337+P313, P501	Hautreiz. 2; H315: 0,5 % ≤ C < 2 % Augenreiz. 2; H319: 0,5 % ≤ C < 2 %	

Stoffname	Nummern	Einstufung	Kennzeichnung	H-Sätze	P-Sätze	Konzentrationsgrenzen	Anm.
Natriumhypochloritlösung ...% Aktivchlor	017-011-00-1 231-668-3 7681-52-9	Hautreiz. 1B Aqu. akut 1	GHS05 GHS09 Gefahr	H314 H400	(P102), P273, P280, P303+P361+P353, P305+P351+P338, P391, P405, P501	EUH031: C ≥ 5 %	B
Phosphorsäure ...%	015-011-00-6 231-633-2 7664-38-2	Hautreiz. 1B	GHS05 Gefahr	H314	(P102), P260, P280, P303+P361+P353, P305+P351+P338, P405, P501	Hautätz. 1B; H314: C ≥ 25 %	B
		Hautreiz. 2 Augenreiz. 2	GHS07 Achtung	H315 H319	(P102), P280, P302+P352, P305+P351+P338, P337+P313, P501	Hautreiz. 2; H315: 10 % ≤ C < 25 % Augenreiz. 2; H319: 10 % ≤ C < 25 %	
Propan-2-ol	603-117-00-0 200-661-7 67-63-0	Entz. Fl. 2 Augenreiz. 2 STOT einm. 3	GHS02 GHS07 Gefahr	H225 H319 H336	(P102), P210, P280, P304+P340, P305+P351+P338, P403+P233, P501		
Salpetersäure ...%	007-004-00-1 231-714-2 7697-37-2	Oxid. Fl. 3 Hautätz. 1A	GHS03 GHS05 Gefahr	H272 H314	(P102), P221, P260, P280, P303+P361+P353, P305+P351+P338, P405, P501	Hautätz. 1A; H314: C ≥ 20 % Oxid. Fl. 3; H272: C ≥ 65 %	B
		Hautätz. 1A	GHS05 Gefahr	H314	(P102), P260, P280, P303+P361+P353, P305+P351+P338, P405, P501	Hautätz. 1A; H314: C ≥ 20 %	
		Hautätz. 1B	GHS05 Gefahr	H314	(P102), P260, P280, P303+P361+P353, P305+P351+P338, P405, P501	Hautätz. 1B; H314: 5 % ≤ C < 20 %	

5

□ **Tab. 5.2** Einstufungs- und Kennzeichnungsvorschriften auf der Basis von Anhang VI EG-CLP-VO (Fortsetzung)

Stoffidentität		Einstufung und Kennzeichnung					
Bezeichnung Deutsch	Index-Nr. EG-Nr. CAS-Nr.	Gefahrenklasse, Gefahrenkategorie	Piktogramme Signalwörter	Gefahrenhinweise (H-Sätze) und ergänzende Gefahrenmerkmale (EUH-Sätze)	Sicherheitshinweise (P-Sätze) Empfehlungen	Spezifische Konzentrationsgrenzen[2]	Anmerkungen gemäß Liste der harmonisierten Einstufung
1	2	3	4	5	6	7	8
Salzsäure ...%	017-002-01-X 231-595-7 –	Hautätz. 1B STOT einm. 3	GHS05 GHS07 Gefahr	H314 H335	(P102), P260, P280, P303+P361+P353, P305+P351+P338, P405, P501	Hautätz. 1B; H314: $C \geq 25\ \%$ STOT einm. 3; H335: $C \geq 10\ \%$	B
		Hautreiz. 2 Augenreiz 2 STOT einm. 3	GHS07 Achtung	H315 H319 H335	(P102), P280, P302+P352, P304+P340, P305+P351+P338, P337+P313, P501	Hautreiz. 2; H315: $10\ \% \leq C < 25\ \%$ Augenreiz 2; H319: $10\ \% \leq C < 25\ \%$ STOT einm. 3; H335: $C \geq 10\ \%$	
Schwefelsäure ...%	016-020-00-8 231-639-5 7664-93-9	Hautätz. 1A	GHS05 Gefahr	H314	(P102), P260, P280, P303+P361+P353, P305+P351+P338, P405, P501	Hautätz. 1A; H314: $C \geq 15\ \%$	B
		Hautreiz. 2 Augenreiz. 2	GHS07 Achtung	H315 H319	(P102), P280, P302+P352, P305+P351+P338, P337+P313, P501	Hautreiz. 2; H315: $5\ \% \leq C <15\ \%$ Augenreiz. 2; H319: $5\ \% \leq C < 15\ \%$	

Name	Nummern	Einstufung	GHS	H-Sätze	P-Sätze
Silbernitrat	047-001-00-2 231-853-9 7761-88-8	Hautätz. 1B Aqu. akut 1 Aqu. chr. 1	GHS05 GHS09 Gefahr	H314 H400 (nur Einstufung) H410	(P102), P273, P280, P303+P361+P353, P305+P351+P338, P391, P501
Terpentinöl	650-002-00-6 232-350-7 8006-64-2	Entz. Fl. 3 Akut Tox. 4 Asp. 1 Augenreiz. 2 Hautreiz. 2 Sens. Haut 1 Aqu. chron. 2	GHS02 GHS08 GHS07 GHS09 Gefahr	H226 H332 H312 H302 H304 H319 H315 H317 H411	(P102), P210, P273, P302+P352, P305+P351+P338, P403+P235, P501
Thymol	604-032-00-1 201-944-8 89-83-8	Akut Tox. 4 Hautätz. 1B Aqu. chron. 2	GHS05 GHS07 GHS09 Gefahr	H302 H314 H411	(P102), P273, P280, P303+P361+P353, P305+P351+P338, P391, P501
Xylol	601-022-00-9 215-535-7 1330-20-7	Entz. Fl. 3 Akut Tox. 4 Hautreiz. 2	GHS02 GHS07 Achtung	H226 H332 H312 H315	(P102), P210, P302+P352, P304+P340, P305+P351+P338, P403+P235, P501

5

□ **Tab. 5.2** Einstufungs- und Kennzeichnungsvorschriften auf der Basis von Anhang VI EG-CLP-VO (Fortsetzung)

Stoffidentität		Einstufung und Kennzeichnung					
Bezeichnung Deutsch	Index-Nr. EG-Nr. CAS-Nr.	Gefahrenklasse, Gefahrenkategorie	Piktogramme Signalwörter	Gefahrenhinweise (H-Sätze) und ergänzende Gefahrenmerkmale (EUH-Sätze)	Sicherheitshinweise (P-Sätze) Empfehlungen	Spezifische Konzentrationsgrenzen[2]	Anmerkungen gemäß Liste der harmonisierten Einstufung
1	2	3	4	5	6	7	8
Wasserstoffperoxid Lösung …%	008-003-00-9 231-765-0 7722-84-1	Oxid. Fl. 1 Akut Tox. 4 Hautätz. 1A STOT einm. 3	GHS03 GHS05 GHS07 Gefahr	H271 H302 H332 H314 H335	(P102), P210, P221, P280, P303+P361+P353, P305+P351+P338, P403+P233, P501	Oxid. Fl. 1; H271: C ≥ 70 % Hautätz. 1A; H314: C ≥ 70 % STOT einm. 3; H335; C ≥ 35 %	B
		Oxid. Fl. 2 Akut Tox. 4 Hautätz. 1B STOT einm. 3	GHS03 GHS05 GHS07 Gefahr	H272 H302 H332 H314 H335	(P102), P210, P221, P280, P303+P361+P353, P305+P351+P338, P403+P233, P501	Oxid. Fl. 2; H272: 50 % ≤ C < 70 % Hautätz. 1B; H314: 50 % ≤ C < 70 % STOT einm. 3; H335; C ≥ 35 %	
		Akut Tox. 4 Hautreiz. 2 Augenschäd. 1 STOT einm. 3	GHS05 GHS07 Gefahr	H302 H332 H315 H318 H335	(P102), P280, P303+P361+P353, P305+P351+P338, P403+P233, P501	Hautreiz. 2; H315: 35 % ≤ C < 50 % Augenschäd. 1; H318: 8 % ≤ C < 50 % STOT einm. 3; H335; C ≥ 35 %	
		Akut Tox. 4 Augenschäd. 1	GHS05 GHS07 Gefahr	H302 H332 H318	(P102), P280, P303+P361+P353, P305+P351+P338, P501	Augenschäd. 1; H318: 8 % ≤ C < 50 %; 8 % ≤ C < 35 %	
		Akut Tox. 4 Augenreiz 2	GHS07 Achtung	H302 H332 H319	(P102), P280, P303+P361+P353, P305+P351+P338, P501	Augenreiz. 2; H319: 5 % ≤ C < 8 %	

| Zinkoxid | 030-013-00-7 215-222-5 1314-13-2 | Aqu. akut 1 Aqu. chron. 1 | GHS09 Achtung | H400 (nur Einstufung) H410 | (P102), P273, P391, P501 |
| Zinksulfat | 030-006-00-9 231-793-3 7446-19-7 | Akut tox. 4 Augenschäd. 1 Aqu. akut 1 Aqu. chron. 1 | GHS05 GHS07 GHS09 Gefahr | H302 H318 H400 (nur Einstufung) H410 | (P102), P273, P280, P301+P312, P305+P351+P338, P391, P501 |

1) Da der Benzolgehalt im Wundbenzin nach Arzneibuchqualität unter 0,1 % liegt, kann die Gefahreneinstufung Karz. 1B und H350 entfallen (Anmerkung P).
2) Konzentrationsbereiche vom Autor ergänzt und transparenter gemacht.

Erklärung zu den Anmerkungen (Spalte 8 der Tabelle) aus Anhang VI, Teil 1 der EG-CLP-VO

Anmerkung B
Manche Stoffe (Säuren, Basen usw.) werden als wässrige Lösungen in unterschiedlichen Konzentrationen in Verkehr gebracht; dies erfordert auch eine unterschiedliche Einstufung und Kennzeichnung, da von den verschiedenen Konzentrationen unterschiedliche Gefahren ausgehen können. In den Gefahrstoff-Tabellen haben Einträge mit der Anmerkung B allgemeine Bezeichnungen wie »Salpetersäure ... %«. In diesem Fall muss der Lieferant die Konzentration in Prozent auf dem Kennzeichnungsetikett angeben. Unter % ist ohne anderslautende Angabe stets der Gewichtsprozentsatz zu verstehen.

Anmerkung C
Manche organischen Stoffe können entweder in einer genau definierten isomeren Form oder als Gemisch mehrerer Isomere in Verkehr gebracht werden. In diesem Fall muss der Lieferant auf dem Kennzeichnungsetikett angeben, ob es sich um ein bestimmtes Isomer oder um ein Isomerengemisch handelt.

Anmerkung D
Bestimmte Stoffe, die spontan polymerisieren oder sich zersetzen können, werden normalerweise in stabilisierter Form in Verkehr gebracht. Sie werden in dieser Form in Teil 3 aufgeführt. Allerdings werden solche Stoffe manchmal auch in nicht stabilisierter Form in Verkehr gebracht. In diesem Fall muss der Lieferant auf dem Kennzeichnungsetikett nach dem Namen des Stoffes die Bezeichnung »nicht stabilisiert« anfügen.

Anmerkung H
Die für diesen Stoff aufgeführte Einstufung und Kennzeichnung gilt für die gefährliche/-n Eigenschaft/-en, auf die der/die Gefahrenhinweis/-e im Zusammenhang mit der/den betreffenden Gefahrenklasse/-n und -kategorie/-n verweist/-en. Die Vorschriften von Artikel 4 für Hersteller, Importeure oder nachgeschaltete Anwender dieses Stoffes gelten für alle anderen Gefahrenklassen und -kategorien. Für Gefahrenklassen, bei denen der Expositionsweg oder die Art der Wirkungen zu einer Differenzierung der Einstufung der Gefahrenklasse führt, muss der Hersteller, Importeur oder nachgeschaltete Anwender diejenigen Expositionswege oder Wirkungsarten berücksichtigen, die noch nicht berücksichtigt worden sind.

Anmerkung P
Die Einstufung als karzinogen oder keimzellmutagen ist nicht zwingend, wenn nachgewiesen werden kann, dass der Stoff weniger als 0,1 Gewichtsprozent Benzol (EINECS-Nr. 200-753-7) enthält. Ist der Stoff nicht als karzinogen eingestuft, so sind zumindest die Sicherheitshinweise P (102-)260-262-301+310-331 anzuwenden.

5

6 Sicherheitsdatenblätter (SDB)

Sicherheitsdatenblätter sind dazu bestimmt, dem Verwender die notwendigen Daten und Empfehlungen zu vermitteln, um die für den Gesundheitsschutz, die Sicherheit am Arbeitsplatz und den Schutz der Umwelt erforderlichen Maßnahmen treffen zu können.

Wer Gefahrstoffe an nichtprivate Anwender abgibt, hat bei der ersten Lieferung ein Sicherheitsdatenblatt beizulegen. Das bedeutet, dass auch Apotheken, die Gefahrstoffe bestellen, vom jeweiligen Lieferanten damit versorgt werden müssen. Sollte es nicht beiliegen, kann es angefordert werden. Andererseits müssen Apotheken, die Gefahrstoffe an Nicht-Privatpersonen abgeben, ein aktuelles SDB mitliefern.

Die Verpflichtung zur Übermittlung des Sicherheitsdatenblattes für Hersteller, Einführer und erneute Inverkehrbringer sowie Vorgaben zu seinen Inhalten sind in der REACH-Verordnung (Artikel 31 sowie Anhang II der REACH-Verordnung, EG Nr. 1907/2006, in der Verordnung (EU) Nr. 453/2010) und konkretisierend in den TRGS 220 geregelt.

Die Pflicht zur Übermittlung eines Sicherheitsdatenblattes ist nicht an eine bestimmte Menge des in Verkehr gebrachten Stoffes oder Gemisches gebunden.

In der aktuellen Umstellungsphase des Gefahrstoffrechts mit z. T. parallel geltenden alten und neuen Rechtsnormen kommt dem SDB die Bedeutung einer zentralen Informationsquelle zu. Seit dem 01.12.2010 bis mindestens zum 01.06.2015 sind die verantwortlichen Ersteller von SDB's bei **Stoffen** verpflichtet, sowohl die »neuen« als auch die »alten« Einstufungs- und Kennzeichnungsvorschriften parallel aufzuführen. Bei **Gemischen** ist diese Paralleldeklaration ebenfalls notwendig, wenn die Umstellung auf die EG-CLP-Verordnung vor dem 01.06.2015 erfolgt. Spätestens bis zum 01.06.2015 muss die Umstellung auf die GHS-CLP-Vorschriften erfolgt sein.

Anhand der SDB's von Stoffen können somit Gefahrstoffe, die mit neuer Kennzeichnung geliefert werden, im Hinblick auf die Bewertungen zur Art des Umgangs mit ihnen in das System der noch bestehenden Rechtsnormen (Chemikalienverbotsverordnung, TRGS…) und Arbeitsschutzdokumente (Betriebsanweisungen, Gefährdungsbeurteilungen, Explosionsschutzdokument…) eingepasst werden. Die SDB's der Stoffe sind somit in der Übergangsphase die inhaltliche »Klammer« zwischen altem und neuem Recht. Entscheidend ist, dass das Schutzniveau der bisher geltenden Gefahrstoffverordnung bis zu ihrem Auslaufen zum 01.06.2015 zumindest beibehalten wird.

6.1 Aufbau der Sicherheitsdatenblätter

Sicherheitsdatenblätter sind einheitlich aufgebaut und enthalten folgende Angaben in nachstehender Reihenfolge (gemäß VO (EU) 453/2010):

1. Bezeichnung des Stoffes bzw. des Gemisches und des Unternehmens
2. Mögliche Gefahren
3. Zusammensetzung/Angaben zu Bestandteilen
4. Erste-Hilfe-Maßnahmen
5. Maßnahmen zur Brandbekämpfung
6. Maßnahmen bei unbeabsichtigter Freisetzung
7. Handhabung und Lagerung
8. Begrenzung und Überwachung der Exposition/Persönliche Schutzausrüstung
9. Physikalische und chemische Eigenschaften
10. Stabilität und Reaktivität
11. Toxikologische Angaben
12. Umweltbezogene Angaben
13. Hinweise zur Entsorgung
14. Angaben zum Transport
15. Rechtsvorschriften
16. Sonstige Angaben

Unter dem Blickwinkel der Einstufung und Kennzeichnung sind insbesondere die Punkte 2, 3 und 15 bedeutsam.

Unter Punkt 2 werden die möglichen Gefahren aufgezeigt. Die Umsetzung, ob dies nach altem Recht, nach neuem Recht oder gemischt erfolgt, ist je nach Hersteller unterschiedlich.

Unter Punkt 3 sind der für die Deklaration verbindliche Name des Stoffes und die sogenannten Produktidentifikatoren (Index-Nr., EG-Nr., CAS-Nr.) aufgelistet. Eine dieser Nummern, vorzugsweise die EG-Nummer, ist Bestandteil des Kennzeichnungsetiketts.

Unter den Punkten 2 oder 15 findet man bei Stoffen bzw. bei Gemischen, die vor dem 01.06.2015 neu gekennzeichnet wurden, parallel die Einstufungs- und Kennzeichnungsvorschriften nach »altem« und »neuem« Recht.

■ Die Sicherheitsdatenblätter sind die Grundlage für die Bewertung der Gefährdung von Mitarbeitern. Sie enthalten die erforderlichen Angaben, mit deren Hilfe Schutzmaßnahmen festgelegt, Betriebsanweisungen erstellt und Unterweisungen durchgeführt werden können.

Die SDB's müssen immer dem aktuellen Stand der Wissenschaft entsprechen. Bei inhaltlichen Veränderungen haben die Hersteller, Einführer und erneuten Inverkehrbringer eine aktualisierte Version zur Verfügung zu stellen. Hier empfiehlt es sich dringend, die entsprechenden aktuellen Dokumente von den Internetseiten der einschlägigen Hersteller und Lieferanten (z. B. www.caelo.de, www.fagron.de, www.hedinger.de u. a. m.) herunterzuladen und auf dem Apothekenrechner zu speichern, damit der schnelle und unkomplizierte Zugriff für alle Mitarbeiter jederzeit gewährleistet ist.

Auszug aus dem SDB von Aceton (Fa. Hedinger)

Version 014	Sicherheitsdatenblatt	Seite 1 von 13
	gemäß Verordnung (EU) Nr. 453/2010	
	ACETON	überarbeitet am: 09.05.2011
Ersetzt Version 013		Gültig ab: 09.05.2011

1.   Bezeichnung des Stoffs bzw. des Gemischs und des Unternehmens

1.1   Produktidentifikator
Stoffname/Handelsname: **Aceton**
Index-Nr.: 606-001-00-8
EG-Nr.: 200-662-2
CAS-Nr.: 67-64-1
REACH-Registrierungsnr.: 01-2119471330-49-XXXX
                                         Standort: Deutschland: 01-2119471330-49-0000
                                         Standort: Belgien: 01-2119471330-49-0005
Andere Bezeichnungen: Propanon, Propan-2-on, Dimethylketon, 2-Propanon,
                                         Methylketon

1.2   Relevante identifizierte Verwendungen des Stoffs oder Gemischs und Verwendungen, von denen abgeraten wird
1.2.1 Relevante identifizierte Verwendungen des Stoffs 1.2.1 oder Gemischs
Neben der Verwendung als Lösungsmittel ist Aceton ein wichtiges Zwischenprodukt in der chemischen Industrie, z. B. für die Herstellung von Methylmethacrylat, Methylisobutylketon und Bisphenol A.
Identifizierte Verwendungen:
   1. Herstellung, Verarbeitung und Vertrieb von Stoffen und Gemischen*
   2. Einsatz in Laboratorien
   3. Anwendungen in Beschichtungen
   4. Verwendung als Binde- und Trennmittel
   5. Gummiproduktion und -verarbeitung
   6. Herstellung von Polymer
   7. Polymerverarbeitung
   9. Verwendung in Reinigungsmitteln
   10. Verwendung im Bohr- und Förderbetrieb in Öl- und Gasfeldern
   11. Treibmittel
   12. Bergbau-Chemikalien
   * Beispiele für die Verarbeitung:
Verwendung als Zwischenprodukt, Verwendung als Monomer etc., Verwendung als Lösungsmittel, Verwendung für die Herstellung von Harzen.
Bisherige benannte Verwendung(en): Pharmazeutische Produktion und Analytik, chemische Produktion, industrielles Lösungsmittel, naturwissenschaftlicher Unterricht

1.2.2 Relevante identifizierte Verwendungen des Stoffs oder Gemischs, von denen abgeraten wird
Bisher liegen uns keine Informationen zu den identifizierten Verwendungen vom Lieferanten vor.

1.3   Einzelheiten zum Lieferanten, der das Sicherheitsdatenblatt bereitstellt:
Hersteller/Lieferant
AUG. HEDINGER GmbH & Co. KG, Heiligenwiesen 26, D-70327 Stuttgart
Tel.: 0711/402050ı
Kontaktstelle für technische Information:
SHE-Management, Gefahrstoff@hedinger.de

1.4   Notrufnummer
Gemeinsames Giftinformationszentrum (GGIZ) Erfurt   Tel.: 0361 / 730 730
c/o Klinikum Erfurt, Nordhäuser Str. 74, 99089 Erfurt

Version 014	**Sicherheitsdatenblatt** gemäß Verordnung (EU) Nr. 453/2010	Seite 2 von 13
	ACETON	überarbeitet am: 09.05.2011
Ersetzt Version 013		Gültig ab: 09.05.2011

2. Mögliche Gefahren

2.1 Einstufung des Stoffs oder Gemischs

Einstufung gemäß Verordnung (EG) Nr. 1272/2008, Anhang VI (Stoffe):
Entzündbare Flüssigkeit, Kategorie 2, H225,
Schwere Augenschädigung/-reizung, Kategorie 2, H319,
Spezifische Zielorgantoxizität (einmalige Exposition), ZNS, Kategorie 3, H335

Einstufung gemäß Richtlinie 67/548/EWG (Stoffe) oder Richtlinie 1999/45/EG (Gemische):
F; R11 Leichtentzündlich.
Xi; R36 Reizt die Augen.
R66 Wiederholter Kontakt kann zu spröder oder rissiger Haut führen.
R67 Dämpfe können Schläfrigkeit und Benommenheit verursachen.

2.2 Kennzeichnungselemente

2.2.1 Kennzeichnungselemente nach Verordnung (EG) Nr. 1272/2008 (Stoffe)

Piktogramme:

GHS02**,
GHS07

Signalwort: Gefahr

Gefahrenhinweise:

H225	Flüssigkeit und Dampf leicht entzündbar.
H319	Verursacht schwere Augenreizung.
H336	Kann Schläfrigkeit und Benommenheit verursachen.
EUH066	Wiederholter Kontakt kann zu spröder oder rissiger Haut führen.

Sicherheitshinweise:

P102*	Darf nicht in die Hände von Kindern gelangen.
P210	Von Hitze/Funken/offener Flamme/heißen Oberflächen fernhalten. Nicht rauchen.
P243	Maßnahmen gegen elektrostatische Aufladungen treffen.
P305 + P351 + P338	BEI KONTAKT MIT DEN AUGEN: Einige Minuten lang behutsam mit Wasser ausspülen. Vorhandene Kontaktlinsen nach Möglichkeit entfernen. Weiter spülen.
P301 + P315	BEI VERSCHLUCKEN: Sofort ärztlichen Rat einholen/ärztliche Hilfe hinzuziehen.
P501*	Inhalt/Behälter zugelassenem Entsorger oder kommunaler Sammelstelle zuführen.

*) P-Satz ist nur erforderlich bei Abgabe an die allgemeine Öffentlichkeit, nicht aber bei beruflicher/industrieller Verwendung.

**) Hinweis zur Kennzeichnung:
Das Symbol GHS02 (Flamme) kann gemäß GHS/CLP-VO Art. 33 (3) durch das ADR-Symbol ersetzt werden.

6

Version 014	**Sicherheitsdatenblatt** gemäß Verordnung (EU) Nr. 453/2010	Seite 3 von 13
	ACETON	überarbeitet am: 09.05.2011
Ersetzt Version 013		Gültig ab: 09.05.2011

2.2.2 Kennzeichnungselemente nach Richtlinie 67/548/EWG (Stoffe)

Gefahrensymbol:

Leichtentzündlich

Reizend

Gefahrenbezeichnung: F, Xi

R-Sätze

R11	Leichtentzündlich
R36	Reizt die Augen.
R66	Wiederholter Kontakt kann zu spröder und rissiger Haut führen.
R67	Dämpfe können Schläfrigkeit und Benommenheit verursachen.

S-Sätze

S2*	Darf nicht in die Hände von Kindern gelangen.
S9	Behälter an einem gut gelüfteten Ort aufbewahren.
S16	Von Zündquellen fernhalten – Nicht rauchen.
S26	Bei Berührung mit den Augen sofort gründlich mit Wasser abspülen und Arzt konsultieren.

*) S-Satz ist nur erforderlich bei Abgabe an die allgemeine Öffentlichkeit, nicht aber bei beruflicher/industrieller Verwendung.

2.3 Sonstige Gefahren
Keine weiteren Informationen verfügbar.

3. Zusammensetzung/Angaben zu Bestandteilen

3.1 Stoffe
Hauptbestandteil des Stoffs

Stoffname:	Aceton
Index-Nr.:	606-001-00-8
EG-Nr.:	200-662-2
CAS-Nr.:	67-64-1
REACH-Registrierungsnr.:	01-2119471330-49-XXXX
	Standort: Deutschland: 01-2119471330-49-0000
	Standort: Belgien: 01-2119471330-49-0005

Verunreinigungen, stabilisierende Zusatzstoffe und einzelne Bestandteile:
Bisher liegen uns keine Informationen zu Zusatzstoffen und Verunreinigungen vom Lieferanten vor.

4. Erste-Hilfe-Maßnahmen

4.1 Beschreibung der Erste-Hilfe-Maßnahme
Allgemeine Hinweise:
Ersthelfer: Auf Selbstschutz achten! Betroffenen an die frische Luft bringen, beengende Kleidung lockern und ruhig lagern. Kontaminierte Kleidung sofort ausziehen und sicher entfernen.

ICAO/IATA-Klasse: 3
UN/ID-Nummer: 1090
Verpackungsgruppe: II
Bezeichnung des Gutes: ACETONE.

15. Rechtsvorschriften

15.1 Vorschriften zu Sicherheit, Gesundheits- und Umweltschutz/spezifische Rechtsvorschriften für den Stoff oder das Gemisch

Nationale Vorschriften z. B.
  Wassergefährdungsklasse
    WGK 1 - schwach wassergefährdend (Einstufung nach VwVwS, Stoff-Nr. 261)
  Störfallverordnung (12. BImSchV)
    Nr. 7b
  Grundstoffüberwachung: EG-Verordnungen 273/2004, 111/2005 und 1277/2005: Schwellenwert für die Registrierungspflicht bei Ausfuhr: 50 kg/Jahr
  Literatur: PZ 25 + 33/2005 und LAK-Infos
  Abgabedokumentation: Chemikalienverbotsverordnung
  Eine Dokumentation der Abgabe in Anlehnung an §3 Chemikalienverbotsverordnung ist empfehlenswert.

Nationale Vorschriften – Schweiz
  Gehalt an flüchtigen organischen Verbindungen (VOC): 100 Gew.-% = 790 g/l
  Sonstige Beschränkungen und Verordnungen:
  (gemäß Stoff-Positivliste der flüchtigen organischen Verbindungen (VOC),
  Version 8.10.2002, Dok. 814.018)

Nationale Vorschriften – Großbritannien
  DG-EA-Code (Hazchem): 2YE

Nationale Vorschriften – EG-Mitgliedstaaten
  Gehalt an flüchtigen organischen Verbindungen (VOC): 100 Gew.-% = 790 g/l

Nationale Vorschriften – USA
  TSCA Inventory: listed
  TSCA HPVC: not listed
  Clean Air Act: SOCMI Chemical: yes
  Other Environmental Laws:
    CERCLA: RQ 5000 lbs.
    RCRA Hazardous Wastes: Code U002
    RCRA Groundwater Monitoring: Methods 8240/PQL 100
  NIOSH Recommendations: Occupational Health Guideline: 0004*
Gefahrbewertungssysteme
  NFPA Hazard Rating:
    Health: 1 (Slight)
    Fire: 3 (Serious)
    Reactivity: 0 (Minimal)
  HMIS Version III Rating:
    Health: 1 (Slight)

6

Flammability: 3 (Serious)
Physical Hazard: 0 (Minimal)
Personal Protection: X = Consult your supervisor

Nationale Vorschriften – Canada

CAS 67-64-1 is listed on Canada's DSL and Ingredient Disclosure Lists.
Classification: B2, D2B

Nationale Vorschriften – Japan

MITI: 2-542

Weitere relevante Vorschriften

Beschäftigungsbeschränkungen nach dem Jugendarbeitsschutzgesetz (94/33/
EG) und der Mutterschutzrichtlinienverordnung (für werdende und stillende
Mütter) beachten.

Gefahrengruppe   A, HA
Schutzstufe: 2
                        Die in diesem Sicherheitsdatenblatt angegebene Schutz-
                        stufe berücksichtigt keine speziellen Verhältnisse am
                        Arbeitsplatz und muss ggf. angepasst werden.

Merkblatt BG Chemie: M 004 Reizende Soffe/Ätzende Stoffe
                        M 017 Lösemittel
                        M 050 Tätigkeiten mit Gefahrstoffen
                        M 051 Gefährliche chemische Stoffe

15.2 Stoffsicherheitsbeurteilung

Für diesen Stoff wurde eine Stoffsicherheitsbeurteilung durchgeführt.

16. Sonstige Angaben

Änderungen gegenüber der letzten Version
  – Berichtigung Übertragungsfehler P-Sätze
Änderungen gegenüber der Version 12
  – Anpassung an Verordnung (EU) Nr. 453/2010
  – Allgemeine Überarbeitung
Abkürzungen:
  AGW: Arbeitsplatzgrenzwert
  BGW: Biologischer Grenzwert
  PBT: persistent, bioakkumulierbar, toxisch
  vPvB: sehr persistent, sehr bioakkumulierbar)
In diesem Sicherheitsdatenblatt sind nach unserem Wissen keine weiteren dem
gewerblichen Anwender wenig oder unbekannten Abkürzungen verwendet wor-
den.

Literaturangaben und Datenquellen
Sicherheitsdatenblatt des Lieferanten, REACH Registration Dossier Acetone.
P&D-REACH Consortium, 2010, GESTIS Stoffdatenbank

**Wortlaut der R-Sätze, Gefahrenhinweise, Sicherheitsratschläge und/oder
Sicherheitshinweise auf die in Abschnitt 2 bis 15 Bezug genommen wird**

Gemäß Richtlinie 67/548/EWG und Nachträge:
  R11:   Leichtentzündlich.
  R36:   Reizt die Augen.
  R66:   Wiederholter Kontakt kann zu spröder und rissiger Haut führen.
  R67:   Dämpfe können Schläfrigkeit und Benommenheit verursachen.
  S2:   Darf nicht in die Hände von Kindern gelangen.

Version 014	**Sicherheitsdatenblatt** gemäß Verordnung (EU) Nr. 453/2010	Seite 13 von 13
	ACETON	überarbeitet am: 09.05.2011
Ersetzt Version 013		Gültig ab: 09.05.2011

S9:   Behälter an einem gut gelüfteten Ort aufbewahren.

S16:   Von Zündquellen fernhalten – Nicht rauchen.

S26:   Bei Berührung mit den Augen sofort gründlich mit Wasser abspülen und Arzt konsultieren.

S33:   Maßnahmen gegen elektrostatische Aufladungen treffen.

S46:   Bei Verschlucken sofort ärztlichen Rat einholen und Verpackung oder Etikett vorzeigen.

Gemäß Verordnung (EG) Nr. 1272/2008 und Nachträge:

H225:   Flüssigkeit und Dampf leicht entzündbar.

H319:   Verursacht schwere Augenreizung.

H336:   Kann Schläfrigkeit und Benommenheit verursachen.

EUH066: Wiederholter Kontakt kann zu spröder oder rissiger Haut führen.

Wortlaut sämtlicher den Gefahrenhinweisen dieses Stoffes zugeordneten Sicherheitshinweise gemäß VO (EG) 1272/2008 und Nachträgen:

P102:   Darf nicht in die Hände von Kindern gelangen.

P210:   Von Hitze/Funken/offener Flamme/heißen Oberflächen fernhalten. Nicht rauchen.

P233:   Behälter dicht verschlossen halten.

P240:   Behälter und zu befüllende Anlage erden.

P241:   Explosionsgeschützte elektrische Betriebsmittel/Lüftungsanlagen/ Beleuchtung/... verwenden.

P242:   Nur funkenfreies Werkzeug verwenden.

P243:   Maßnahmen gegen elektrostatische Aufladungen treffen.

P261:   Einatmen von Staub/Rauch/Gas/Nebel/Dampf/Aerosol vermeiden.

P264:   Nach Gebrauch (zu waschende Körperteile vom Hersteller anzugeben) gründlich waschen.

P271:   Nur im Freien oder in gut belüfteten Räumen verwenden.

P280:   Schutzhandschuhe / Schutzkleidung / Augenschutz / Gesichtsschutz tragen.

P303 + P361 + P353: BEI BERÜHRUNG MIT DER HAUT (oder dem Haar): Alle beschmutzten, getränkten Kleidungsstücke sofort ausziehen. Haut mit Wasser abwaschen/duschen.

P304 + P340: BEI EINATMEN: An die frische Luft bringen und in einer Position ruhigstellen, die das Atmen erleichtert.

P305 + P351 + P338: BEI KONTAKT MIT DEN AUGEN: Einige Minuten lang behutsam mit Wasser ausspülen. Vorhandene Kontaktlinsen nach Möglichkeit entfernen. Weiter spülen.

P312:   Bei Unwohlsein GIFTINFORMATIONSZENTRUM oder Arzt anrufen.

P337 + P313: Bei anhaltender Augenreizung: Ärztlichen Rat einholen/ärztliche Hilfe hinzuziehen.

P370 + P378: Bei Brand: ... zum Löschen verwenden.

P403 + P233: Behälter dicht verschlossen an einem gut belüfteten Ort aufbewahren.

P403 + P235: Kühl an einem gut belüfteten Ort aufbewahren.

P405:   Unter Verschluss aufbewahren.

P501:   Inhalt/Behälter zugelassenem Entsorger oder kommunaler Sammelstelle zuführen.

Weitere Informationen

Allgemeine Hinweise: Die Angaben stützen sich auf den heutigen Stand unserer Kenntnisse und dienen dazu, das Produkt im Hinblick auf die zu treffenden Sicherheitsvorkehrungen zu beschreiben. Sie stellen jedoch keine Zusicherung von Produkteigenschaften dar und begründen kein vertragliches Rechtsverhältnis.

Die aktuellen Fassungen unserer Sicherheitsdatenblätter sowie – als eigenes Dokument – die entsprechenden Expositionsszenarien finden Sie im Internet: www.hedinger.de

6

Teil B
Vorschriften für den Kundenverkehr

7 Verpackung von Gefahrstoffen

7.1 Allgemeines

Die Anforderungen an die Verpackung von Gefahrstoffen werden im Artikel 35 der EG-CLP-VO und in der Gefahrstoffverordnung beschrieben.

Die Materialien von Verpackungen und Verschlüssen müssen so ausgelegt sein, dass der Inhalt nicht austreten kann und sie nicht vom Inhalt beschädigt werden oder mit diesem zu gefährlichen Verbindungen reagieren können. Die Verpackungen und Verschlüsse sind in allen Teilen so fest und stark zu wählen, dass sie sich nicht lockern und allen bei der Handhabung normalerweise auftretenden Belastungen und Verformungen zuverlässig standhalten können. Verpackungen mit Verschlüssen, welche nach der Öffnung erneut verwendbar sind, müssen so konstruiert sein, dass sie sich mehrfach zuverlässig neu verschließen lassen, ohne dass der Inhalt austreten kann.

Verpackungen von gefährlichen Stoffen oder Gemischen, die an die breite Öffentlichkeit abgegeben werden, dürfen weder eine Form noch ein Design haben, die die aktive Neugier von Kindern wecken oder anziehen oder die Verbraucher irreführen könnten. Insbesondere dürfen sie in Aufmachung und Design nicht solchen Verpackungen ähneln, wie sie für Lebensmittel, Futtermittel, Arzneimittel oder Kosmetika verwendet werden.

Angaben wie »ungiftig«, »unschädlich«, »umweltfreundlich«, »ökologisch« oder alle sonstigen Hinweise, die auf das Nichtvorhandensein von Gefahreneigenschaften des Stoffes oder Gemisches hinweisen oder nicht mit der Einstufung des Stoffes oder Gemisches im Einklang stehen, dürfen nicht auf dem Kennzeichnungsetikett oder der Verpackung des Stoffes oder Gemisches erscheinen.

7.2 Kindergesicherte Verschlüsse

7.2.1 Übergangsregelungen für Gefahrstoffe bis 2015

Während neu abgepackte Stoffe ab 01.12.2010 ausnahmslos nach EG-CPL-VO zu verpacken und zu kennzeichnen sind, gibt es für Zubereitungen bzw. Gemische noch bis zum 01.06.2015 die Möglichkeit der Verpackung und Kennzeichnung nach der Zubereitungsrichtlinie RL 1999/45/EG.

Nach dieser müssen Abgabegefäße, die sehr giftige, giftige oder ätzende Gefahrstoffe enthalten, ungeachtet ihres Fassungsvermögens, mit kindergesicherten Verschlüssen versehen werden, wenn sie an Privatpersonen abgegeben werden.

T+

Sehr giftig

T

Giftig

C

Ätzend

Ebenfalls von dieser Regelung betroffen sind Behälter mit Gefahrstoffen, wenn sie
- mit dem Symbol Xn (gesundheitsschädlich) und zusätzlich dem R-Satz 65 gekennzeichnet sind,
- 3 % oder mehr Methanol enthalten,
- 1 % oder mehr Dichlormethan enthalten.

7.2.2. Vorschriften nach EG–CLP–VO

Im Anhang II Teil 3 der EG-CLP-VO ist festgelegt, dass Verpackungen, die einen Stoff oder ein Gemisch enthalten, der/das **an die breite Öffentlichkeit** abgegeben wird und als akut toxisch der Kategorien 1 bis 3, spezifisch zielorgantoxisch (STOT einm. und STOT whd.) der Kategorie 1 oder hautätzend der Kategorie 1 eingestuft wird oder von dem eine Aspirationsgefahr ausgehen kann, unabhängig von ihrem Fassungsvermögen mit kindergesicherten Verschlüssen auszustatten sind. Dies betrifft in der Apotheke grundsätzlich die gleichen Stoffe wie bisher, lediglich die Ausdifferenzierung der Gefahrenklassen und -kategorien ist umfangreicher geworden.

Die Vorschriften für Methanol und Dichlormethan sind unverändert übernommen worden (▶ Kap. 7.2.1).

■ **Tab. 7.1** Verpackungspflicht mit kindergesicherten Verschlüssen nach EG–CLP–VO

Gefahrenklassen und -kategorien	H–Satz–Code	Gefahrenpiktogramm	Kindergesicherter Verschluss
Asp. 1	H304		+
Akut Tox. 1, 2	H300 H310 H330		+
Akut Tox. 3	H301 H311 H331		+

7

◾ **Tab. 7.1** Verpackungspflicht mit kindergesicherten Verschlüssen nach EG-CLP-VO (Fortsetzung)

Gefahrenklassen und -kategorien	H-Satz-Code	Gefahrenpiktogramm	Kindergesicherter Verschluss
Hautätz. 1	H314		+
STOT einm. 1	H370		+
STOT wdh. 1			+
	H372		
Methanol ≥ 3 %			+
Dichlormethan ≥ 1 %			+

Quelle: Bundesapothekerkammer, www.abda.de/1135.html

7.3 Tastbare Gefahrenhinweise

7.3.1 Übergangsregelungen für Gefahrstoffe bis 2015

Analog zu den kindergesicherten Verschlüssen gilt auch bezüglich tastbarer Gefahrenhinweise noch bis zum 01.06.2015 die Möglichkeit der Verpackung und Kennzeichnung nach der Zubereitungsrichtlinie RL 1999/45/EG.

Dieser entsprechend müssen die Abgabebehältnisse mit einem für Blinde und Sehbehinderte ertastbaren Warnzeichen versehen werden, wenn sie an Privatpersonen abgegeben werden und die folgenden Stoffe enthalten:

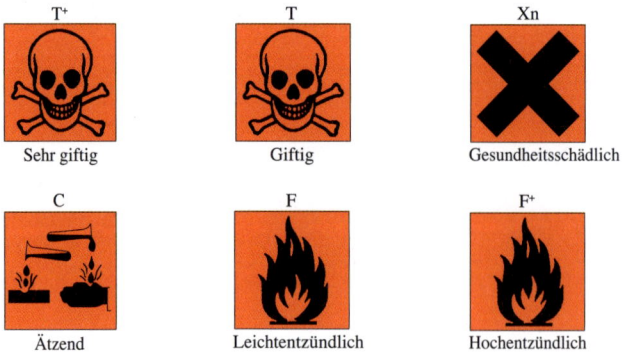

Es spielt dabei keine Rolle, ob der Erwerber selbst sehbehindert ist oder nicht. Maßgebend ist die Einstufung des Gefahrstoffs unabhängig von der Füllmenge.

Das sogenannte Blindenwarnzeichen ist ein erhabenes, gleichschenkliges Dreieck mit einer Seitenlänge von 18 mm (bei sehr kleinen Gefäßen 9 mm), das ertastet werden kann. Dies kann schon in das Gefäß selbst eingeprägt sein oder muss als Aufkleber auf dem Abgabebehälter aufgebracht werden. Für die farbliche Gestaltung der Tastmarke gibt es keine bindenden Vorschriften.

7.3.2 Vorschriften nach EG–CLP–VO

Im Anhang II Teil 3 der EG-CLP-VO wird ausgeführt, dass Verpackungen, die einen Stoff oder ein Gemisch enthalten, der/das **an die breite Öffentlichkeit** abgegeben wird und als akut toxisch (alle Kategorien), als hautätzend, keimzellmutagen, karzinogen oder reproduktionstoxisch jeweils der Kategorie 2, sensibilisierend für die Atemwege, toxisch für spezifische Zielorgane (STOT) der Kategorien 1 und 2, aspirationsgefährlich, als entzündbares Gas, Flüssigkeit und Feststoff der Kategorien 1 und 2 eingestuft ist, unabhängig von ihrem Fassungsvermögen mit einem tastbaren Gefahrenhinweis auszustatten sind.

Für die in der Apothekenpraxis relevanten Stoffe und Gemische bleibt diese Verpackungsvorschrift somit inhaltlich im wesentlichen unverändert, lediglich die Bezeichnungen der betroffenen Gefahrenklassen und -kategorien ändern sich.

Eine Deklarationspflicht für karzinogene, mutagene oder reproduktionstoxische Gefahrstoffe der Kategorien 1A und 1B ist hier nicht aufgeführt, da deren Abgabe an Privatpersonen (»breite Öffentlichkeit«) verboten und nur dem gewerblichen Abnehmer vorbehalten ist.

◨ **Tab. 7.2** Ausstattungspflicht der Verpackung mit Tastmarken nach EG–CLP–VO

Gefahrenklasse und -kategorie	H–Satz– Codes	Gefahrenpiktogramm	Tastbarer Gefahrenhinweis
Entz. Gas 1	H220	🔥	
Entz. Gas 2	H221	–	+
Entz. Fl. 1	H224	🔥	
Entz. Fl. 2	H225	🔥	+

Tab. 7.2 Ausstattungspflicht der Verpackung mit Tastmarken nach EG-CLP-VO (Fortsetzung)

Gefahrenklasse und -kategorie	H-Satz-Codes	Gefahrenpiktogramm	Tastbarer Gefahrenhinweis
Entz. Fest. 1, 2	H228		+
Asp. 1	H304		+
Akut Tox. 1, 2	H300 H310 H330		+
Akut Tox. 3	H301 H311 H331		+
Akut Tox. 4	H302 H312 H332		+
Hautätz. 1	H314		+
Sens. Atemw. 1	H334		+
Mutag. 2	H341		+
Karz. 2	H351		+
Repr. 2	H361		+
STOT einm. 1	H370		+
STOT einm. 2	H371		+

◘ **Tab. 7.2** Ausstattungspflicht der Verpackung mit Tastmarken nach EG-CLP-VO (Fortsetzung)

Gefahrenklasse und -kategorie	H-Satz-Codes	Gefahrenpiktogramm	Tastbarer Gefahrenhinweis
STOT wdh. 1	H372		+
STOT wdh. 2	H373		+

Quelle: Bundesapothekerkammer, www.abda.de/1135.html

8 Kennzeichnung von Abgabegefäßen

8.1 Übergangsbestimmungen für Zubereitungen bis 01.06.2015

Werden Gefahrstoffe **neu konfektioniert**, so müssen seit dem 01.12.2010 sämtliche **Stoffe** ausnahmslos nach EG-CLP-VO gekennzeichnet werden; nur für **Zubereitungen** (syn. Gemische) gilt eine Übergangsfrist bis zum 01.06.2015, in der noch die Bestimmungen nach »altem Recht« anwendbar sind.:

Die Abgabebehältnisse der **Zubereitungen** müssen gut lesbar, in deutscher Sprache und dauerhaft (d. h. die Kennzeichnung muss den zu erwartenden Umgangsbedingungen mit dem Gefahrstoff standhalten) mit folgenden Angaben versehen sein:

- Name der Zubereitung.
- Bezeichnung der/des enthaltenen Stoffe(s).
- EG-Nummer mit dem Vermerk »EG-Kennzeichnung«; falls nicht europaweit eingestuft CAS-Nr.
- Gefahrensymbol und Gefahrenbezeichnung.
- Hinweise auf die besonderen Gefahren (R-Sätze).
- Sicherheitsratschläge (S-Sätze).
- Füllmenge.
- Name, Anschrift und Telefonnummer der Apotheke.
- Ggf. Hinweis »Achtung! Noch nicht vollständig geprüfter Stoff.«

Bei der Abgabe von Gefahrstoffen an **Privatpersonen** sind grundsätzlich die folgenden S-Sätze mit allgemeinem Hinweischarakter aufzutragen, auch wenn sie in der Stoffliste oder in anderen Quellen nicht extra genannt sein sollten:

- Bei **allen** Gefahrstoffen
  S 2   Darf nicht in die Hände von Kindern gelangen.
- Bei sehr giftigen (T⁺), giftigen (T) und ätzenden (C) Gefahrstoffen zusätzlich zu S 2
  S 1   Unter Verschluss aufbewahren.
  S 45   Bei Unfall oder Unwohlsein sofort Arzt zuziehen (wenn möglich, dieses Etikett vorzeigen).
- Bei allen übrigen Gefahrstoffen zusätzlich zu S 2
  S 46   Bei Verschlucken sofort ärztlichen Rat einholen und Verpackung oder Etikett vorzeigen.

Bei sehr giftigen, giftigen und ätzenden Zubereitungen ist dem privaten Endabnehmer grundsätzlich eine Gebrauchsanweisung auszuhändigen.

CMR-Stoffe der Kategorien 1 und 2 sind in Zubereitungen ab einem Massegehalt von 0,1 % mit der Aufschrift »Nur für den gewerbsmäßigen Verwender« zu versehen. Damit verbunden ist ein Abgabeverbot der genannten Gefahrstoffzubereitungen an Privatpersonen.

8.2 Neue Kennzeichnungsvorschriften nach EG–CLP-VO

Die neuen Kennzeichnungen nach EG-CLP-VO ähneln vom prinzipiellen Aufbau her den bisherigen Vorschriften. Gemäß Artikel 17 der EG-CLP-VO sind ein Stoff oder Gemisch, der bzw. das als gefährlich eingestuft und verpackt ist, mit folgenden Kennzeichnungselementen zu versehen:
- Name, Anschrift und Telefonnummer der Apotheke.
- Nennmenge des Stoffes oder Gemisches in der Verpackung.
- Produktidentifikatoren (EG-Nr. oder Index-Nr. oder CAS-Nr.).
- Gefahrenpiktogramme.
- Signalwörter (»Gefahr« oder »Achtung«).
- Gefahrenhinweise (H-Sätze).
- Auswahl geeigneter Sicherheitshinweise (P-Sätze, grundsätzlich maximal 6).
- Besondere Kennzeichnungsvorschriften (z. B. EUH-Sätze) und ggf. ergänzende Informationen.

Sind die Gefahrstoffe europaweit harmonisiert eingestuft, können die erforderlichen Angaben mit Ausnahme der P-Sätze direkt der Stoffliste (Anhang VI EG-CLP-VO) entnommen werden. Im Unterschied zu den S-Sätzen des alten Systems, deren Deklaration auch einheitlich vorgegeben war, erfolgt die Auswahl der P-Sätze vom Inverkehrbringer individuell angepasst an den zu erwartenden Anwendungszweck des Gefahrstoffes (▶ Kap. 4.5 und 4.6).

Es erscheinen grundsätzlich **nicht mehr als sechs P-Sätze** auf dem Etikett, es sei denn, die Art und Schwere der Gefahr macht dies im Einzelfall erforderlich. Die Kombinationssätze (z. B. P301 + P310) gelten dabei als ein Satz. P-Sätze, die gemäß der Einstufungstabellen zwar möglich wären, aufgrund der Stoffeigenschaften und Verpackungsgröße aber eindeutig überflüssig oder unnötig sind, werden nicht deklariert.

Für einige apothekentypische Gefahrstoffe wurde in ▶ Kapitel 5.2 eine Auswahl plausibler P-Sätze zusammengestellt.

Wird der Stoff oder das Gemisch an die breite Öffentlichkeit (Privatpersonen) abgegeben, trägt das Kennzeichnungsetikett immer einen Sicherheitshinweis zur Entsorgung (**P501** Inhalt/Behälter … zuführen.). Weitere Pflichthinweise wie bei den S-Sätzen (z. B. »Darf nicht in die Hände von Kindern gelangen.«) sind momentan nicht geregelt. Die Deklaration des gleichlautenden **P102** wird aber aus haftungsrechtlichen und Sicherheitsgründen dringend empfohlen.

Einzelne P-Sätze müssen noch sachgerecht ergänzt werden (z. B. Angabe des Entsorgers bei P501).

Beim Aufdrucken der P-Sätze muss darauf geachtet werden, dass die in GROSSBUCHSTABEN vorgegebenen Textbausteine wegen der besseren Auffälligkeit auch so übernommen werden (z. B. BEI VERSCHLUCKEN…).

8

8.3 Reduzierte Kennzeichnungspflichten bei Gefäßen mit weniger als 125 ml Rauminhalt

8.3.1 Übergangsvorschriften bis 01.06.2015

Bei Gefäßen mit einem Rauminhalt bis einschließlich 125 ml **kann** auch bei der Abgabe an Privatpersonen auf die Angabe der R- und S-Sätze verzichtet werden, wenn es sich um reizende (Xi), brandfördernde (O) oder leichtentzündliche (F) **Zubereitungen** handelt.

Des weiteren können die R- und S-Sätze auch bei gesundheitsschädlichen **Zubereitungen** (Xn) entfallen, wenn die Gefäße bis einschließlich 125 ml **nicht** an private Verwender abgegeben werden. Ist der R-Satz R41 »Gefahr ernster Augenschäden« erforderlich, müssen die R- und S-Sätze in jedem Fall angegeben werden.

Bei diesen Ausnahmeregelungen handelt es sich um »Kann-Bestimmungen«; das höhere Sicherheitsniveau ist mit der Volldeklaration der R- und S-Sätze immer gewährleistet.

Für **Stoffe** gilt bereits seit 01.12.2010 die EG-CLP-VO.

8.3.2 Regelungen nach EG-CLP-VO

Auch nach EG-CLP-VO können Kleinpackungen bis einschließlich 125 ml von der Kennzeichnungspflicht mit H- und P-Sätzen befreit sein; das Bewertungskriterium ist die Zuordnung zu einer bestimmten Gefahrenkategorie, die im H-Satz-Code ihren Ausdruck findet.

Die folgende Auflistung gibt einen Überblick zur Kennzeichnungspflicht von Gefäßen für die Abgabe an die breite Öffentlichkeit bis einschließlich 125 ml. Bei den meisten der aufgeführten Gefahrenkategorien kann auf die Angabe der H- und P-Sätze verzichtet werden. Es gibt jedoch Ausnahmen, bei denen nur die P-Sätze entfallen und die H-Sätze (H221, H362, H412, H413) deklariert werden müssen.

◻ **Tab. 8.1** Mindestkennzeichnung von Gefäßen bis einschließlich 125 ml Inhalt für die Abgabe an die breite Öffentlichkeit

Gefahren-kategorie	H-Satz-Code	Pikto-gramm	Signal-wort	Kennzeichnungspflicht	
				H-Satz	P-Satz
Entz. Gas 2	H221	–	Achtung	H221	–
Entz. Fl. 2	H225		Gefahr	–	–
Entz. Fl. 3	H226		Achtung	–	–
Entz. Fest. 1			Gefahr	–	–
Entz. Fest. 2	H228		Achtung	–	–
Selbstzers. CD Org. Perox. CD			Gefahr	–	–
Selbstzers. EF Org. Perox. EF	H242		Achtung	–	–

■ **Tab. 8.1** Mindestkennzeichnung von Gefäßen bis einschließlich 125 ml Inhalt für die Abgabe an die breite Öffentlichkeit (Fortsetzung)

Gefahrenkategorie	H–Satz–Code	Piktogramm	Signalwort	Kennzeichnungspflicht	
				H-Satz	P-Satz
Selbsterh. 2	H252		Achtung	–	–
Wasserreakt. 1	H260		Gefahr	–	–
Wasserreakt. 2	H261		Gefahr	–	–
Wasserreakt. 3	H261		Achtung	–	–
Oxid. Gas 1	H270		Gefahr	–	–
Oxid. Fl. 2 Oxid. Fest. 2			Gefahr	–	–
	H272				
Oxid. Fl. 3 Oxid. Fest. 3			Achtung	–	–
Pressgas	H280 H281		Achtung	–	–
Met. korr. 1	H290	–	Achtung	–	–
Hautreiz. 2	H315		Achtung	–	–
Augenreiz. 2	H319		Achtung	–	–
Lakt.	H362	–	Kein Signalwort	H362	–
Aqu. akut 1	H400		Achtung	–	–
Aqu. chron. 1	H410		Achtung	–	–
Aqu. chron. 2	H411		Kein Signalwort	–	–

8

◻ Tab. 8.1 Mindestkennzeichnung von Gefäßen bis einschließlich 125 ml Inhalt für die Abgabe an die breite Öffentlichkeit (Fortsetzung)

Gefahren-kategorie	H-Satz-Code	Pikto-gramm	Signal-wort	Kennzeichnungspflicht	
				H-Satz	P-Satz
Aqu. chron. 3	H412	–	Kein Signal-wort	H412	–
Aqu. chron. 4	H413			H413	–

Quelle: modifiziert nach Bundesapothekerkammer, www.abda.de/1135.html

Werden Gefahrstoffe an **gewerbliche Anwender** abgegeben, dann gilt die reduzierte Kennzeichnung zusätzlich für folgende Gefahrenkategorien.

◻ Tab. 8.2 Mindestkennzeichnung von Gefäßen bis einschließlich 125 ml Inhalt für die Abgabe an gewerbliche Abnehmer (nicht an die breite Öffentlichkeit)

Gefahren-kategorie	H-Satz-Code	Pikto-gramm	Signal-wort	Kennzeichnungspflicht	
				H-Satz	P-Satz
STOT einm. 2	H371		Gefahr	–	–
STOT einm. 3	H335 / H336		Achtung	–	–
ASTOT whd. 2	H373		Achtung	–	–

8.4 Arzneimittel, die Gefahrstoffe enthalten

Grundsätzlich sind Arzneimittel, auch wenn sie Gefahrstoffe als Wirk- oder Hilfsstoffe enthalten, von den gefahrstoffrechtlichen Vorschriften der Kennzeichnung und Verpackung nicht betroffen. Dies gilt definitionsgemäß für:

- Zulassungs- und registrierungspflichtige Fertigarzneimittel (auch Standardzulassungen).
- Defekturarzneimittel, die aufgrund häufiger ärztlicher oder zahnärztlicher Verschreibung ohne Zulassungspflicht im Voraus hergestellt werden können (»Hunderterregel«).
- Sonstige Arzneimittel, die in einer zur Abgabe an den Verbraucher bestimmten Packung in den Verkehr gebracht werden (Rezepturarzneimittel).

Demzufolge unterliegen jedoch die Rezeptursubstanzen, die von der Zweckbestimmung her Arzneimittel sind und sich im Vorratsgefäß (d. h. nicht im für den Verbraucher bestimmten Abgabegefäß) in der Rezeptur befinden, den Kennzeichnungs- und Verpackungsvorschriften des Gefahrstoffrechts.

8.4.1 Sonderfall Rezepturarzneimittel mit gefährlichen physikalischen Eigenschaften

Rezepturarzneimittel, die nach bisher gültiger Gefahreneinstufung als explosionsgefährlich (E), hochentzündlich (F^+), leichtentzündlich (F) oder brandfördernd (O) eingestuft wurden, müssen gemäß § 14 Abs. 5 ApBetrO mit dem Gefahrensymbol, der Gefahrenbezeichnung sowie den R- und S-Sätzen gekennzeichnet werden. Alle anderen gefahrstoffrechtlichen Vorschriften (Tastmarken für Sehbehinderte) finden keine Anwendung.

Andere Gefahrenmerkmale außer den gefährlich-physikalischen (z. B. giftig) werden auf Rezepturarzneimitteln nicht deklariert. Da Rezepturarzneimittel in der Regel Zubereitungen (syn. Gemische) sind, kann hier noch die Kennzeichnung nach »altem« Recht (vorbehaltlich einer Änderung der Apothekenbetriebsordnung) bis 01.06.2015 zur Anwendung kommen. Eine freiwillige Kennzeichnung nach EG-CLP-VO ist jedoch schon vorher möglich. Defekturarzneimittel, die nach der Hunderterregel im Voraus hergestellt werden, sind definitionsgemäß Fertigarzneimittel und unterliegen der Kennzeichnungspflicht nach § 10 Arzneimittelgesetz. Damit ist für diese in der Apotheke hergestellten Arzneimittel die Angabe der gefährlich-physikalischen Eigenschaften nicht erforderlich, freiwillig im Sinn der Patienteninformation jedoch möglich.

8.5 Kennzeichnungsbeispiele für Abgabegefäße

Beispiel 1: Abgabe von Aceton für Reinigungszwecke

Die Kennzeichnung von Aceton zur Abgabe unterliegt ausnahmslos den EG-CLP-Bestimmungen. Wird Aceton an die breite Öffentlichkeit abgeben, dann müssen im Unterschied zu den bisherigen Vorschriften aufgrund von H336 die H- und P-Sätze unabhängig vom Gefäßvolumen immer deklariert werden. Nur bei der Abgabe an gewerbliche Abnehmer reicht die Mindestdeklaration mit Gefahrenpiktogramm und Signalwort aus.

Etikett für die Abgabe von Aceton an die breite Öffentlichkeit

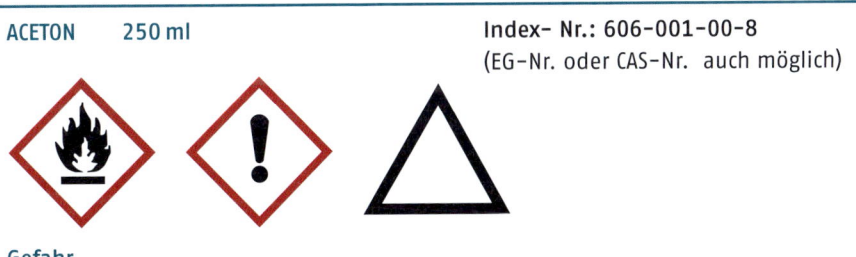

ACETON   250 ml   Index- Nr.: 606-001-00-8
(EG-Nr. oder CAS-Nr. auch möglich)

Gefahr
Flüssigkeit und Dampf leicht entzündbar. Verursacht schwere Augenreizung. Kann Schläfrigkeit oder Benommenheit verursachen. Wiederholter Kontakt kann zu spröder oder rissiger Haut führen.

Darf nicht in die Hände von Kindern gelangen. Von Hitze/Funken/offener Flamme/heißen Oberflächen fernhalten. Nicht rauchen. Nur im Freien oder in gut belüfteten Räumen verwenden. BEI BERÜHRUNG MIT DEN AUGEN: Einige Minuten lang behutsam mit Wasser ausspülen. Eventuell vorhandene Kontaktlinsen nach Möglichkeit entfernen. Weiter ausspülen. An einem gut belüfteten Ort aufbewahren. Behälter dicht verschlossen halten. Inhalt/Behälter dem kommunalen Entsorgungssystem zuführen.

Gefahren-Apotheke, Chemikalienstraße 13, 04111 Ätzhausen, Tel.: 0341–111111

8

Die Codenummern der H- und P-Sätze müssen nicht mit deklariert werden; die Auswahl der P-Sätze erfolgte nach den Vorgaben in ▶ Kapitel 4.6

Wenn Aceton in einer Menge bis 125 ml an gewerbliche Anwender abgegeben wird, kann auf die H- und P-Sätze und das tastbare Warndreieck verzichtet werden.

Beispiel 2: Abgabe von 1 Liter Natriumhydroxidlösung 5 % zum Abbeizen von Möbeln

Dieser Gefahrstoff ist ein Gemisch/eine Zubereitung und kann bis zum 01.06.2015 sowohl noch nach den alten Kennzeichnungsvorschriften als auch schon nach den neuen Regeln in den Verkehr gebracht werden.

Etikett nach »altem« Recht

Natriumhydroxidlösung 5 %　　1 Liter EG-Kennzeichnung EG-Nummer 215-185-5 Verursacht schwere Verätzungen. Unter Verschluss und für Kinder unzugänglich aufbewahren. Bei Berührung mit den Augen sofort gründlich mit Wasser abspülen. Arzt konsultieren. Bei der Arbeit geeignete Schutzhandschuhe und Schutzbrille/ Gesichtsschutz tragen. Bei Unfall oder Unwohlsein sofort Arzt hinzuziehen; wenn möglich, dieses Etikett vorzeigen. Gefahren Apotheke, Am Rande des Gesetzes 5, 86163 Augsburg, Tel. 08 21/6 99 11	C  Ätzend 

Hier ist eine vollständige Kennzeichnung erforderlich. Die Flasche muss außerdem mit einem kindergesicherten Verschluss versehen werden.

Etikett nach EG-CLP-VO

Natriumhydroxidlösung 5 %　　1 Liter　　　**Index-Nr.: 011-002-00-6**
(EG-Nr. oder CAS-Nr. auch möglich)

Gefahr

Verursacht schwere Verätzungen der Haut und schwere Augenschädigungen.

Darf nicht in die Hände von Kindern gelangen. Schutzhandschuhe/Schutzkleidung/ Augenschutz/Gesichtsschutz tragen. BEI KONTAKT MIT DER HAUT (oder dem Haar): Alle beschmutzten, getränkten Kleidungsstücke sofort ausziehen. Haut mit Wasser abwaschen/duschen. BEI KONTAKT MIT DEN AUGEN: Einige Minuten lang behutsam mit Wasser spülen. Vorhandene Kontaktlinsen nach Möglichkeit entfernen. Weiter spülen. Unter Verschluss aufbewahren. Inhalt/Behälter der kommunalen Entsorgung zuführen.

Gefahren-Apotheke, Chemikalienstraße 13, 04111 Ätzhausen, Tel.: 0341–111111

In Anhang VI der EG-CLP-VO ist Natriumhydroxid ab einer Konzentration von ≥ 5 % in die Gefahrenkategorie Hautätz. 1A mit H314 eingestuft. Dies führt zur möglichen Angabe der P-Sätze P260, P264, **P280**, P301 +P330 +P331, **P303 +P361 +P353**, P363, P304 +P340, P310, P321, **P305 +P351 +P338**, **P405** und **P501** (▶ Kap. 4.5).

Die fett gedruckten und der allgemeine P-Satz **P102** wurden für das Beispieletikett unter Berücksichtigung der geplanten Anwendung ausgewählt.

Da das Gefäß an die breite Öffentlichkeit abgegeben wird, muss es mit dem tastbaren Warndreieck und einem kindergesicherten Verschluss versehen sein.

Beispiel 3: Isopropylalkohol 70 % Vol. als Chemikalie zu Reinigungszwecken (nicht als Arzneimittel)

Auch dieser Gefahrstoff gilt als Gemisch/Zubereitung und kann bis zum 01.06.2015 sowohl noch nach den »alten« Kennzeichnungsvorschriften als auch schon nach den neuen Regeln in den Verkehr gebracht werden.

Etikett nach »altem« Recht

Isopropylalkohol 70 % Vol. 500 ml	
F Xi  Leichtentzündlich Reizend	EG-Kennzeichnung EG-Nummer 200-661-7
Reizt die Augen. Dämpfe können Schläfrigkeit und Benommenheit verursachen. Darf nicht in die Hände von Kindern gelangen. Behälter dicht geschlossen halten. Von Zündquellen fernhalten. Nicht rauchen. Berührung mit den Augen und der Haut vermeiden. Bei Berührung mit den Augen sofort gründlich mit Wasser abspülen und Arzt konsultieren. Bei Verschlucken sofort ärztlichen Rat einholen und Verpackung oder Etikett vorzeigen.	 Gefahren Apotheke Am Rande des Gesetzes 5 86163 Augsburg Tel. 08 21/6 99 11

Die vollständige Kennzeichnung ist erforderlich. Eine Blindentastmarke ist notwendig, wenn die Abgabe an Privatpersonen erfolgt.

Etikett nach EG-CLP-VO

Isopropylalkohol 70 % Vol.	500 ml	Index- Nr.: 603-117-00-0

(EG-Nr. oder CAS-Nr. auch möglich)

Gefahr

Flüssigkeit und Dampf leicht entzündbar. Verursacht schwere Augenreizung. Kann Schläfrigkeit oder Benommenheit verursachen.

Darf nicht in die Hände von Kindern gelangen. Von Hitze/Funken/offener Flamme/ heißen Oberflächen fernhalten. Nicht rauchen. Nur im Freien oder in gut belüfteten Räumen verwenden. BEI BERÜHRUNG MIT DEN AUGEN: Einige Minuten lang behutsam mit Wasser ausspülen. Eventuell vorhandene Kontaktlinsen nach Möglichkeit entfernen. Weiter ausspülen.

An einem gut belüfteten Ort aufbewahren. Behälter dicht verschlossen halten. Inhalt/ Behälter dem kommunalen Entsorgungssystem zuführen.

Gefahren-Apotheke, Chemikalienstraße 13, 04111 Ätzhausen, Tel.: 0341–111111

Bei Isopropanol ist aufgrund von H336 auch bei Mengen bis einschließlich 125 ml die vollständige Kennzeichnung mit H- und P-Sätzen und darüber hinaus die Ausstattung mit dem tastbaren Warnhinweis erforderlich, wenn die Abgabe an Privatpersonen erfolgt. Die Auswahl der P-Sätze erfolgt individuell; P501 ist Pflicht bei der Abgabe an die breite Öffentlichkeit.

Beispiel 4: Isopropylalkoholhaltiges Rezepturarzneimittel (70 % Vol.)

Diese Zubereitung kann aufgrund der Übergangsbestimmungen und den Vorgaben des § 14 Abs. 5 ApBetrO weiterhin bis 01.06.2015 nach altem Recht gekennzeichnet werden.

Etikett nach »altem« Recht

Salicylsäure	2,0 g		Inhalt 200 g
Isopropylalkohol	124,7 g		
Wasser	73,3 g		

Mehrmals täglich mit einem Wattebausch auftragen.
Hergestellt am 24.11.2010
1 Jahr haltbar
Von Zündquellen fernhalten – Nicht rauchen.

Apotheke am Durchlauferhitzer
An der Hautverbrennung 5
86163 Augsburg
Tel. 08 21/2 62 13 59

F

Leichtentzündlich

Rezepturarzneimittel sind zusätzlich zur Arzneimittelkennzeichnung hinsichtlich ihrer physikalischen Gefahren mit dem Symbol und den R-und S-Sätzen zu kennzeichnen. Dieses Arzneimittel enthält 70 % Isopropylalkohol und muss deshalb mit dem Gefahrensymbol »Leichtentzündlich« sowie dem S-Satz »Von Zündquellen fernhalten — Nicht rauchen« versehen werden. Das andere Symbol »Reizend« und die übrigen R-und S-Sätze beziehen sich nicht auf die physikalische Gefahr und sind nicht anzugeben. Eine Blindentastmarke ist bei Arzneimitteln nicht erforderlich.

Soll die Kennzeichnung des Rezepturarzneimittels gemäß § 14 Abs. 5 ApBetrO nach GHS-CLP-VO erfolgen, so werden wie bei den bisher geltenden Vorschriften **nur die gefährlich-physikalischen Eigenschaften** des Isopropylalkohols mit Gefahrenpiktogramm, Signalwort sowie H- und P-Sätzen deklariert.

Etikett nach EG-CLP-VO

Salicylsäure	2,0 g	Inhalt 200 g
Isopropylalkohol	124,7 g	
Wasser	73,3 g	

Lösung mehrmals täglich mit einem Wattebausch auftragen.
Hergestellt am: 01.03.11
Nicht mehr anwenden nach dem: 28.02.12
Flüssigkeit und Dampf leicht entzündbar. Von Hitze/Funken/offener Flamme/heißen Oberflächen fernhalten. Nicht rauchen.

Gefahren-Apotheke, Apotheke F. Pistill
Chemikalienstraße 13
04111 Ätzhausen
Tel.: 0341–111111

Gefahr

8.6 Ausführung der Kennzeichnung – Etikettengröße

Die allgemeinen Anforderungen an die Gestaltung und Beschaffenheit der Etiketten unterscheiden sich nach »altem« und »neuem« Recht nicht wesentlich.

In Artikel 31 der EG-CLP-VO wird ausgeführt, dass das Kennzeichnungsetikett fest auf einer oder mehreren Flächen der Verpackung, die den Stoff oder das Gemisch unmittelbar enthält, angebracht wird. Es muss waagerecht lesbar sein, wenn die Verpackung in üblicher Weise abgestellt wird.

Die Farbe und die Aufmachung des Kennzeichnungsetiketts sind so gestaltet, dass sich das Gefahrenpiktogramm deutlich abhebt. Die Kennzeichnungselemente werden deutlich lesbar und unverwischbar so angebracht, dass sie sich deutlich vom Untergrund abheben und ausreichend dimensioniert sind.

Die **Mindestgrößen für Etiketten** sind in »altem« und »neuem« Recht identisch. Neu ist, dass bei Gefäßen, die deutlich weniger als 3 Liter Fassungsvermögen haben, von der Mindestgröße der Etiketten von 52 mm x 74 mm abgewichen werden kann:

- ▪ Fassungsvermögen bis 3 Liter   wenn möglich mindestens 52 mm x 74 mm
- ▪ Fassungsvermögen 3 bis 50 Liter   mindestens 74 mm x 105 mm

Die Gefahrensymbole nach »altem« Recht müssen in schwarzem Aufdruck auf orangefarbenem Untergrund mindestens **1 cm²** groß sein und mindestens **ein Zehntel** der Gesamtfläche der Kennzeichnung ausmachen.

Die Gefahrenpiktogramme nach »neuem« Recht tragen ein schwarzes Symbol auf weißem Hintergrund in einem roten Rahmen in Gestalt eines auf der Spitze stehenden Quadrats. Die Breite des Rahmens muss so bemessen sein, dass er deutlich sichtbar ist. Jedes Gefahrenpiktogramm muss mindestens **ein Fünfzehntel** der Fläche des Kennzeichnungsetiketts einnehmen und die Mindestfläche muss **1 cm²** betragen.

Das Etikett muss mit seiner ganzen Fläche auf dem Behältnis haften. Ist ein Gefäß allerdings zu klein für ein gut lesbares Etikett, kann auch ein auffaltbares Etikett verwendet werden. Dieses soll möglichst großflächig mit dem Gefäß verbunden sein.

Etiketten– und Symbolgröße für ein Gefäß mit 1 Liter Füllvolumen nach »altem« Recht

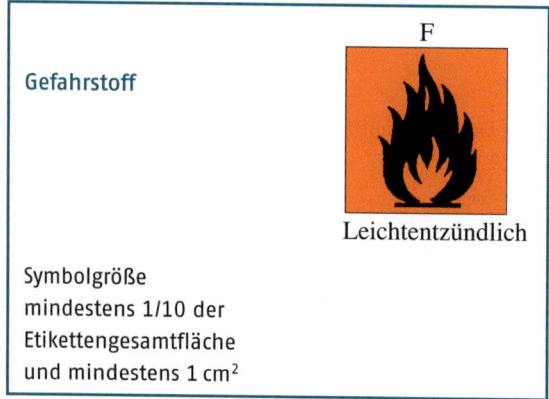

Etiketten– und Symbolgröße für ein Gefäß mit 1 Liter Füllvolumen nach GHS–CLP–VO

9 Abgabe von Gefahrstoffen

9.1 Parallele Gültigkeit von »altem« und »neuem« Recht

Die Bestimmungen nach EG-CLP-VO führen zu einer **Neu**regelung der **Einstufung**, **Kennzeichnung** und **Verpackung** von Gefahrstoffen. Parallel dazu verbleiben die **Abga**bestimmungen, die in der Chemikalienverbotsverordnung formuliert sind, noch in der Systematik des »alten« Rechts. Dies führt dazu, dass die Kennzeichnung der Stoffe nach GHS-CLP-System nicht unmittelbar deckungsgleich mit den Vorgaben der Chemikalienverbotsverordnung ist.

Um entscheiden zu können, ob und unter welchen Bedingungen ein neu gekennzeichneter Gefahrstoff auf der Grundlage der Chemikalienverbotsverordnung abgegeben werden kann, muss die »neue« Kennzeichnung in die »alte« Einstufung »übersetzt« werden.

Den Schlüssel dazu liefern die Sicherheitsdatenblätter. Hier ist jeder Inverkehrbringer von Stoffen verpflichtet, unter dem Punkt 15 des Sicherheitsdatenblatts bis zum 01.06.2015 die Einstufung nach »altem« und »neuem« Recht parallel aufzuführen.

Bis zu einer Anpassung der Gefährlichkeitsmerkmale in der Gefahrstoffverordnung und der Chemikalienverbotsverordnung an die Gefahrenklassen und -kategorien des EG-CLP-Systems ist man als Abgebender von Gefahrstoffen mit der parallelen Existenz zweier Einstufungs- und Kennzeichnungssysteme konfrontiert.

Entscheidend für die Abgabe sind aktuell die Einstufungen nach »altem« Recht. Dieses hat insbesondere bei der Einstufung von Stoffen in die Kategorien »Giftig« oder »Gesundheitsschädlich« Bedeutung. In bestimmten LD_{50}-Bereichen werden Stoffe nach »altem« Recht noch als »Gesundheitsschädlich« (Xn), nach neuem Recht jedoch als Akut Tox. 3 mit dem Totenkopf als Gefahrenpiktogramm eingestuft.

9.2 Wer darf in der Apotheke Gefahrstoffe abgeben?

Eine Abgabe der in ▶ Kap. 9.3 genannten Gefahrstoffe darf nur durch Personen erfolgen, die die erforderliche »Sachkunde« erbracht haben. Das pharmazeutische Personal besitzt diese »Sachkunde«. Andere Personen, die in der Apotheke tätig sind, müssen einen »Sachkundenachweis« erbringen.

Zur Beachtung: Praktikanten besitzen noch keine »Sachkunde«; sie dürfen deshalb – auch unter Aufsicht – diese Stoffe nicht abgeben.

9

9.3 An wen dürfen Gefahrstoffe abgegeben werden?

T⁺
Sehr giftig

T
Giftig

O
Brandfördernd

F⁺
Hochentzündlich

Xn
Gesundheitsschädlich

in Verbindung mit
R40, R62, R63 oder R68

Die Abgabe dieser Stoffe an Endabnehmer*) ist nur unter folgenden Bedingungen erlaubt:

- Der Erwerber hat das 18. Lebensjahr vollendet.
- Der Gefahrstoff wird in erlaubter Weise verwendet und es bestehen keine Anhaltspunkte für eine unerlaubte Verwendung oder Weiterveräußerung.

Außerdem ist eine **Identitätsfeststellung** erforderlich, wenn es sich um Giftstoffe (T, T⁺) oder um einen der folgenden Gefahrstoffe handelt:

- Ammoniumnitrat
- Kaliumnitrat
- Kaliumchlorat
- Kaliumperchlorat
- Kaliumpermanganat

- Natriumchlorat
- Natriumnitrat
- Natriumperchlorat
- Wasserstoffperoxidlösung > 12 %

- (Näheres zu den Stoffen s. unter
▶ Kap. 9.11)

*) Anmerkung: Auf eine Abgabe an Handelsgewerbetreibende wird hier nicht eingegangen, da dies für Apotheken keine Rolle spielen dürfte. Bei Bedarf kann in der Chemikalien-Verbotsverordnung § 3 Abs. 1 nachgelesen werden.

9.4 Unterweisung bei der Abgabe

Wer die in ▶ Kap. 9.3 genannten Stoffe abgibt, muss den Erwerber zuvor mündlich unterrichten über:

- die mit der Verwendung verbundenen Gefahren,
- entsprechende Vorsichtsmaßnahmen,
- Maßnahmen bei versehentlichem Verschütten und zur ordnungsgemäßen Entsorgung.

Hinweis: Es muss sich tatsächlich um eine *mündliche Unterweisung* handeln. Das bloße Aushändigen eines Schriftstückes, das die geforderten Angaben enthält, genügt nicht, denn es könnte ungelesen weggeworfen werden!

Seit der Änderung der Chemikalien-Verbotsverordnung vom 26. Juni 2000 sind ätzende Stoffe von den in ▶ Kap. 9.3 genannten Abgabebeschränkungen ausgenommen, wenn sie kindergesichert verschlossen sind, was ohnehin verpflichtend vorgeschrieben ist (▶ Kap. 7.2). Somit entfällt die mündliche Unterrichtung der Kunden. Es darf dabei allerdings nicht vergessen werden, dass das Apothekenpersonal damit nicht von seiner besonderen Sorgfaltspflicht entbunden ist. Der Autor empfiehlt deshalb, auch bei ätzenden Stoffen den Verwendungszweck zu prüfen und eine mündliche Unterrichtung durchzuführen.

Vorschlag für die praktische Durchführung der Unterweisung

Eine Unterweisung aus dem Stegreif durchzuführen, ist sicher zuviel verlangt. Es empfiehlt sich daher, den Kunden darüber zu informieren, dass der Gesetzgeber eine Unterweisung vorschreibt und mit ihm zusammen anhand einer Schriftvorlage die geforderten Punkte durchzusprechen. Als Vorlage können die entsprechenden Gebrauchsanweisungen oder die »Sicherheitsdatenblätter« verwendet werden. Bei einigen Stoffen ist es ohnehin Pflicht, zusätzlich eine Gebrauchsanweisung mitzugeben (▶ Kap. 9.5).

Die einfachste Möglichkeit besteht sicherlich darin, die R-und S-Sätze bzw. die H- und P-Sätze mündlich zu formulieren. Dies könnte beispielsweise bei konzentrierter Salzsäure folgendermaßen geschehen:

»Bitte beachten Sie, dass Salzsäure ätzend ist, das heißt, dass sie Haut und Schleimhäute schädigen kann. Besonders gefährdet sind Ihre Augen. Es ist deshalb unerlässlich, dass Sie zum Arbeiten damit immer Schutzhandschuhe und eine Schutzbrille tragen. Verschüttete Salzsäure wischen Sie bitte mit reichlich Wasser auf, auch hierzu ist die Schutzkleidung zu tragen. Reste geben Sie bitte zum Sondermüll.«

Handelt es sich um einen guten Kunden, kann man in Erwägung ziehen, ihm für kurze Zeit eine Schutzbrille zur Verfügung zu stellen, falls er selbst keine besitzt.

9.5 Gebrauchsanweisung

T⁺

Sehr giftig

T
Giftig

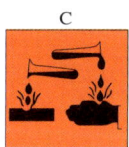
C
Ätzend

Werden sehr giftige, giftige oder ätzende Zubereitungen an **private** Verbraucher abgegeben, muss eine schriftliche Gebrauchsanweisung mitgeliefert werden. Es sind folgende Informationen aufzunehmen:

- Informationen zur bestimmungsgemäßen und sicheren Anwendung sowie Dosierung.
- Schädliche Auswirkungen auf die Gesundheit bei Missbrauch bzw. Fehlgebrauch.
- Geeignete Schutzmaßnahmen.
- Sofortmaßnahmen, Erste Hilfe bei Unfällen und ggf. Brandbekämpfung.
- Geeignete Aufbewahrung sowie Beseitigung bei unbeabsichtigter Freisetzung.
- Geeignete Entsorgung von Produktresten sowie ungereinigter Leerpackungen.

Die Gebrauchsanweisung ist auf der Verpackung anzugeben. Ist dies technisch nicht möglich, so ist sie als Packungsbeilage beizufügen. Die Formulierung muss allgemein verständlich sein.

9

Vorschläge für die praktische Durchführung

Diese Gebrauchsanweisung kann entweder selbst erstellt werden, oder man macht eine Kopie des Sicherheitsdatenblattes, da dieses alle geforderten Angaben ebenso enthält.

Mustervorschläge für Gebrauchsanweisungen, deren Vervielfältigung für die Abgabe an Privatpersonen in Apotheken erlaubt ist, finden sich in dem Werk Kaufmann/Schulz, GHS-Betriebsanweisungen, Deutscher Apotheker Verlag 2011.

9.6 Dokumentation der Abgabe

Die Abgabe ist zu dokumentieren, wenn es sich um Giftstoffe (T, T$^+$) oder um einen der folgenden Gefahrstoffe handelt:

- Ammoniumnitrat
- Kaliumnitrat
- Kaliumchlorat
- Kaliumperchlorat
- Kaliumpermanganat
- Natriumchlorat
- Natriumnitrat
- Natriumperchlorat
- Wasserstoffperoxidlösung > 12 %

Es sind folgende Angaben festzuhalten:

- Art und Menge des Gefahrstoffes
- Datum der Abgabe
- Verwendungszweck
- Name und Anschrift des Erwerbers
- Name des Abgebenden
- Unterschrift des Erwerbers

Über die Form des Protokolls und die darin enthaltenen Aufzeichnungen gibt es keine Vorschrift, es muss lediglich alle oben genannten Angaben enthalten. Die Aufzeichnungen müssen fünf Jahre aufbewahrt werden.

Es ist nicht gefordert, darüber hinausgehende Aufzeichnungen anzufertigen. Der Autor schlägt aber trotzdem vor, einen Vordruck zu verwenden, in dem der Empfänger auch bestätigt, dass er vom Abgebenden unterwiesen wurde und sich dies zusammen mit dem Empfang und dem Verwendungszweck bestätigen zu lassen. Dafür geeignet ist der dafür entworfene Vordruck (Empfangsbestätigung). Es empfiehlt sich darüber hinaus, diesen Vordruck nicht nur für Gifte zu verwenden, sondern auch bei der Abgabe anderer gefährlicher Stoffe, um im Schadensfalle darauf zurückgreifen zu können.

Empfangsbestätigung nach § 3 ChemVerbotsV

Frau/Herr ....

Adresse ....

hat am ....

in unserer Apotheke den folgenden Gefahrstoff erhalten: ....

Menge ....

Verwendungszweck ....

Die/Der Erwerber/in wurde über die mit dem Verwenden verbundenen Gefahren, notwendige Vorsichtsmaßnahmen beim bestimmungsgemäßen Gebrauch und für den Fall des unvorhergesehenen Verschüttens oder Freisetzens sowie über die ordnungsgemäße Entsorgung unterrichtet.

Die/Der Erwerber/in bestätigt, den Gefahrstoff nur für den angegebenen Zweck zu verwenden.

Name des Abgebenden ....

.... , den ....

Unterschrift des Erwerbers   Apothekenstempel

Im Anhang 16 ist das Formular im DIN A5-Format abgedruckt. Es kann für die Abgabe in der Apotheke vervielfältigt werden.

9.7 Abgabe von Gefahrstoffen an Minderjährige

Außer der Abgabebeschränkung in ▶ Kap. 9.3 taucht dieses Thema in den gefahrstoffrechtlichen Vorschriften nicht auf. Zu bedenken ist allerdings, dass der S-Satz 2 »Darf nicht in die Hände von Kindern gelangen« immer aufgetragen werden muss (▶ Kap. 8.1), sodass sich dadurch automatisch eine Abgabe an Kinder verbietet.

Wird allerdings ein kindergesicherter Verschluss verwendet, so kann davon ausgegangen werden, dass der Inhalt nicht in die Hände des Kindes gelangt und ggf. eine Abgabe möglich ist. So finden sich z. B. auch ätzende Haushaltsreiniger in den Freiwahlregalen der Drogeriemärkte. Die abgebende Person hat nach Abwägung der Gefahren zu entscheiden.

Jugendliche zwischen dem 14. und dem 18. Lebensjahr dürfen Gefahrstoffe erhalten, die nicht unter die in ▶ Kap. 9.3 aufgeführten Verbote fallen. Es ist allerdings zu beachten, dass diese möglicherweise für missbräuchliche Zwecke wie zur Sprengstoffherstellung oder Synthese illegaler Drogen etc. verwendet werden (▶ Kap. 9.10 u. 9.11). Über eine Abgabe ist im Einzelfall nach sorgfältiger Prüfung des Verwendungszweckes zu entscheiden. Im Zweifelsfalle ist die Abgabe zu verweigern!

9.8 Mitgabe des Sicherheitsdatenblatts

Wer Gefahrstoffe an **nichtprivate** Abnehmer abgibt (Arztpraxen, Krankenhäuser etc.), hat bei der ersten Lieferung ein »Sicherheitsdatenblatt« kostenlos beizulegen, das mit dem Lieferdatum versehen ist.

9

Näheres zu Sicherheitsdatenblättern findet sich in ▶ Kap. 6. Aktuelle Sicherheitsdatenblätter stehen auch auf den Internetseiten verschiedener Firmen für deren Kunden zur Verfügung (z. B. Caelo.de, Hedinger.de, Fagron.de).

9.9 Abgabeverbote

Die Chemikalienverbotsverordnung enthält eine Liste mit Stoffen, für die entweder ein eingeschränktes oder vollständiges Abgabeverbot besteht (vollständige Auflistung s. Anhang zur ChemVerbotsV). Es handelt sich um Stoffe, von denen die Gefahr einer akuten oder chronischen Vergiftung bzw. einer Umweltschädigung ausgeht. Diese Verbote gelten allerdings nicht für Arzneimittel, die die entsprechenden Stoffe enthalten. Die meisten der genannten Substanzen dürften für die Apotheke ohne Bedeutung sein, weswegen sich die folgenden Ausführungen auf wenige Beispiele beschränken lassen (im Zweifelsfalle ist in den Originaltexten nachzulesen).

Die Verbote der im Folgenden unter 1 bis 5 genannten Stoffe gelten auch nicht für die Abgabe zu Forschungs- und Analysezwecken in den dafür erforderlichen Mengen.

1. Formaldehyd

Das Verbot des Inverkehrbringens beschränkt sich auf folgende Zubereitungen und Gegenstände, die Formaldehyd enthalten: bestimmte Holzwerkstoffe bzw. daraus hergestellte Möbel. Wasch-, Reinigungs- und Pflegemittel mit einem Gehalt über 0,2 %.

In jüngster Zeit wurde mehrfach berichtet, dass Kunden die Apotheke aufsuchen, um sich Formaldehydzubereitungen zu besorgen. Diese wurden ihnen vom Arzt zur Desinfektion von Schuhen und Socken bei Fußpilzerkrankung empfohlen. Einer Abgabe steht nichts im Wege, da es sich nicht um einen verbotenen Zweck handelt. Die Beratungspflicht macht es allerdings erforderlich, den Kunden über die Gefahren bei der Anwendung und die entsprechenden Vorsichtsmaßnahmen aufzuklären.

2. Benzol

Benzolzubereitungen mit einem Massengehalt ≥0,1 % dürfen nicht in Verkehr gebracht werden. Ausnahme: Lehr- und Ausbildungszwecke.

3. Quecksilberverbindungen, Arsenverbindungen

Es ist verboten, Quecksilberverbindungen, Arsenverbindungen und deren Zubereitungen u. a. als Antifoulingfarbe, zum Holzschutz oder zur Wasseraufbereitung etc. in Verkehr zu bringen.

4. Chloraliphaten

Die folgenden aliphatischen Chlorkohlenwasserstoffe sowie Zubereitungen, die 0,1 % oder mehr enthalten, dürfen nicht mehr abgegeben werden:

Trichlormethan(Chloroform)	Pentachlorethan
Tetrachlormethan	1,1,1-Trichlorethan
1,1,1,2-Tetrachlorethan	1,1,2-Trichlorethan
1,1,2,2-Tetrachlorethan	1,1-Dichlorethen

Dieses Verbot gilt sowohl für die Abgabe an Privatpersonen als auch an Gewerbetreibende wie Ärzte, Zahnärzte u. a.

5. Krebserzeugende, erbgutverändernde und fortpflanzungsgefährdende Stoffe

Die Abgabe an private Endabnehmer ist verboten. Die betreffenden Stoffe sind zu erkennen an einem der folgenden Hinweise in der Spalte 3 der EG-Stoffliste: *Carc. Cat. 1 bzw. 2; Muta. Cat. 1 bzw. 2; Rept: Cat. 1 bzw. 2 bzw. an den R-Sätzen 45, 46, 49, 60 oder 61.*

9.10 Ausgangsstoffe für die illegale Drogenherstellung – Grundstoffüberwachung

Deutschland ist nicht nur ein Land, in dem Rauschgiftdrogen verkauft und konsumiert werden, sondern es hat sich in geringem Maße auch zu einem Produktionsland für illegale synthetische Drogen entwickelt, deren Herstellung aufgrund umfangreicher Untergrundliteratur mit wenigen Geräten und Grundstoffen ohne komplexe chemische Verfahren auf relativ einfache Weise möglich ist. Kleinlabors in Hobbykellern oder Garagen sind angesichts der enormen Gewinnmöglichkeiten keine seltene Ausnahme mehr. Als Schlüssel für die Bewältigung der illegalen Drogenproduktion wird die Kontrolle der dringend für die Herstellung benötigten Grundstoffe angesehen.

Berichten der Apothekerkammern zufolge wird immer wieder versucht, über Apotheken Chemikalien zu beziehen, die für eine illegale Drogensynthese notwendig sind. Um dabei nicht auffällig zu werden, wird über eine größere Personenzahl jeweils eine kleine Menge besorgt. Diese vielen Kleinmengen laufen schließlich in verbotenen Labors zusammen.

Die Apotheken sind verpflichtet, im Rahmen der im Verkehr erforderlichen Sorgfalt Vorkehrungen zu treffen, um eine Abzweigung von Grundstoffen zur unerlaubten Herstellung von Betäubungsmitteln zu verhindern.

Typisches Verhalten verdächtiger Personen

- Es wird ein für den verlangten Stoff unplausibler Verwendungszweck angegeben.
- Der Verwendungszweck ist nicht bekannt, weil die Besorgung angeblich im Auftrag erfolgt.
- Der Kunde gibt an, kein Etikett zu benötigen.
- Es werden ungewöhnliche Mengen verlangt.
- Man zeigt sich bereit, den gewünschten Stoff zu bestellen, die Abholung kann in einigen Stunden erfolgen. Der Kunde wird darauf verzichten, aus Sorge, dass er dann von der Polizei erwartet wird.
- Angebot, einen höheren Preis für sofortige Lieferung zu entrichten.
- Kunde will seinen Namen nicht nennen.

Grundstoffüberwachung und erfasste Stoffe

Unter »Grundstoffüberwachung« versteht man gesetzliche Regelungen, die zum Ziel haben, die Kontrolle des Verkehrs mit Stoffen, die als Ausgangsstoffe für die illegale Rauschgiftsynthese verwendet werden, zu intensivieren und europaweit zu vereinheitlichen. Dadurch soll die Beschaffung verhindert bzw. eingeschränkt und deren strafrechtliche Verfolgung verbessert werden. Betroffen sind Stoffe, die direkt als Ausgangsmaterial für die Herstellung verwendet werden können, Substanzen, die der Derivatisierung dienen und zur Reaktion notwendige Lösungsmittel.

Zurzeit (Herbst 2011) sind 25 Stoffe der Grundstoffüberwachung unterstellt. Sie werden in drei Kategorien mit unterschiedlich strengen Kontroll- und Überwachungsmechanismen eingeteilt.

◻ **Tab. 9.1** Stoffe, die der Grundstoffüberwachung unterstellt sind

Grundstoffe der Kategorie 1	Synonyme Bezeichnung
N–Acetylanthranilsäure	2–Acetamidobenzoesäure
Ephedrin	
Ephedra–Arten	
Ergometrin	Ergobasin
Ergotamin	
Isosafrol	5–(Prop-1-enyl)-1,3-benzodioxol
Lysergsäure	1–(1,3-Benzodioxol-5-yl)propan-2-on
3,4-Methylendioxyphenylpropan-2-on	Piperonylmethylketon
	Phenylpropanolamin
Norephedrin	Phenylaceton
1-Phenyl-2-propanon	Benzylmethylketon
Piperonal	Heliotropin
Pseudoephedrin	4–Allyl-1,2-methylendioxybenzol
Safrol	
Sassafrasöl	
– sowie die stereoisomeren Formen und Salze dieser Stoffe. Nicht betroffen ist (+)– Norpseudoephedrin und dessen Salze.	

Grundstoffe der Kategorie 2	Synonyme Bezeichnung	Schwellenwert
Essigsäureanhydrid	Acetanhydrid	100 l
Phenylessigsäure	2–Aminobenzoesäure	1 kg
Anthranilsäure		1 kg
Piperidin		0,5 kg
Kaliumpermanganat		100 kg
– sowie die Salze dieser Stoffe (falls solche existieren).		

Grundstoffe der Kategorie 3	Synonyme Bezeichnung
Salzsäure	Chlorwasserstoff
Schwefelsäure	
Toluol	
Ethylether	Diethylether
Aceton	Dimethylketon
Methylethylketon	2–Butanon
– sowie die Salze dieser Stoffe, soweit diese existieren und es sich nicht um Salze der Schwefelsäure bzw. Salzsäure handelt.	

Quelle: Artikel 2, Buchstabe a und Anhang I der Verordnung (EG/Nr. 273/2004 des Europäischen Parlaments und des Rates vom 11. Februar 2009 betreffend Drogenausgangsstoffe

Inverkehrbringen von Grundstoffen der Kategorie 1

Nur Inhaber einer behördlichen Erlaubnis dürfen Grundstoffe der Kategorie 1 besitzen oder in Verkehr bringen (unter »in Verkehr bringen« wird definitionsgemäß verstanden: abgeben, lagern, herstellen, mit diesen Handel treiben, erzeugen, weiterverarbeiten). Außerdem darf die Abgabe nur an Personen erfolgen, die im Besitz dieser Erlaubnis sind.

Die Apothekenbetriebserlaubnis beinhaltet diese Erlaubnis für Tätigkeiten und Grundstoffmengen im apothekenüblichen Rahmen, d. h. Apotheken dürfen im Rahmen ihrer apothekenrechtlich festgelegten Aufgaben Grundstoffe der Kategorie 1 beziehen, lagern, weiterverarbeiten etc. sowie an Erlaubnisinhaber abgeben, ohne dafür eine extra Erlaubnis beantragen zu müssen. Eine EVE ist bei jeglicher Abgabe einzufordern (s. unten).

Inverkehrbringen von Grundstoffen der Kategorie 2

Für das Inverkehrbringen von Grundstoffen der Kategorie 2 ist eine »Registrierung« erforderlich, wenn bestimmte Jahresabgabemengen überschritten werden (»Schwellenwerte«, ◻ Tab. 9.1). Eine Abgabe dieser Stoffe ist erlaubt, wenn ein unerlaubter Verwendungszweck ausgeschlossen werden kann. Bei Überschreitung dieser Jahresmengen (»Schwellenwerte«) ist außerdem eine EVE erforderlich (s. unten). Da eine Überschreitung dieser Werte in Apotheken nicht zu erwarten ist, wird hier nicht näher darauf eingegangen.

Inverkehrbringen von Grundstoffen der Kategorie 3

Für das Inverkehrbringen von Grundstoffen der Kategorie 3 ist keine besondere Genehmigung erforderlich (außer für die Ausfuhr). Eine EVE ist ebenfalls nicht vorgeschrieben. Die Abgabe in Apotheken ist möglich, wenn ein unerlaubter Verwendungszweck ausgeschlossen werden kann.

Zur Beachtung: Alle sonstigen Regeln für die Abgabe von Gefahrstoffen, wie sie in ▶ Kap. 9 dargestellt sind, bleiben davon unberührt!

Endverbleibserklärungen (EVE)

Bei einer Abgabe erfasster Stoffe der Kategorie 1 oder 2 muss vom Empfänger eine sogenannte »Endverbleibserklärung« ausgefüllt werden, die neben den Formalien des Empfängers den genauen Verwendungszweck enthält. Für Apotheken bedeutet dies:
- Eine EVE ist bei einer Abgabe vom Kunden abzuverlangen.
- Beim Bezug dieser Stoffe ist gegenüber dem Lieferanten eine EVE abzugeben.

Für Grundstoffe der Kategorie 1 gilt dies in jedem Falle. Für Grundstoffe der Kategorie 2 nur, wenn die Abgabemenge pro Jahr (bezogen auf die Apotheke) über dem sogenannten »Schwellenwert« (◻ Tab. 9.1) liegt; ansonsten kann darauf verzichtet werden.

Für jeden Stoff ist eine eigene EVE erforderlich. Das Original der EVE ist in der Apotheke nach Ablauf des Kalenderjahres für drei weitere Jahre aufzubewahren. Der Empfänger des Stoffes erhält eine Kopie mit Stempel und Datum ausgehändigt. Ein EVE-Mustervordruck steht im Anhang 1 als Kopiervorlage zur Verfügung (Formular Endverbleibserklärung für einmalige Vorgänge).

Zur Vereinfachung genügt eine »**Sammelerklärung**« bei der regelmäßigen Abgabe eines Grundstoffes der Kategorie 2 an denselben Empfänger, wenn dieser innerhalb des letzten Jahres den Stoff mindestens dreimal bezogen hat, die Mengen im Rahmen seines üblichen Verbrauchs liegen und kein Verdacht besteht, dass er für illegale Zwecke verwendet wird. Ein EVE-Mustervordruck steht im Anhang 2 als Kopiervorlage zur Verfügung (Formular Endverbleibserklärung für mehrmalige Vorgänge).

9

Arzneimittel, die Grundstoffe enthalten

Die Bestimmungen der Grundstoffüberwachung sind nicht anzuwenden, wenn es sich um die **Abgabe eines Arzneimittels** handelt. Voraussetzung ist allerdings, dass der Grundstoff nicht auf einfache Weise daraus gewonnen (z. B. durch Extraktion) oder das Arzneimittel selbst leicht zur Drogensynthese verwendet werden kann.

Werden diese Stoffe zur Herstellung von (Rezeptur-)Arzneimitteln bezogen, ist gegenüber dem Lieferanten eine EVE abzugeben (Beispiel: Ergotamin zur Herstellung von Zäpfchen).

Meldung von Verdachtsfällen

Apotheken sind verpflichtet, Hinweise auf mögliche unerlaubte Verwendung von Grundstoffen an die »Gemeinsame Stelle des Bundeskriminalamtes und des Zollkriminalamtes« unter folgenden Telefon- bzw. Fax-Nummern zu melden: Tel.: 0611/551 40 86 oder 0611/551 48 88 oder 0611/551 40 08, Fax: 0611/551 40 93

◻ **Tab. 9.2** Übersicht – Abgabe von erfassten Grundstoffen

	Kategorie 1	Kategorie 2	Kategorie 3
Abgabe	Abgabe nur an Erlaubnisinhaber	Abgabe für erlaubte Zwecke ist zulässig. Bereits bei einem Verdacht auf unerlaubte Verwendung ist die Abgabe zu verweigern und Meldung zu erstatten.	
	Alle weiteren Abgaberegeln zusätzlich beachten: Abgabebeschränkung an Personen über 18 Jahren (9.3), Blindentastmarken (7.3), kindergesicherte Verschlüsse (7.2), Kennzeichnung (8), Abgabeverbote (9.3), Unterweisung (9.4) Mitgabe von Sicherheitsdatenblättern (9.8), Dokumentation der Abgabe von Giften (9.6). Ist durch Ausfüllen einer EVE erfüllt.		
EVE	In jedem Falle erforderlich	Bei Überschreitung des Schwellenwertes (jährliche Abgabe-menge) erforderlich	Nicht zwingend erforderlich
Sonstiges		Auch wenn keine EVE erforderlich ist, empfiehlt sich eine Dokumentation der Abgabe z. B. mithilfe der Empfangsbestätigung (gemäß ▶ Kap. 9.6)	

Weitere, nicht erfasste mögliche Grundstoffe sind:

Acetaldehyd
Ammoniaklösung
Benzaldehyd
Chlortoluol
Formaldehyd
Formamid

Iodwasserstoffsäure
Perchlorsäure
Phenylacetonitril
Propionsäureanhydrid

9.11 Ausgangsstoffe für die Herstellung von Sprengstoffen

In wiederholten Fällen zogen sich Jugendliche bei der Herstellung von Sprengstoffen schwere Verletzungen bis hin zum Verlust von Organen oder Augenlicht zu.

Diverse Internetseiten von verantwortungslosen Verfassern bieten Anleitungen zur Sprengstoffherstellung und empfehlen darin Apotheken als Bezugsquellen für die benötigten Ausgangssubstanzen.

Des Weiteren beschlagnahmt die Polizei immer wieder über Apotheken bezogene Chemikalien, aus denen mit krimineller bzw. terroristischer Absicht illegale Sprengstoffe hergestellt wurden.

Ausschnitt aus einem Internetartikel über Sprengstoffherstellung, für jedermann zugänglich, in dem auf die Bezugsquelle »Apotheke« hingewiesen wird (die Internetadresse ist dem Autor bekannt):

APO – Acetonperoxid – Sprengstoff

... Nun komme ich zur effektivsten Bombe, die man mit einfachen Stoffen bauen kann. Der hergestellte Sprengstoff ist sehr druck-, hitze-, reibungs- und schlagempfindlich!!! Daher ist es sehr wichtig, daß mit entsprechender Sorgfalt gearbeitet wird.

Gebraucht wird:

- 500 ml Wasserstoffperoxid, 30 %ig (Apotheke, Schlecker, Müller)
- Aber nur 30 %-iges Wasserstoffperoxid kaufen, da das 3 % und 10 % Zeug nichts taugt!
- 350 ml Aceton (Apotheke)
- 100 ml Salz- oder Schwefelsäure 20–30 %ig (Apotheke)

Die Herstellung des Acetonperoxids ist nicht ganz einfach; deshalb solltet ihr euch schon an die Anweisungen hier halten:

Man fügt beide Flüssigkeiten zusammen (sprich Wasserstoffperoxid und Aceton), dann fügt man ganz VORSICHTIG die Säure tropfenweise hinzu bis nichts mehr passiert. Bei der Reaktion entsteht erst so ein milchiger Schleim, dann entstehen Kristalle. Die Kristalle sind APO! Beim Hinzufügen der Säure muß man darauf achten, dass das Gemisch nicht heiß wird, daher empfiehlt es sich von außen mit Wasser oder mit Schnee zu kühlen. Die entstehenden Kristalle werden mit Filterpapier raus gefiltert (z. B. Kaffeefilter, etc.), diese Kristalle, also das APO muß nun irgendwo in Ruhe trocknen und das ungefähr 2–3 Tage. Am besten ist ein beheizter Raum in dem die Luft trocken ist. Achtung! Nicht das APO auf die Heizung legen; bei 92 °C fliegt euch das Zeug um die Ohren. Wenn die Kristalle völlig ausgetrocknet sind, ist euer Sprengstoff fertig!

Es gibt zwei Möglichkeiten das APO einzusetzen, bei der rabiaten Version packt man's einfach in eine Coladose und zündet das Zeug dann mit einer Zündschnur...

9

Die folgende Liste enthält Stoffe, die sich u. a. für die Sprengstoffherstellung eignen. Bei entsprechenden Nachfragen ist der angegebene Verwendungszweck besonders sorgfältig zu überprüfen und im Zweifelsfalle eine Abgabe abzulehnen. Einige dieser Stoffe fallen wegen ihrer brandfördernden oder hochentzündlichen Eigenschaft unter die Abgabebeschränkungen der Chemikalien-Verbotsverordnung (▶ Kap. 9.3), weswegen eine Abgabe an Jugendliche ohnehin nicht erlaubt ist.

Stoffe, die für die Sprengstoffherstellung verwendet werden können

Aluminiumstaub
Ammoniak
Ammoniumnitrat (Ammonsalpeter)
Bittermandelöl
Bleiacetat
Blutlaugensalz (gelb)
Calciumcarbonat
Cyanamid
Eisenoxid
Ether
Glyzerin
Guanidinnitrat
Harnsäure
Iod (-tinktur)
Kaliumdichromat
Kaliumchlorat
Kaliumhexacyanoferrat (III)
Kaliumnitrat (Kalisalpeter)
Kaliumperchlorat
Kaliumpermanganat
Kieselgur
Kollodiumwolle
Kupfer-(I)-chlorid
Kupfersulfat
Lycopodium

Magnesia (kohlensauer)
Magnesiumcarbonat
Magnesiumstaub
Magnesiumsulfat
Mangan-(IV)-oxid (Braunstein)
Naphthalin
Natriumazid
Natriumchlorat
Natriumhydroxid
Natriumnitrat (Chilesalpeter,
Natronsalpeter)
Natriumsulfat
Natriumsulfid
Nitrocellulose (Cellulosenitrat)
Paraffin
Pentaerythrit
Petroleum
Phenol
Phosphor (rot)
Salpetersäure
Schwefel
Schwefelsäure
Silbernitrat
Terpentinöl

Süddeutsche Zeitung vom 30.8.2007 (Artikel von Beate Wild; Auszug)

Gefährliches Kinderspiel

Ein 13-Jähriger aus Bayern hat zuhause einen gefährlichen Sprengstoff selbst hergestellt. Die Zutaten besorgte er sich in der Apotheke. Eine seiner Bomben wurde gesprengt, eine weitere schlummert noch irgendwo.

Die Polizeibeamten staunten nicht schlecht, als sie am Mittwoch einem Hinweis nachgingen und bei einer Hausdurchsuchung im niederbayerischen Rotthalmünster etwas fanden, was sofort die Sprengstoffexperten des Landeskriminalamtes auf den Plan rief. In einer Vase, die die Beamten sicherstellten, befand sich hochexplosiver Sprengstoff, genauer gesagt 300 Gramm der extrem gefährlichen Substanz Hexamethylentriperoxiddiamin.

Der Stoff, kurz auch HMTD genannt, hätte, wäre er zum Einsatz gekommen, schlimmen Schaden anrichten können. »Mit der Menge könnte man ein Auto oder sogar ein Haus in die Luft sprengen« sagt Detlef Puchelt vom LKA — »oder auch Menschen töten«.

Zutaten gibt es in der Apotheke zu kaufen
Den sichergestellten Sprengstoff gibt es nicht zu kaufen, er wurde selbst zusammengemischt – von einem 13-jährigen Jungen. »Die Anleitung hat er wahrscheinlich aus dem Internet heruntergeladen«, vermutet Puchelt. Die Zutaten für die Bombe hat er sich dann in einer Apotheke besorgt ...
Anmerkung des Verfassers: Zehn umliegende Häuser wurden vorsorglich evakuiert.

Artikel aus PZ Nr. 9/2001

Ermittlungen

Kaliumpermanganat für geplanten Sprengstoffanschlag gehortet

Thomas Bellartz, Frankfurt am Main

Das Bundeskriminalamt (BKA) bittet Apothekerinnen und Apotheker um Mithilfe bei Ermittlungen im Zusammenhang mit einem möglicherweise geplanten Sprengstoffanschlag in Straßburg.

Kurz vor dem Jahreswechsel nahm die Polizei in Frankfurt am Main vier Nordafrikaner fest. Eine Spezialeinheit der GSG 9 stürmte am 26. Dezember 2000 die Wohnung der mutmaßlichen Terroristen und wurde fündig: rund 30 Kilo Kaliumpermanganat lagerten zwischen Handfeuerwaffen, Gewehren und Maschinenpistolen. Die gefundenen chemischen Grundstoffe wurden nach Auskunft des BKA im November beziehungsweise Dezember 2000 bundesweit in Apotheken erworben. Dabei handelt es sich insbesondere um Kaliumpermanganat, das in unüblichen Mengen von 500 g, 1000 g oder mehr durch »seriös wirkende und in Geschäftskleidung einzeln aufgetretene Käufer nachgefragt wurde«. Dabei sei meistens angegeben worden, die chemische Substanz für ein Krankenhaus oder einen befreundeten Arzt in Afrika erwerben zu wollen, so das BKA.

Die Ermittler fragen nun, wo entsprechende Nachfragen nach Kaliumpermanganat, Kaliumchlorid, Aluminiumpulver sowie Aceton durch Privatkunden bekannt wurden. Sachdienliche Hinweise nimmt das Bundeskriminalamt Meckenheim ST 23, Telefon 0 22 25/8 92 23 79 oder 8 92 23 80, Telefax 0 22 25/8 92 24 09, entgegen.

Pharm. Ztg. Nr. 9 146. Jahrgang   1. März 2001

Bitte die besonderen Abgaberegeln für diese Stoffe beachten ▶ Kap. 9.3 und 9.6.

9

9.12 Selbstbedienung

Die folgenden Gefahrstoffe dürfen nicht auf dem Wege über die Selbstbedienung in Verkehr gebracht werden.

T⁺	T	O	F⁺	Xn

Sehr giftig	Giftig	Brandfördernd	Hochentzündlich	Gesundheitsschädlich

mit dem R-Satz 40, 62, 63 oder 68

Dies gilt ebenso für Wasserstoffperoxidlösungen mit einem Gehalt von über 12 %.

9.13 Versandhandel

Die Abgabe von sehr giftigen (T⁺) und giftigen (T) Stoffen sowie von Substanzen, die zur illegalen Herstellung von Sprengstoffen verwendet werden können, ist im Wege des Versandhandels verboten.

- Ammoniumnitrat
- Kaliumnitrat
- Kaliumchlorat
- Kaliumperchlorat
- Kaliumpermanganat
- Natriumchlorat
- Natriumnitrat
- Natrium perchlorat
- Wasserstoffperoxidlösung > 12 %

(Näheres zu den Stoffen findet sich in ▶ Kap. 9.11)

Teil C
Lagerung und innerbetriebliche Kennzeichnung

10 Lagerung von Gefahrstoffen

10.1 Allgemeines

Die Lagerung hat so zu erfolgen, dass die menschliche Gesundheit und die Umwelt nicht gefährdet werden und Missbrauch sowie Fehlgebrauch ausgeschlossen sind.

Um Verwechslungsgefahren auszuschließen, müssen Gefahrstoffe *übersichtlich geordnet* und *getrennt* von Arzneimitteln aufbewahrt werden. Die Kennzeichnung der Vorratsgefäße muss auf Gefahren und Schutzmaßnahmen beim Umgang hinweisen.

Die Lagerung darf nicht in der Nähe von Lebensmitteln und in Behältern, die mit Lebensmitteln verwechselt werden können, erfolgen.

10.2 Ätzende Stoffe

Ätzende Stoffe dürfen nicht über Augenhöhe gelagert werden. Bei versehentlichem Verschütten sind die Augen in besonderer Weise gefährdet.

Säuren bzw. Laugen, die Dämpfe freisetzen, sollten in Gefäßen mit Schraubdeckel oder in Schliffgläsern mit Überverschluss aufbewahrt werden.

10.3 Aufbewahrung unter Verschluss

Der Arbeitgeber hat sicherzustellen, dass als giftig (T), sehr giftig (T⁺), krebserzeugend Kategorie 1 oder 2, erbgutverändernd Kategorie 1 oder 2 oder fortpflanzungsgefährdend Kategorie 1 oder 2 (CMR Cat. 1 und 2) eingestufte Stoffe und Zubereitungen unter Verschluss oder so aufbewahrt oder gelagert werden, dass nur fachkundige und zuverlässige Personen Zugang haben. Als fach- und sachkundig gelten aufgrund ihres Berufsabschlusses und ihrer Berufserfahrung die Mitarbeiter des pharmazeutischen Personals. Die Mitarbeiter des nichtpharmazeutischen Personals (PKA, Reinigungskräfte) können sich nach entsprechender und jährlich zu dokumentierender Schulung durch den Apothekenleiter ein Maß an Fachkunde erarbeiten, die einen innerbetrieblich festgelegten Umgang mit den Gefahrstoffen erlaubt.

Für die Einstufung der unter Verschluss aufzubewahrenden Stoffe und Zubereitungen (Gemische) gelten – vergleichbar mit den Regelungen für die Abgabe nach Chemikalienverbotsverordnung – bis zum 01.06.2015 die Einstufungskriterien nach »altem« Recht

(▶ Kap. 3). Damit wird sichergestellt, dass das bisherige Schutzniveau der Gefahrstoffverordnung beibehalten werden kann.

Wenn Gefahrstoffe mit **neuer Kennzeichnung** in die Apotheke kommen, müssen diese in das Gefahrstoffverzeichnis mit der neuen Kennzeichnung aufgenommen werden und danach sollte anhand des Sicherheitsdatenblattes, Punkt 15, entschieden werden, ob eine Einstufung in T$^+$, T oder CMR Cat. 1 oder 2 erfolgt. Diese Einstufung ist dann für die Art der Aufbewahrung maßgebend.

Der Lagerhinweis P405 in der EG-CLP-VO ist kein verbindliches Einstufungskriterium zur Aufbewahrung unter Verschluss nach Gefahrstoffverordnung.

10.4 Brennbare Flüssigkeiten

10.4.1 Gefäße

Brennbare Flüssigkeiten sollten nur in bruchsicheren Gefäßen aufbewahrt werden. Gut geeignet sind Metallbehälter. Auch Kunststoffbehälter sind verwendbar, doch müssen diese bauartzugelassen sein, da sonst beim Ausgießen eine elektrostatische Aufladung auftreten und dadurch ein Entzünden der Dämpfe verursacht werden kann. Dickwandige Glasbehälter, wie sie in Apothekenrezepturen vorzufinden sind, können für die Aufbewahrung kleiner Mengen durchaus verwendet werden. Für besonders hochentzündliche Flüssigkeiten wie z. B. Ethylether sollten grundsätzlich nur Metallbehälter, am besten sogenannte »Salzkottener Gefäße«, eingesetzt werden.

10.4.2 Gefahrenklassen

Die früher üblichen Gefahrenklassen haben seit dem Außerkrafttreten der »Verordnung für brennbare Flüssigkeiten« (VbF) im März 2003 keine Gültigkeit mehr. Die Gefahrstoffverordnung teilt die brennbaren Flüssigkeiten in leicht- und hochentzündliche Flüssigkeiten ein und kennt keine weiteren Gefahrenklassen. Für die Berechnung der Lagerungshöchstmengen sind die »alten Gefahrenklassen« allerdings übergangsweise noch zugrunde zu legen, bis durch den »Ausschuss für Betriebssicherheit« eine entsprechende Technische Regel erstellt wird (§ 27 Abs. 6 BetriebsSichV in Verbindung mit TRGS 20 »Läger«).

Gefahrenklasse A:	**Wasserunlösliche Flüssigkeiten**
Klasse A I:	Flammpunkt unter 21 °C
Klasse A II:	Flammpunkt zwischen 21 und 55 °C
Gefahrenklasse B:	Wasserlösliche Flüssigkeiten mit Flammpunkt unter 21 °C

10

Beispiele

Klasse A I	Klasse A II	Klasse B
Ethylether Benzin (Wundben- zin) Collodium	Zahlreiche ätherische Öle Terpentinöl Senföl	Aceton Arning'sche Lösung Ethanolische Lösungen mit einem Gehalt von 77 % Vol. oder mehr Etherweingeist Hoffmann'scher Lebensbalsam Isopropanolische Lösungen mit einem Gehalt von 48 % Vol. oder mehr Methanol Pfefferminzspiritus Russischer Spiritus Senfspiritus Tinkturen

Die Angabe, zu welcher Gefahrenklasse eine Substanz gehört, kann auch dem Sicherheits-datenblatt entnommen werden.

10.4.3 Lagerorte

Brennbare Flüssigkeiten dürfen nur in Vorrats- oder Lagerräumen gelagert werden. Auf den Unterschied zwischen Vorrats- und Lagerräumen wird hier nicht eingegangen, da die meisten Apotheken einen Vorratsraum besitzen.

Die Aufbewahrung brennbarer Flüssigkeiten in
- Durchgängen und Durchfahrten,
- Treppenräumen und allgemein zugänglichen Fluren,
- Arbeitsräumen
ist unzulässig.

In Arbeitsräumen (Labor, Rezeptur) ist eine Aufbewahrung der Mengen gestattet, die für laufende Arbeitsprozesse benötigt werden.
Abweichend davon können brennbare Flüssigkeiten auch in entsprechenden Sicher-heitsschränken aufbewahrt werden, die auch in Arbeitsräumen aufgestellt werden dürfen.
Für die Bevorratung in Vorratsräumen der Apotheken sowie in Sicherheitsschränken, die in Arbeitsräumen aufgestellt sind, ist die zulässige Lagerungshöchstmenge begrenzt auf folgende Mengen (Spalte 3 und 4, Angabe in Litern), wobei das Gesamtfüllvolumen der Vorratsgefäße zur Berechnung heranzuziehen ist, unabhängig vom tatsächlichen Fül-lungszustand:

◻ **Tab. 10.1** Zulässige Lagerungshöchstmengen für brennbare Flüssigkeiten

Spalte 1	Spalte 2	Spalte 3	Spalte 4
Ort der Lagerung	Art der Behältnisse	A I	A II oder B
Vorratsräume mit Grundfläche bis 60 m²	Zerbrechliche Behältnisse	5	10
	Unzerbrechliche Behältnisse	60	120
Vorratsräume mit Grundfläche über 60 m²	Zerbrechliche Behältnisse	20	40
	Unzerbrechliche Behältnisse	200	200

Bei einer Zusammenlagerung verschiedener Flüssigkeiten dürfen die Mengen der Spalten 3 und 4 addiert werden, d. h. in einem Vorratsraum bis 60 m² können beispielsweise insgesamt 5 Liter der Klasse A I und zusätzlich 10 Liter der Klasse B oder A II in zerbrechlichen Gefäßen bzw. 60 Liter der Klasse A I und zusätzlich 120 Liter der Klasse B oder A II in sonstigen Gefäßen gelagert werden. Die untereinander stehenden Mengen für zerbrechliche und sonstige Gefäße hingegen dürfen nicht addiert werden. Die zulässige Gesamtmenge für die Lagerung in beiden Gefäßarten entspricht dem Grenzwert für die unzerbrechlichen Behältnisse.

Berechnungsbeispiel für eine Zusammenlagerung mehrerer brennbarer Flüssigkeiten in einem Vorratsraum mit 15 m². Es werden aufbewahrt (in Klammern die Gefahrenklasse):

In unzerbrechlichen Behältnissen	In Glasflaschen
20 l Isopropylalkohol (B)	1 l verschiedene äth. Öle (A II)
25 l Ethanol (B)	1 l Ethanol (B)
1 l Aceton (B)	1 l Isopropylalkohol (B)
5 l Benzin (A I)	1 l Benzin (A I)
1 l Ether (A I)	
Zusammen 46 l B und 6 l A I	Zusammen 3 l B/A II und 1 l A I

Die einzelnen Mengen sind sowohl bei den unzerbrechlichen als auch bei den Glasflaschen im erlaubten Bereich. Es ist nun zu ermitteln, ob bei den A I bzw. B/A II-Flüssigkeiten durch Addition der Mengen in den verschiedenen Behältern die Gesamtmenge (60 l bzw. 120 l) nicht überschritten wird:

46 l B

\+   3 l B/A II

49 l B/A II   In Ordnung, da 120 l statthaft sind.

6 l A I

\+   1 l A I

7 l A I   In Ordnung, da 60 l statthaft sind.

10

11 Innerbetriebliche Kennzeichnung – Beschriftung von Standgefäßen

Die neuen Einstufungs- und Kennzeichnungsvorschriften nach EG-CLP-VO halten auch schrittweise Einzug in die innerbetriebliche Kennzeichnung von Gefahrstoffen.

Laut Gefahrstoffverordnung hat jeder Arbeitgeber sicherzustellen, dass alle verwendeten Stoffe und Zubereitungen eindeutig identifizierbar sind und insbesondere gefährliche Stoffe und Zubereitungen innerbetrieblich mit einer Kennzeichnung versehen sind, die ausreichende Informationen über die Einstufung, die Gefahren bei der Handhabung und die zu beachtenden Sicherheitsmaßnahmen enthält.

Als Kennzeichnung ist vorzugsweise die GHS-Kennzeichnung nach EG-CLP-VO zu wählen. In der Übergangsphase (innerbetrieblich bis 01.06.2015) kann die Kennzeichnung aber noch nach den »alten« Richtlinien 67/548/EWG oder 1999/45/EG erfolgen.

Dies bedeutet in der Praxis, dass in dieser Übergangszeit innerbetrieblich mit »alt« und »neu« gekennzeichneten Stoffen parallel umgegangen werden kann. Der Gesetzgeber lässt dabei den Betrieben einen Ermessensspielraum für die Umstellung der Kennzeichnung.

Jeder Apothekenleiter kann somit anhand seiner konkreten betrieblichen Situation selbst entscheiden, wann er die Gefahrstoffe in der Rezeptur und im Labor auf die neuen Kennzeichnungsvorschriften umstellen möchte. Zu beachten ist dabei, dass auch die auf der Kennzeichnung aufbauenden Dokumentationen (Gefährdungsbeurteilungen, Betriebsanweisungen) entsprechend angepasst werden müssen.

Für die Arzneistoffe in der Rezeptur mit entsprechendem Lagerumschlag sollte die Umstellung zeitnah erfolgen, für die Prüfsubstanzen im Labor erscheint die Ausnutzung der Übergangsfrist bis 2015 sinnvoll.

11.1 Anforderungen an die Kennzeichnung

Die innerbetriebliche Kennzeichnung ist so zu gestalten, dass sie ausreichende Informationen über die Einstufung, die Gefahren bei der Handhabung und über die zu beachtenden Sicherheitsmaßnahmen enthält.

Dies erfordert nach »altem« Recht grundsätzlich folgende Angaben:

- Bezeichnung des Inhalts.
- Gefahrensymbol und Gefahrenbezeichnung (schwarz-oranges Etikett).
- R-Sätze.
- S-Sätze.

Nach **TRGS 200** ist auf Standgefäßen in Laboratorien, wissenschaftlichen Instituten und Apotheken, in denen die für den Handgebrauch erforderlichen Mengen gelagert und zur Verwendung bereitgehalten werden, die Kennzeichnung mit dem Namen des Stoffes oder der Zubereitung und dem **Gefahrensymbol** mit der dazugehörigen **Gefahrenbezeichnung** ausreichend, sofern die beteiligten Arbeitnehmer die damit verbundenen Gefahren und die zu ergreifenden Schutzmaßnahmen aus den am Arbeitsplatz vorhandenen Unterlagen (z. B. Betriebsanweisung, SDB) entnehmen können und diese ihnen bekannt sind.

Angaben zu **labortypischen Handgebrauchsmengen** liefert TRGS 526 (Laboratorien):

Flüssigkeiten	maximal 2,5 l
Sehr giftige Flüssigkeiten	maximal 0,1 l
Giftige Flüssigkeiten	maximal 0,5 l
Flüssigkeiten mit CMR-Eigenschaften	maximal 0,5 l
Feststoffe	maximal 1 kg
Sehr giftige Feststoffe	maximal 0,1 kg
Giftige Feststoffe	maximal 0,5 kg
Feststoffe mit CMR-Eigenschaften	maximal 0,5 kg

Damit dürften die Voraussetzungen für die vereinfachte Kennzeichnung für die weitaus meisten Stand- und Vorratsgefäße in den typischen Apothekenlabors und Rezepturen erfüllt sein.

Die Regelungen der vereinfachten Kennzeichnung nach TRGS 200 werden auch sinngemäß in der Systematik der GHS-Kennzeichnung weitergeführt.

Der Gesetzgeber empfiehlt neben der selbstverständlichen Bezeichnung des Stoffes/Gemisches/der Zubereitung die Angabe des **Gefahrenpiktogramms** und des **Signalworts** als Mindeststandard einer vereinfachten Kennzeichnung.

Da diese Art der Kennzeichnung hinsichtlich der Art der Gefahr sehr allgemein gehalten ist (z. B. Piktogramm GHS08 »Gesundheitsgefahr« + Signalwort »Gefahr« stehen für sieben unterschiedliche Gefahrenkategorien), empfiehlt die Bundesapothekerkammer als brancheneinheitlichen Standard die zusätzliche Angabe des H-Satz-Codes (z. B. H360Df) und die Kennzeichnung der Standgefäße mit einem Farbcode als Hinweis auf die zu ergreifenden Arbeitsschutzmaßnahmen.

11.2 Farbcodesystem der BAK zur innerbetrieblichen Kennzeichnung

Die vereinfachte Kennzeichnung der Standgefäße mit Gefahrenpiktogramm, Signalwort und H-Satz-Code verdeutlicht die zu erwartenden Gefahren, gibt aber in der Regel noch keinen schnell erfassbaren Hinweis auf die zu ergreifenden Sicherheitsmaßnahmen.

Mit dem **Farbcodesystem der BAK** (unter www.abda.de/arbeitsschutzmassnahmen.html) soll die Kennzeichnung der Standgefäße mit einfachen Mitteln so komplettiert werden, dass die in der Rezeptur und auch im Labor tätige pharmazeutische Fachkraft mit einem Blick die Sicherheitsmaßnahmen erkennen kann.

Es werden anhand ihrer Einstufung die CMR-Stoffe der Kategorien 1A und 1B (Farbcode »Rot«), Stoffe mit hautschädigenden Eigenschaften (Farbcode »Gelb«), Stoffe mit atemwegschädigenden Eigenschaften (Farbcode »Orange«) und Stoffe mit Gefahrenpotenzial für die Augen (Farbcode »Blau«) unterschieden. Stoffe, die nicht in diese Kategorien fallen, erhalten keine zusätzliche Farbmarkierung.

11

◼ **Tab. 11.1** Farbliches Kennzeichnungskonzept für Standgefäße nach Empfehlungen der Bundesapothekerkammer

Farbcode	H-Sätze	Gefahrenklassen/ Gefahrenkategorien	Potenzielle Gefahr	Arbeitsschutz- maßnahmen
Rot	H340 H350 H360	Mutag. 1A/1B Karz. 1A/1B Repr. 1A/1B	Gefahr durch Kontakt über alle Expositions- wege	Geeignete Schutz- handschuhe, geeigneter Atem- schutz[2] und Schutzbrille
Gelb	H310 H311 H312 H314 H315 H317 H341[1] H351[1] H361[1] H370[1] H371[1] H372[1] H373[1] EUH066	Akut Tox. 1/2 dermal Akut Tox. 3 dermal Akut Tox. 4 dermal Hautätz. 1A–1C Hautreiz. 2 Sens. Haut 1 Mutag. 2 Karz. 3 Repr. 2 STOT einm. 1 STOT einm. 2 STOT whd. 1 STOT whd. 2	Gefahr durch Hautkontakt	Geeignete Schutzhand- schuhe bei dermaler Gefährdung
Orange	H304 H330 H331 H332 H334 H335 H336 H341[1] H351[1] H361[1] H370[1] H371[1] H372[1] H373[1] EUH029 EUH031 EUH032 EUH071	Asp. 1 Akut Tox. 1/2 inhal. Akut Tox. 3 oral Akut Tox. 4 inhal. Sens. Atemw. 1 STOT einm. 3 inhal. STOT einm. 3 ZNS Mutag. 2 Karz. 2 Repr. 2 STOT einm. 1 STOT einm. 2 STOT whd. 1 STOT whd. 2	Gefahr durch Einatmen	Geeigneter Atemschutz[2] bei inhalativer Gefährdung
Blau	H314 H318 H319 EUH070	Hautätz. 1A – 1C Augenschäd. 1 Augenreiz. 2	Gefahr für die Augen	Schutzbrille tragen bei Gefahr für die Augen

[1] Ist der Expositionsweg (durch Hautkontakt, durch Einatmen) im SDB nicht explizit angegeben, sind geeignete Schutzhand- schuhe und Atemschutz erforderlich.
[2] Bei Stäuben eine FFP2-Maske, bei Dämpfen eine Atemschutzmaske gegen Gase und Dämpfe; alternativ Arbeit unter dem Laborabzug.

Die farbliche Markierung erfolgt mit selbstklebenden farbigen Etiketten (z. B. Punkte) oder entsprechenden Farbmarkierungen mithilfe abwischfester Textmarker auf den Etiketten. Die folgenden 2 Beispiele sollen das exemplarisch verdeutlichen.

Beispiel 1: Ausgangsstoff Triamcinolonacetonid, mikronisiert nach EG-CLP-Verordnung gekennzeichnet

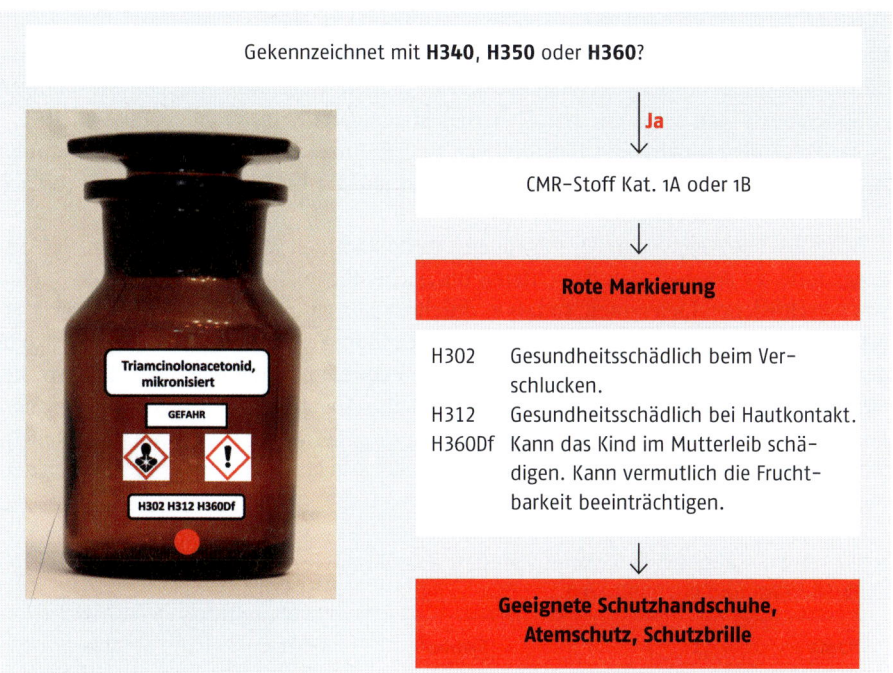

Beispiel 2: Ausgangsstoff Salicylsäure nach EG-CLP-Verordnung gekennzeichnet

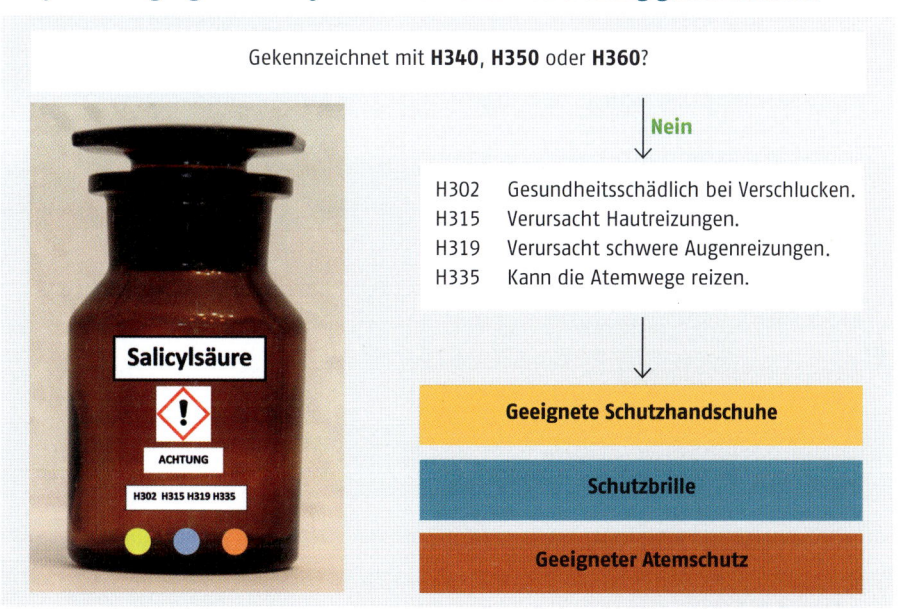

11

Mit diesem System ist eine einfache, übersichtliche und informative Kennzeichnung der Standgefäße bzw. der Vorratsgefäße in der Apotheke möglich. Es ist die Basis für die neu zu erstellenden Gefährdungsbeurteilungen und Betriebsanweisungen.

11.3 Listen – Kennzeichnung apothekenüblicher Arzneistoffe »alt« und »neu«

Bei der Kennzeichnung der Vorratsgefäße von Arzneistoffen ergibt sich das Problem, dass die meisten dieser Substanzen nicht in der EG-Stoffliste aufgeführt sind. Die notwendigen Angaben muss man daher aus dem Sicherheitsdatenblatt des Lieferanten entnehmen.

Im Folgenden werden die Einstufungen und Kennzeichnungen apothekenrelevanter Arzneistoffe sowohl nach »altem« Recht – noch nutzbar bis 01.06.2015 – als auch nach »neuem« Recht aufgelistet.

Hinweis: Die Angaben in der folgenden Tabelle stammen von den Herstellern der Ausgangsstoffe. Es ergeben sich des Öfteren unterschiedliche Angaben bei gleichen Stoffen von verschiedenen Lieferanten, sodass es durchaus sein kann, dass Sie als Leser ein Lieferbehältnis erhalten, das eine abweichende Kennzeichnung enthält. Der Verfasser hat sich in der Tabelle für die jeweils höhere Gefährdung entschieden. Beispiel: Menthol wird bei Hersteller A als »Hautreizend«, bei Hersteller B als »Augenreizend« eingestuft; vom Verfasser wurde der Hinweis auf die Augenreizung als gefährlicher angesehen. Im Zweifelsfalle wird die Kennzeichnung dem zugehörigen Sicherheitsdatenblatt des Lieferanten entnommen.

◻ **Tab. 11.2** Einstufungen und Kennzeichnung apothekenrelevanter Arzneistoffe nach RL 67/548/EWG und RL 1999/45/EG

Name	Symbol	R-Sätze	S-Sätze
Acetylsalicylsäure	Xn	22	2; 26; 36/37; 46
Aloetinktur	F	11	2; 7; 16; 46
Aluminiumchlorid–Hexahydrat	Xi	36/38	2; 46
Ammoniumcarbonat	Xn	22	2; 46
Anisölhaltige Ammoniaklösung	F	11	2; 7; 16; 46
Baldriantinktur, etherische	F	11	2; 7; 16; 46
Basilikumöl	Xn	22	2; 46
Beclomethasondipropionat	T	60; 61; 36; 42/43	1/2; 53; 22; 36/37/39; 45
Belladonnablätterextrakt, getrocknet	T	23/25	1/2; 20/21; 24/25; 22; 45
Belladonnablätterfluidextrakt	Xn	22	2; 46

■ **Tab. 11.2** Einstufungen und Kennzeichnung apothekenrelevanter Arzneistoffe nach RL 67/548/EWG und RL 1999/45/EG (Fortsetzung)

Name	Symbol	R-Sätze	S-Sätze
Benzalkoniumchlorid	C	21/22; 34; 42/43; 50	1/2; 26; 36/37/39; 45; 61
Benzocain	Xi	43	2; 24/25; 37; 46
Benzylbenzoat	Xn	22	2; 25; 46
Benzylnicotinat	Xi	36/37/38	2; 25; 46
Betamethason-17-valerat	T	61; 62; 23/24/25; 48	1/2; 53; 36/37/39;45
Bittermandelöl	Xn	22	2; 46
Bittermandelwasser	Xn	22	2; 46
Campher	Xi	36/37/38	2; 46
Cetylpyridiniumchlorid	T⁺; N	25; 26; 36/37/38; 50/53	1/2; 26; 28; 36/37; 45; 61
Chloramphenicol	T	45; 46; 63; 42/43	1/2; 36/37/39; 45; 53
Chlorhexidindiacetat	Xi	36	2; 20/21; 25; 33; 39; 46
Chlorhexidindigluconat	Xi	36	2; 20; 25; 39; 46
Chlorhexidindigluconatlösung 20 %	Xi	36	2; 20; 25; 39; 46
Clobetasolpropionat	T	61; 62; 23/24/25; 48	1/2; 22; 24/25; 45
Clotrimazol	Xn	20/22	2; 46
Dexamethason, -acetat	T	61; 62; 23/24/25; 48	1/2; 7; 22; 36/37/39; 45
Diflucortolonvalerat	T	61; 62; 48/20/21/22	1/2; 53; 45

11

◘ **Tab. 11.2** Einstufungen und Kennzeichnung apothekenrelevanter Arzneistoffe nach RL 67/548/EWG und RL 1999/45/EG (Fortsetzung)

Name	Symbol	R-Sätze	S-Sätze
Dihydrocodeinhydrogentartrat	Xn	20/21/22; 36/37; 42/43	2; 22; 24; 26; 35; 36/37; 45
Diphenhydraminhydrochlorid	Xn	22	2; 46
Erythromycin	Xn	42/43	2; 36; 46
Estradiol	T	60; 63; 23/24/25; 40; 48	1/2; 53; 45
Estradiolbenzoat	T	60; 63; 23/24/25; 40; 48	1/2; 53; 45
Ethacridinlactat	Xi	36/37/38	2; 26; 36; 46
Etherweingeist	F	11	2; 7; 16; 46
Ethinylestradiol	T	60; 63; 23/24/25; 40; 48	1/2; 53; 45
Eucalyptusöl	Xi	36/38	2; 24/25; 46
Fluocinolonacetonid	T	61; 62; 23/24/25	1/2; 7; 13; 20; 24/25; 45
Gentamycinsulfat	Xn	36/38; 42/43	2; 22; 36/37/39; 46
Hydrocortison, -acetat	T	61/62	1/2; 53; 36/37/39; 45
Kaliumpermanganat (als Nichtarzneimittel)	O; Xn; N	8; 22; 50/53	2; 46; 60; 61
Kaliumpermanganat (als Rezepturarzneimittel, Zusatzkennzeichnung)	O	8	2
Kristallviolett	Xn; N	22; 40; 41; 50/53	2; 22; 26; 36/37/39; 61; 46
Lidocainhydrochlorid	Xn	20/21/22; 36/37/38; 42	2; 22; 36/37; 46

■ **Tab. 11.2** Einstufungen und Kennzeichnung apothekenrelevanter Arzneistoffe nach RL 67/548/EWG und RL 1999/45/EG (Fortsetzung)

Name	Symbol	R-Sätze	S-Sätze
Menthol	Xi	36	2; 46
Mesitylen	Xi; N	10; 37; 51/53	2; 61; 46
Methadon HCl	T	60; 61; 23/25; 40	1/2; 36/37/39; 45; 53
Methoxsalen	Xn	22; 40	2; 45
Methyl-4-hydroxybenzoat-Natriumsalz	Xi	41	2; 26; 46
Metronidazol	Xn	40	36/37; 46
Minoxidil	Xn	22; 36/37/38	2; 26; 36; 46
Natriumcarbonat	Xi	36	2; 22; 26; 46
Natriumfluorid	T	25; 32; 36/38	1/2; 22; 36; 45
Natriumsalicylat	Xn	22	2; 24/25; 46
Pfefferminzöl	Xi	38	2; 46
Polidocanol	Xn	22; 36/38	2; 26; 28; 37/39; 46
Prednisolon, -acetat	T	61; 62; 48; 23/24/25	1/2; 7; 22; 36/37/39; 45
Prednison	T	61; 62; 48; 23/24/25	1/2; 7; 22; 36/37/39; 45
Propyl-4-hydroxybenzoat-Natriumsalz	Xi	41	2; 26; 46
Salicylsäure	Xn	22; 37/38; 41	2; 26; 39; 46
Salicylsäurestammverreibung 5o %	Xn	22; 36/38; 41	2; 26; 39; 46
Sorbinsäure	Xi	36/37	2; 22; 24/25; 46

11

◘ **Tab. 11.2** Einstufungen und Kennzeichnung apothekenrelevanter Arzneistoffe nach RL 67/548/EWG und RL 1999/45/EG (Fortsetzung)

Name	Symbol	R-Sätze	S-Sätze
Steinkohlenteer	T	45; 46; 60; 61	1/2; 53; 20/21; 23; 38; 45
Terpentinöl	Xn; N	10; 20/21/22; 36/38; 43; 51/53; 65	2; 36/37; 61; 62
Testosteron, -propionat	T	60; 61; 48/23/24/25; 40	1/2; 7; 22; 36/37/39; 45
Tetracyclinhydrochlorid	T	63; 23/24/25	1/2; 22; 26; 45
Triamcinolonacetonid	T	61; 62; 23/24/25; 48	1/2; 7; 22; 36/37/39; 45
Vitamin A-acetat, -palmitat	T	61	1/2; 53; 37; 45
Vitamin A-Säure	T	61; 38	1/2; 53; 45
Vitamin D_3 (Cholecalciferol)	T^+	24/25; 26; 48/25	1/2; 28; 36/37; 45
Zitronensäure	Xi	36	2; 24/25; 46

◘ **Tab. 11.3** Einstufungen und Kennzeichnung apothekenrelevanter Arzneistoffe nach EG-CLP-Verordnung (VO 1272/2008)

Name	Gefahren-piktogramme	Signalwort	Gefahrenhinweise (H-Sätze)	Sicherheitshinweise (P-Sätze)[1]
Aceton		Gefahr	H225-319-336 EUH066	P102[2]-210-243-301/315-305/351/338-405-501[2]
Aluminiumchlorid-Hexahydrat		Achtung	H315-319-335	P102[2]-302/352-305/351/338-405[2]

■ **Tab. 11.3** Einstufungen und Kennzeichnung apothekenrelevanter Arzneistoffe nach EG-CLP-Verordnung (VO 1272/2008) (Fortsetzung)

Name	Gefahren-piktogramme	Signalwort	Gefahrenhinweise (H-Sätze)	Sicherheitshinweise (P-Sätze)[1]
Aluminiumchlorid, wasserfrei		Gefahr	H314	P102[2]–260–280–301/330/331–305/351/338–309/310–405[2]
Ammoniaklösung 10 % (Salmiakgeist)		Gefahr	H314–335	P102[2]–305/351/338–405[2]–501[2]
Ammoniaklösung 25 % (konzentriert)		Gefahr	H314–335–400	P102[2]–273–280–305/351/338–405[2]–501[2]
Ammoniumcarbonat		Achtung	H302	–
Ammoniumchlorid		Achtung	H302–319	P301/312–305/351/338–313/337

11

◻ **Tab. 11.3** Einstufungen und Kennzeichnung apothekenrelevanter Arzneistoffe nach EG-CLP-Verordnung (VO 1272/2008) (Fortsetzung)

Name	Gefahren-piktogramme	Signalwort	Gefahrenhinweise (H-Sätze)	Sicherheitshinweise (P-Sätze)[1]
Benzin DAB (Wundbenzin, Petrolether 40–60 °C)		Gefahr	H225–304–315–336–411	P102[2]–210–243–303/361/353–403/235–301/310–273–501[2]
Bittermandelöl		Achtung	H302	P301–312
Campher, racemisch		Achtung	H302–332 H228–302–332	P102[2]–260–405[2]
Chloralhydrat		Gefahr	H301–315–319	P302/352–305/351/338–309/310
Citronensäure-Monohydrat		Achtung	H319	P305/351/338
Citronensäure, wasserfrei		Achtung	H319	P264–280–305/338/351–313/337
Dichlormethan (Methylenchlorid)		Achtung	H351	P281–308/313

■ **Tab. 11.3** Einstufungen und Kennzeichnung apothekenrelevanter Arzneistoffe nach EG-CLP-Verordnung (VO 1272/2008) (Fortsetzung)

Name	Gefahren-piktogramme	Signalwort	Gefahrenhinweise (H-Sätze)	Sicherheitshinweise (P-Sätze)[1]
Diethylether (Ether)		Gefahr	H224-302-336 EUH019-066	P102[2]-210-240-403
Eisen(III)-chlorid-Hexahydrat		Gefahr	H302-315-318	P280-305-313-351
Eisen(II)-sulfat		Achtung	H302-315-319	P302/352-305/351/338
Ethanol 70 %		Gefahr	H225	P210-233
Ethanol 96 %		Gefahr	H225	P210-233
Eukalyptusöl		Gefahr	H226-304-317-411	P273-280-317-411

11

◨ **Tab. 11.3** Einstufungen und Kennzeichnung apothekenrelevanter Arzneistoffe nach EG–CLP–Verordnung (VO 1272/2008) (Fortsetzung)

Name	Gefahren-piktogramme	Signalwort	Gefahrenhinweise (H–Sätze)	Sicherheitshinweise (P–Sätze)[1]
Formaldehydlösung 35 %		Gefahr	H301–311–314–317–331–351	P201–102–264–270–281–303–313
Gentianaviolett (Kristallviolett)		Achtung	H302–318–351–410 (zusätzl. H400)	P273–280–305/351/338–308/313
Isopropanol (2–Propanol)		Gefahr	H225–319–336	P210–233–305/351/338
Kaliumcarbonat		Achtung	H302–315–319–335	P280

◼ **Tab. 11.3** Einstufungen und Kennzeichnung apothekenrelevanter Arzneistoffe nach EG–CLP–Verordnung (VO 1272/2008) (Fortsetzung)

Name	Gefahren-piktogramme	Signalwort	Gefahrenhinweise (H–Sätze)	Sicherheitshinweise (P–Sätze)[1)
Kaliumhydroxid		Gefahr	H290–302–314	P280–301/330/331–305/338/351–309/310
Kaliumpermanganat (Nichtarzneimittel)		Gefahr	H272–302–410	P210–273
Kalmusöl		Achtung	H302–412	P273–280
Kupfersulfat		Achtung	H302–315–319–400–410	P273–302/352–305/338/351
Menthol		Gefahr	H315–318–335	P261–280–305/338/351

11

◘ **Tab. 11.3** Einstufungen und Kennzeichnung apothekenrelevanter Arzneistoffe nach
EG-CLP-Verordnung (VO 1272/2008) (Fortsetzung)

Name	Gefahren-piktogramme	Signalwort	Gefahrenhinweise (H-Sätze)	Sicherheitshinweise (P-Sätze)[1]
Methanol		Gefahr	H225–301–311–331–370	P210–403/233–280–302/352–301/310–405
Minzöl (japanisches)		Achtung	H315	P264–280–302–352
Myrrhentinktur (90%) 1:5		Achtung	H225	P210–211
Natriumcarbonat		Achtung	H319	P260–305/338/351
Natriumhydroxid		Gefahr	H290–314	P280–301/330/331–305/338/351–309–310
Natronlauge 50%		Gefahr	H290–314	P102[2]–280–305/351/338–406–501[2]
Nelkenöl		Achtung	H315–317	P280
Petroleum		Gefahr	H304 EUH066	P102[2]–301/310–331–501

◼ **Tab. 11.3** Einstufungen und Kennzeichnung apothekenrelevanter Arzneistoffe nach EG-CLP-Verordnung (VO 1272/2008) (Fortsetzung)

Name	Gefahren-piktogramme	Signalwort	Gefahrenhinweise (H-Sätze)	Sicherheitshinweise (P-Sätze)[1]
Pfefferminzöl		Achtung	H315	P264–280–302–352
Rosmarinöl		Gefahr	H226–304–315–317–411	P273–280–301–331
Salbeiöl		Achtung	H315–317–319–332–411	P273–280–301–331
Salpetersäure 25 %		Gefahr	H290–314	P102[2]–260–280–305/338/351–405[2]–406–501[2]
Salpetersäure 53 %		Gefahr	H290–314	P102[2]–260–280–305/338/351–405–406–501[2]
Silbernitrat		Gefahr	H272–314–410	P273–280–301/330/331–305/338/351–309/310

11

◻ **Tab. 11.3** Einstufungen und Kennzeichnung apothekenrelevanter Arzneistoffe nach EG-CLP-Verordnung (VO 1272/2008) (Fortsetzung)

Name	Gefahren-piktogramme	Signalwort	Gefahrenhinweise (H-Sätze)	Sicherheitshinweise (P-Sätze)[1]
Teebaumöl		Gefahr	H302–304–317–411	P273–280–301–313–331
Terpentinöl (Strandkiefertyp)		Gefahr	H226–302–304–315–317–319–332–411	P273–280–301–331
Thymianöl		Gefahr	H302–304–314–411	P273–280–301–302–313–331–352

◼ **Tab. 11.3** Einstufungen und Kennzeichnung apothekenrelevanter Arzneistoffe nach EG-CLP-Verordnung (VO 1272/2008) (Fortsetzung)

Name	Gefahren-piktogramme	Signalwort	Gefahrenhinweise (H-Sätze)	Sicherheitshinweise (P-Sätze)[1]
Wacholder-beerenöl		Gefahr	H226-302-304-315-317-319-411	P273-280-301-331
Wacholderholzöl		Gefahr	H226-302-304-315-317-411	P273-280-301-331

11

◻ **Tab. 11.3** Einstufungen und Kennzeichnung apothekenrelevanter Arzneistoffe nach EG-CLP-Verordnung (VO 1272/2008) (Fortsetzung)

Name	Gefahren-piktogramme	Signalwort	Gefahrenhinweise (H-Sätze)	Sicherheitshinweise (P-Sätze)[1]
Zedernblätteröl		Gefahr	H304-315-317-319-332-411	P273-280-301-331
Zimtöl (Ceylon)		Achtung	H312-315-317-412	P273-280

[1] Hinweis zu den P-Sätzen: Die Liste sämtlicher den Gefahrenhinweisen der Stoffe zugeordneten Sicherheitshinweise gem. VO (EG) 1272/2008 Anhang I ist i. d. R. umfangreicher, z. B. bei Salpetersäure (25 und 53 %): P234-260-264-280-301/330/331-303/361-304/340-305/338/351-310-321-363-390-405-406-501. (Vgl. Kap. 4.5 und 4.6). Die Auswahl der P-Sätze in Tabelle 11.3 ist als Vorschlag zu verstehen und orientiert sich an den bisherigen S-Sätzen. Dabei ist jedoch zu beachten, dass einige S-Sätze keine entsprechenden P-Sätze haben und dass es P-Sätze mit völlig neuen Sicherheitshinweisen gibt. Die Auswahl der P-Sätze für das Abgabeetikett soll bedarfsorientiert erfolgen und liegt in der Verantwortung des Abgebenden. Für das Abgabeetikett sollen nicht mehr als 6 P-Sätze ausgewählt werden, es sei denn, die besondere Gefährlichkeit eines Stoffes macht weitere Sicherheitshinweise erforderlich. Bei der Abgabe an einen privaten Endverbraucher müssen weitere Vorgaben berücksichtigt werden, wie beispielsweise der obligatorische Sicherheitshinweis P-501 zur Entsorgung (»Inhalt/Behälter . . . zuführen«). Die Sorgfaltspflicht legt auch nahe, auf Abgabeetiketten an private Endverbraucher regelmäßig den Sicherheitshinweis P102 (»Darf nicht in die Hände von Kindern gelangen«) anzubringen.
[2] P-Satz nur bei Abgabe an die allgemeine Öffentlichkeit erforderlich (P501) bzw. empfohlen (P102), nicht aber bei beruflicher/industrieller Verwendung.
Für die innerbetriebliche Kennzeichnung handgebrauchskonformer Standgefäße sind die P-Sätze in Tabelle 11.3 nicht erforderlich.
Quelle: Hörath H. Gefahrstoff-Verzeichnis. Beiheft Global Harmonisiertes System (GHS). 2. Aufl., Deutscher Apotheker Verlag, Stuttgart 2011

Teil D
Arbeitnehmerschutz

12 Einleitung

Die Gefahrstoffverordnung konkretisiert neben der Umsetzung der Vorgaben des Chemikaliengesetzes in weiten Teilen auch Anforderungen, die sich aus dem Arbeitsschutzgesetz ergeben. Hinzu kommt die schrittweise Einführung der Vorschriften der EG-CLP-VO.

Neben den Einstufungs-, Kennzeichnungs- und Verpackungsvorschriften für Gefahrstoffe, die sich direkt aus dem Chemikaliengesetz und parallel dazu aus der EG-CLP-VO ableiten, erweisen sich die Gefährdungsbeurteilungen als Bestandteil der gemäß Arbeitsschutzgesetz vorgeschriebenen Beurteilung der Arbeitsbedingungen als zentraler Baustein der Gefahrstoffverordnung. Hier wird der Arbeitnehmerschutz in Bezug auf die Tätigkeit mit gefährlichen Stoffen und Zubereitungen (Gemischen) formuliert und ausgestaltet.

Der **Arbeitgeber** ist gemäß Arbeitsschutzgesetz die verantwortliche Person für den Arbeitsschutz. Er hat die erforderlichen Maßnahmen zu ergreifen, um Gefährdungen für die Sicherheit und Gesundheit seiner Beschäftigten zu vermeiden. Das Arbeitsschutzgesetz fordert vom Arbeitgeber ganz allgemein, dass er Gefährdungen, die von den auszuführenden Arbeiten ausgehen, beurteilt und festlegt, welche Arbeitsschutzmaßnahmen notwendig sind.

Die Gefahrstoffverordnung regelt speziell die Beurteilung von Tätigkeiten mit gesundheitsgefährdenden Substanzen sowie Tätigkeiten mit Stoffen, von denen eine chemischphysikalische Gefahr ausgehen kann (explosionsfähige Stoffe, brennbare Flüssigkeiten usw.). Dies geschieht im Rahmen der Gefährdungsbeurteilungen, in deren Ergebnis geeignete Schutzmaßnahmen festzulegen sind.

Die Schutzmaßnahmen hinsichtlich der Gesundheitsgefahren sind in Abhängigkeit von der Einstufung der Gefahrstoffe und der Art und Weise des Umgangs mit ihnen stufenweise aufgebaut (Schutzstufenkonzept); hinzu kommen die Schutzmaßnahmen gegen physikalisch-chemische Einwirkungen, insbesondere gegen Brand- und Explosionsgefährdungen.

Die **Beschäftigten** sind außerdem arbeitsplatzbezogen über die Sicherheit und den Gesundheitsschutz bei der Arbeit mündlich zu unterweisen. Dazu werden ihnen die Betriebsanweisungen in schriftlicher Form so zur Verfügung gestellt, dass sie jederzeit Einblick nehmen können. Die Beschäftigten ihrerseits sind verpflichtet, den Arbeitgeber bei der Wahrnehmung seiner Schutzaufgaben zu unterstützen und nach ihren Möglichkeiten sowie gemäß den Weisungen des Arbeitgebers für ihre eigene Sicherheit und Gesundheit

Sorge zu tragen und neu festgestellte Gefahren an ihn zu melden. Nur über motivierte Mitarbeiter, die eine positive Grundeinstellung zu den notwendigen Gesundheitsschutz- und Sicherheitsmaßnahmen erworben haben, lassen sich die festgelegten Arbeitsschutz- maßnahmen wirksam und nachhaltig umsetzen.

12.1 Vorgehensweise

Die konkrete Ausgestaltung der innerbetrieblichen Organisation der Arbeitsschutzmaß- nahmen und der dazu notwendigen Dokumente legt die Gefahrstoffverordnung bewusst in die Eigenverantwortung des Arbeitgebers. Dies eröffnet jedem einzelnen Apotheker ei- nen gewissen Gestaltungsspielraum bei der Umsetzung der gesetzlichen Vorgaben.

Da aufgrund der apothekenrechtlichen Vorgaben die Ausstattung der Apotheken mit gefährlichen Stoffen und die Art und Weise des Umgangs mit ihnen in hohem Maße ver- gleichbar sind, empfiehlt sich für die Erstellung der notwendigen Dokumentationen drin- gend die Nutzung branchenspezifischer Vorgaben (Standards der Bundesapothekerkam- mer, Publikationen und apothekenspezifische Software von Fachverlagen). Diese müssen aber in jedem Fall an die individuellen Bedingungen der Apotheke vor Ort angepasst wer- den.

Eine anforderungsgerechte und systematische Gefahrstoffdokumentation in der Apo- theke in Bezug auf den Umgang mit Gefahrstoffen und den Arbeitsschutz sollte folgende Punkte umfassen:

- Tätigkeitsverzeichnis für Arbeiten mit Stoffen, die zu Gesundheitsgefährdungen führen können.
- Gefahrstoffverzeichnis mit Hinweis auf die Sicherheitsdatenblätter.
- Sicherheitsdatenblätter aller in der Apotheke vorhandenen gefährlichen Stoffe und Zubereitungen (Gemische).
- Gefährdungsbeurteilungen mit Festlegung der Schutzmaßnahmen (Schutzstufen).
- Explosionsschutzdokument.
- Betriebsanweisungen als Grundlage zur Unterweisung der Mitarbeiter.
- Dokumentation der regelmäßigen Unterweisungen der Mitarbeiter.

Hinzu kommen noch die Dokumentationen nach Chemikalienverbotsverordnung im Zu- sammenhang mit der Abgabe von Gefahrstoffen (▶ Kap. 9.6).

Eine detaillierte Beschreibung der Gefahrstoffdokumentation insbesondere im Hin- blick auf die Veränderungen durch die Implementierung der EG-CLP-VO erfolgt in ▶ Kap. 14. Dabei wird der Fokus darauf gerichtet, wie die bisher in den Apotheken vorhan- denen Gefahrstoffdokumentationen weiterhin genutzt und – parallel zur Umstellung der apothekeninternen Kennzeichnung der vorhandenen Stoffe – schrittweise bis zum 01.06.2015 an die Erfordernisse der EG-CLP-VO angepasst werden können.

Zuvor soll in ▶ Kap. 13 das Schutzstufenkonzept vorgestellt werden, welches mit dem Inkrafttreten der Gefahrstoffverordnung vom 26. November 2010 einige Modifikationen erfahren hat.

12

13 Schutzstufenkonzept – Schutzmaßnahmen

Mit der Änderung der Gefahrstoffverordnung am 24.12.2004 wurde zur arbeitsschutzrelevanten Bewertung des Umgangs mit Gefahrstoffen erstmals das sogenannte »**Schutzstufenkonzept**« formuliert. In 4 Maßnahmenstufen, die aufeinander aufbauen und bei denen die nächsthöhere Stufe jeweils die Vorschriften der untergeordneten Stufen vollinhaltlich enthält, wurden die Arbeitsschutzmaßnahmen beim Umgang mit gesundheitsgefährdenden Gefahrstoffen (nicht die chemisch-physikalischen Gefahren!) mit ansteigendem Anforderungsprofil formuliert.

Die Schutzstufe 1 beschrieb die Mindeststandards zur Verhütung von Gefährdungen und war als alleiniges Maßnahmenpaket nur zulässig bei Tätigkeiten mit »geringem Gefährdungspotential«. Die Zuordnung von Tätigkeiten in die Schutzstufen 2 bis 4 erfolgte primär anhand der Einstufung und Kennzeichnung der Gefahrstoffe:

- Stufe 4: alle CMR-Stoffe der Kategorien 1 und 2.
- Stufe 3: alle giftigen (T) und sehr giftigen (T$^+$) Stoffe, die nicht in Stufe 4 gehören.
- Stufe 2: alle übrigen Gefahrstoffe, die nicht in Stufe 3 oder 4 gehören (C, Xi, Xn).

Diese enge Bindung der Schutzstufen an die Einstufung und Kennzeichnung der Gefahrstoffe musste in der Gefahrstoffverordnung vom 26.11.2010 aufgegeben werden, da die Kennzeichnungssystematik der EG-CLP-VO von der bisher verwendeten abweicht. Besonders augenfällig wird dies bei den im weitesten Sinne toxischen Gefahrstoffen. Nach dem bisherigen Kennzeichnungssystem waren giftige und sehr giftige Substanzen sowie CMR-Stoffe der Kategorien 1 und 2 mit dem Totenkopfsymbol zu kennzeichnen.

In der EG-CLP-VO werden hingegen nur noch die akut toxischen Gefahrstoffe (Akut. Tox. 1–3) mit dem Totenkopfsymbol gekennzeichnet; auf mögliche chronische und organspezifische Gesundheitsschäden wird mit dem Korpussymbol verwiesen. In Bezug auf CMR-Stoffe wird dieses Piktogramm jedoch sowohl bei den als erwiesenermaßen schädigend anzusehenden CMR-Stoffen (Karz./Muta./Repr. 1A/1B) als auch bei den Verdachtsstoffen (ehemals CMR Kat. 3, neu Karz./Muta./Repr. 2) angewendet. Darüber hinaus findet das CLP-Korpussymbol auch bei anderen Gefahreneigenschaften Anwendung (Atemwegssensibilisierung, Aspirationsgefahr, Zielorgantoxizität). Somit ist anhand des Piktogramms allein eine Zuordnung zu den einzelnen Schutzstufen nicht mehr möglich.

Gradmesser für die Festlegung der Schutzmaßnahmen sind jetzt die Zuordnung zu den CMR-Stoffen und das inhalative, dermale und augenschädigende Gefährdungspotenzial der Gefahrstoffe in der betriebsspezifischen Form des Umgangs mit ihnen.

In der Summe der Maßnahmen, die für die Umsetzung in der Apotheke relevant sind, entsprechen die Schutzmaßnahmen in der aktuellen Gefahrstoffverordnung vom 26.11.10 im wesentlichen der Vorgängerverordnung. Es erfolgte jedoch eine Umstrukturierung der Inhalte in den einzelnen Paragraphen.

13.1 Grundpflichten des Arbeitgebers (§ 7 GefStoffV)

In diesem Paragraphen werden Grundpflichten, die der Arbeitgeber unabhängig vom Ausmaß des Umgangs mit Gefahrstoffen immer zu beachten hat, aus den verschiedenen Schutzstufen der vorher gültigen GefStoffV zusammengeführt. Es handelt sich um Grundpflichten des gefahrstoffbezogenen Arbeitsschutzes, die noch keine Schutzmaßnahmen im eigentlichen Sinne sind.

Folgende Forderungen sind für die Apotheke relevant (Auswahl):
- Pflicht des Arbeitgebers zur Erstellung einer Gefährdungsbeurteilung und Festlegung der erforderlichen Schutzmaßnahmen.
- Grundsätzliches Substitutionsgebot für Gefahrstoffe und Verfahren durch Stoffe, Zubereitungen oder Verfahren, die unter den jeweiligen Verwendungsbedingungen für die Gesundheit und Sicherheit der Beschäftigten nicht oder weniger gefährlich sind.
- Reduzierung der Gefährdungen der Mitarbeiter auf ein Minimum durch verfahrenstechnische Maßnahmen sowie kollektive und individuelle Schutzmaßnahmen.
- Pflicht der Beschäftigten zur Nutzung der bereitgestellten persönlichen Schutzausrüstung.
- Sachgerechte Aufbewahrung, Reinigung und Pflege der persönlichen Schutzausrüstung.
- Regelmäßige Prüfung der Funktion und Wirksamkeit der technischen Schutzmaßnahmen mindestens jedes dritte Jahr, Dokumentation der Ergebnisse der Prüfung.
- Sicherstellung der Einhaltung der Arbeitsplatzgrenzwerte; bei Tätigkeiten mit Gefahrstoffen, für die kein Arbeitsplatzgrenzwert vorliegt, hat der Arbeitgeber regelmäßig die Wirksamkeit der ergriffenen technischen Schutzmaßnahmen durch geeignete Ermittlungsmethoden zu überprüfen.

Die meisten Forderungen richten sich direkt an den Apothekenleiter, jedoch werden die Apothekenmitarbeiter mit der Verpflichtung zur Nutzung der bereitgestellten Schutzausrüstung auch mit in die Verantwortung genommen. Die Nutzung brancheneinheitlicher Verfahren (vgl. BAK-Rezepturstandards) und die Anwendung der persönlichen Schutzausrüstung stehen in der Apotheke im Vordergrund.

Die Substitution von Stoffen und Verfahren ist aufgrund apothekenrechtlicher Vorgaben nur sehr eingeschränkt möglich; das Abweichen von dieser zentralen Forderung der Gefahrstoffverordnung ist in den jeweiligen Gefährdungsbeurteilungen zu dokumentieren und zu begründen.

13

Auch die Problematik der Arbeitsplatzgrenzwerte kann in der Apotheke im wesentlichen nur durch die Einhaltung standardisierter Arbeitsvorgaben gelöst werden, da es für die weit überwiegende Mehrzahl der apothekenüblichen Rezeptursubstanzen keine Arbeitsplatzgrenzwerte gibt. Sofern konkrete Werte vorhanden sind (z. B. Alkohole), muss deren Einhaltung durch sachgerechten Umgang gewährleistet werden (Arbeit unter dem Abzug, apothekenrelevante Kleinmengen).

13.2 Allgemeine Schutzmaßnahmen (§ 8 GefStoffV)

Dieser Paragraph enthält eine Zusammenstellung von Regeln, die man als Grundmaßnahmen oder auch als grundlegende Hygienemaßnahmen bezeichnen kann. Sie entsprechen im wesentlichen den Anforderungen der bisherigen Schutzstufe 1. Grundsätzlich wirken diese Schutzmaßnahmen sowohl Gefährdungen durch inhalative und dermale Exposition als auch Gefährdungen durch physikalisch-chemische Einwirkungen entgegen.

Wenn in der Gefährdungsbeurteilung alle Kriterien für eine »geringe Gefährdung« erfüllt sind, sind diese **allgemeinen Schutzmaßnahmen** ausreichend; nur bei erhöter Gefährdung durch dermale oder inhalative Exposition, bei Tätigkeiten mit krebserzeugenden, erbgutverändernden oder fruchtbarkeitsgefährdenden Gefahrstoffen der Kategorien 1 oder 2 und bei erhöter Gefährdung durch physikalisch-chemische Einwirkungen sind zusätzliche Schutzmaßnahmen (▶ Kap. 13.3 und 13.4) zu beachten.

Allgemeine Schutzmaßnahmen

1. Geeignete Gestaltung des Arbeitsplatzes und geeignete Arbeitsorganisation.
2. Bereitstellung geeigneter Arbeitsmittel für Tätigkeiten mit Gefahrstoffen.
3. Begrenzung der Anzahl der Beschäftigten, die Gefahrstoffen ausgesetzt sind.
4. Begrenzung der Dauer und der Höhe der Exposition.
5. Angemessene Hygienemaßnahmen, insbesondere zur Vermeidung von Kontaminationen; regelmäßige Reinigung des Arbeitsplatzes.
6. Begrenzung der am Arbeitsplatz vorhandenen Gefahrstoffe auf die Menge, die für den Fortgang der Tätigkeiten erforderlich ist.
7. Geeignete Arbeitsmethoden und Verfahren, welche die Gesundheit und Sicherheit der Beschäftigten nicht beeinträchtigen oder die Gefährdung so gering wie möglich halten.
8. Eindeutige Kennzeichnung der gefährlichen Stoffe und Zubereitungen.
9. Verbot der Aufnahme von Nahrungs- und Genussmitteln in Bereichen, in denen mit Gefahrstoffen umgegangen wird.
10. Übersichtliche Aufbewahrung und Lagerung der Gefahrstoffe, Vermeidung der unmittelbaren Nähe zu Arznei-, Lebens- oder Futtermitteln.
11. Sachgerechte Entsorgung von Gefahrstoffresten und entleerten Behältern.
12. Lagerung von giftigen und sehr giftigen Stoffen und Zubereitungen sowie solchen der CMR-Kategorien 1 und 2 unter Verschluss oder so, dass nur fachkundige und zuverlässige Personen Zutritt haben.
13. Tätigkeiten mit Substanzen nach Pkt. 12 sowie mit atemwegssensibilisierenden Stoffen und Zubereitungen dürfen nur von fachkundigen oder besonders unterwiesenen Personen ausgeführt werden.

Die Kriterien für eine »geringe Gefährdung« nach § 6 Abs. 11 GefStoffV sind erfüllt, wenn aufgrund

- der dem Gefahrstoff zugeordneten Gefährlichkeitsmerkmale,
- einer geringen verwendeten Stoffmenge,
- einer nach Höhe und Dauer niedrigen Exposition und
- der Arbeitsbedingungen

insgesamt eine nur geringe Gefährdung der Beschäftigten zu erwarten ist.

Die apothekenspezifische Umsetzung dieser allgemeinen Forderungen wird im wesentlichen durch die Vorgaben zur leitliniengerechten Arbeit in der Rezeptur gewährleistet. Konkret können die einzelnen Maßnahmen in den Handlungshilfen der Bundesapothekerkammer (siehe unter http://www.abda.de/arbeitsschutzmassnahmen.html) eingesehen werden, wobei die Punkte 1. bis 11. in die Anforderungen der ehemaligen Schutzstufe 1 eingeflossen sind; neu sind der Punkt 12. aus der ehemaligen Schutzstufe 3 als Bestandteil der allgemeinen Schutzmaßnahmen und die Forderung nach Fachkunde oder zumindest besonderer Unterweisung für den Umgang mit Stoffen nach Punkt 12.

13.3 Zusätzliche Schutzmaßnahmen (§ 9 GefStoffV)

Ergibt sich aus der Gefährdungsbeurteilung, dass die allgemeinen Schutzmaßnahmen nach § 8 nicht ausreichen, um Gefährdungen durch Einatmen, Aufnahme über die Haut oder Verschlucken entgegenzuwirken, hat der Arbeitgeber zusätzliche Maßnahmen zu ergreifen.

Insbesondere wird dies notwendig, wenn

- **Arbeitsplatzgrenzwerte** oder **biologische Grenzwerte** überschritten werden,
- bei hautresorptiven oder haut- oder augenschädigenden Gefahrstoffen eine Gefährdung durch **Haut- oder Augenkontakt** besteht oder
- bei Gefahrstoffen ohne Arbeitsplatzgrenzwert und ohne biologischen Grenzwert eine Gefährdung aufgrund der ihnen zugeordneten Gefährlichkeitsmerkmale und der **inhalativen** Exposition angenommen werden kann.

Das neue **Farbcodesystem der BAK** für die innerbetriebliche Kennzeichnung der Stoffe nach GHS-CLP-VO, welches neben den CMR-Stoffe die Substanzen mit inhalativer, dermaler oder Augengefahr besonders hervorhebt (▸ Kap. 14.2), ermöglicht eine schnelle Erkennung derartiger Gefährdung und die Auswahl geeigneter Schutzmaßnahmen (siehe Kasten).

Die Gefahr des Verschluckens lässt sich durch das Verbot des Konsums von Nahrungs- und Genussmitteln am Arbeitsplatz am leichtesten vermeiden.

Die dermalen und inhalativen Gefährdungen und der mögliche Augenkontakt können verringert werden durch:

1. Anwendung geschlossener Systeme (hat immer Vorrang!).
2. Prüfung alternativer Verfahren nach dem Stand der Technik (Substitutionsgebot).
3. Bereitstellung persönlicher Schutzausrüstungen (nur, wenn Pkt. 1. und 2. nicht zum Ziel führen).

13

Von der Systematik der Arbeitsschutzmaßnahmen her betrachtet entsprechen diese Maßnahmen den Forderungen der ehemaligen Schutzstufen 2 und 3, in denen bei entsprechender Gefährdung das Tragen von Schutzbrillen und Partikelfiltermasken zusätzlich zu dem geschlossenen Kittel und den Einmalhandschuhen gefordert wurde (vgl. Handlungshilfen der BAK, Rezepturstandards »alt« unter http://www.abda.de/arbeitsschutzmassnahmen.html).

Die Realisierung der Forderung nach **geschlossenen Systemen** kann zumindest für wesentliche Arbeitsschritte durch die Anwendung automatisierter Rührsysteme (u. a. Unguator®, Topitec®), Arbeit unter dem geschlossenen Abzug, Abwägen mit weitgehend geschlossener Analysenwaage, Abtrennung des Rezepturarbeitsplatzes und Vermeidung von Zugluft erreicht werden.

Als **alternatives Verfahren** kann bei der Herstellung häufiger vergleichbarer Rezepturen die Nutzung von Stammverreibungen und Konzentraten hilfreich sein; im Laborbereich sollte physiko-chemischen Prüfmethoden (z. B. Schmelzpunktbestimmung, Refraktometrie) und solchen mit geringem Substanzbedarf (z. B. HPTLC) der Vorzug gegeben werden.

In der praktischen Anwendung der Erstellung und Dokumentation von Gefährdungsbeurteilungen ergibt sich somit, dass die Beurteilungen der bisherigen Schutzstufen 2 und 3 unter den neu formulierten »Zusätzlichen Schutzmaßnahmen« zusammengefasst werden können. Dies hat seine Ursache darin, dass allein auf die Art der Gefährdung (z. B. dermale Exposition) abgestellt wird und es nicht mehr darauf ankommt, ob diese Gefährdung durch einen z. B. ätzenden Gefahrstoff (ehemals Schutzstufe 2) oder einen giftigen Gefahrstoff (ehemals Schutzstufe 3) hervorgerufen wird.

13.4 Besondere Schutzmaßnahmen (§ 10 GefStoffV)

Die Vorschriften dieses Paragraphen sind im wesentlichen deckungsgleich mit den Anforderungen an die Schutzstufe 4 nach der vorherigen Version der Gefahrstoffverordnung. Sie regeln den Umgang mit Gefahrstoffen der CMR-Kategorien 1 und 2 bzw. Karz./Muta./Repr. 1A oder 1B.

Die Kennzeichnung dieser Stoffe erfolgt nach altem System mit dem Totenkopfsymbol Giftig/Sehr giftig und den R-Sätzen R45, R46, R49, R60 oder R 61. Nach EG-CLP-VO werden diese Substanzen mit dem Korpus-Piktogramm GHS08, dem Signalwort »Gefahr« und den H-Sätzen H340, H350, H350i oder H360 (ggf. mit den Zusätzen F, D, FD, Fd bzw. Df) deklariert. Unter diese Stoffgruppe fallen die Zytostatika, die meisten Steroidhormone (Glucocorticoide, Androgene, Gestagene, Estrogene) und z. B. auch Steinkohlenteer.

In der Apotheke umzusetzende Maßnahmen

- Abgrenzung der Gefahrenbereiche, in denen mit solchen Gefahrstoffen umgegangen wird.
- Anbringen von Warn- und Sicherheitszeichen, insbesondere »Zutritt für Unbefugte verboten« und »Rauchen verboten«.
- Sicherstellung, dass abgesaugte Luft nicht wieder in der Arbeitsbereich zurückgeführt wird, es sei denn, sie wird in einem behördlich anerkannten Verfahren ausreichend gereinigt.
- Konsequente Anwendung der persönlichen Schutzausrüstung gemäß BAK-Handlungshilfen (Schutzstufe 4 nach alter Klassifizierung bzw. Farbcode »rot«).

Die allgemeinen gesetzlichen Vorgaben fordern die strikte Einhaltung der Arbeitsplatzgrenzwerte, was durch Messungen oder vergleichbare Methoden der Expositionsermittlung belegt werden soll, sowie die Tätigkeit nach vom Ausschuss für Gefahrstoffe bekannt gegebenen verfahrens- und stoffspezifischen Kriterien.

In der praktischen Umsetzung insbesondere im Hinblick auf die persönliche Schutzausrüstung sind die Grenzen zwischen den »Zusätzlichen Schutzmaßnahmen« nach § 9 (ehemals den Schutzstufen 2 und 3 zuzuordnen) und den »Besonderen Schutzmaßnahmen« für die CMR-Stoffe nach § 10 GefStoffV (ehemals Schutzstufe 4) sicher fließend.

Entscheidend ist die Gefährdungsbeurteilung. So wird der gelegentliche und kurzzeitige Kontakt mit einem CMR-Stoff, wie er beim Herstellen einer glucocorticoidhaltigen Salbe auftreten kann, anders zu bewerten sein als die ganztägige Herstellung von Zytostatika. Ziel ist immer der wirksame Schutz der Beschäftigten, der über ein abgestuftes Maßnahmenpaket sicherzustellen ist.

13.5 Besondere Schutzmaßnahmen gegen physikalisch-chemische Einwirkungen (§ 11 GefStoffV)

Die Vorschriften des § 11 entsprechen inhaltlich dem vergleichbaren Paragraphen der Vorgängerverordnung bei praxisgerechterer Umformulierung.

Der Arbeitgeber hat auf der Grundlage der Gefährdungsbeurteilung Maßnahmen zum Schutz der Beschäftigten vor physikalisch-chemischen Einwirkungen, insbesondere **Brand- und Explosionsgefahren**, zu ergreifen. Dies gilt vor allem für Tätigkeiten mit explosionsgefährlichen, brandfördernden, hochentzündlichen, leichtentzündlichen und entzündlichen Stoffen oder Zubereitungen, einschließlich ihrer Lagerung.

Dazu muss der Arbeitgeber Maßnahmen in der nachstehenden Rangfolge ergreifen:

- Gefährliche Mengen oder Konzentrationen von Gefahrstoffen, die zu Brand- oder Explosionsgefährdungen führen können, sind zu vermeiden.
- Zündquellen, die Brände oder Explosionen auslösen können, sind zu vermeiden.
- Schädliche Auswirkungen von Bränden oder Explosionen auf die Gesundheit und Sicherheit der Beschäftigten und anderer Personen sind zu verringern.

Die besonderen Vorschriften für Gefahrstoffe und Tätigkeiten mit Brand- und Explosionsgefährdungen sind in Anhang 1 Nr. 1 der GefStoffV vom 26.11.2010 aufgelistet; die Schutzmaßnahmen bei Brand- und Explosionsgefahr werden in ▸ Kap. 15 zusammengefasst.

13.6 Wirksamkeitskontrollen

Im § 7 Abs. 7 der Gefahrstoffverordnung werden die Arbeitgeber verpflichtet, die Funktion und die Wirksamkeit der **technischen Schutzmaßnahmen** regelmäßig, mindestens jedoch jedes dritte Jahr, zu überprüfen. Das Ergebnis der Prüfungen ist aufzuzeichnen und vorzugsweise zusammen mit der Dokumentation nach § 6 Absatz 8 (=Gefährdungsbeurteilung) aufzubewahren.

Diese 3-Jahres-Frist ist eine Maximalzeitspanne und kann je nach praktischen Erfordernissen auch kürzer gefasst sein. Zur Prüfung der **Abzüge** als zentrale technische Arbeitsschutzeinrichtung in der Apotheke schreibt die TRGS 526 (Laboratorien) vor, dass

13

Abzüge ohne selbstüberwachende Funktionskontrolle mit optischer und akustischer Anzeige, die ein Absinken des Mindestvolumenstroms anzeigt, einmal jährlich einer lufttechnischen Prüfung zu unterziehen sind. Bei Abzügen mit einer solchen Dauerüberwachungseinrichtung genügt es, diese in Abständen von nicht mehr als drei Jahren zu überprüfen. **Notduschen** für Auge und Körper müssen mindestens einmal monatlich auf ihre Funktion getestet werden.

Darüber hinaus ist regelmäßig zu überprüfen, dass die vorgegebenen **organisatorischen Maßnahmen** durch die Mitarbeiter beachtet werden. Dies geschieht zweckmäßigerweise einmal jährlich im Rahmen der durchzuführenden gefahrstoffrechtlichen Unterweisungen der Mitarbeiter (▶ Kap. 14.5) und wird auf den Gefährdungsbeurteilungen entsprechend mit Datum dokumentiert.

Mit den vorgegebenen Maßnahmen kann die Apotheke auch der Forderung der GefStoffV nach Dokumentation der **Einhaltung der Arbeitsplatzgrenzwerte** (AGW) nachkommen. Solche AGW's existieren im Apothekenbetrieb nur für einige Lösungsmittel (z. B. Aceton, Isopropylalkohol). Um die Einhaltung der AGW's zu belegen, müssten Messungen am Arbeitsplatz durchgeführt werden, was für eine Apotheke mit üblichem Rezepturbetrieb nicht darstellbar ist. Deshalb muss durch das Arbeitsverfahren sichergestellt werden, dass keine Gefahrstoffe in die Atemluft gelangen können, d. h. mit diesen Stoffen wird vorzugsweise unter dem eingeschalteten (und regelmäßig überprüften) Abzug gearbeitet. In der Gefährdungsbeurteilung wird in diesen Fällen vermerkt, dass Messungen nicht erforderlich sind, da die Arbeiten unter einem geschlossenen Abzug (=technische und organisatorische Schutzmaßnahme) durchgeführt werden.

Die Durchführung aller Wirksamkeitskontrollen wird mit Datum in die entsprechenden Gefährdungsbeurteilungen eingetragen.

14 Vom Arbeitgeber durchzuführende Maßnahmen – Gefahrstoffmanagement mit Übergangsregelungen

Die Umstellung auf das EG-CLP-System muss bis 01.06.2015 abgeschlossen sein.

14.1 Tätigkeiten mit Gefahrstoffen zusammenstellen

Die systematische Durchführung des Arbeitsschutzes beginnt mit der Zusammenstellung der Tätigkeiten, bei denen die Arbeitnehmer dem Einfluss von Gefahrstoffen ausgesetzt sein können. Ein solches **Tätigkeitsverzeichnis** wird zwar in der Gefahrstoffverordnung nicht explizit gefordert, es ist aber ein wertvoller Einstieg in die inhaltliche Strukturierung der Gefährdungsbeurteilungen und sollte Teil der Gefahrstoffdokumentation sein.

Beispiele für gefahrstoffrelevante Tätigkeiten

- Herstellen von Rezepturen und Defekturen.
- Umfüllen von Arzneistoffen, sonstigen Chemikalien, brennbaren Flüssigkeiten.
- Prüfung von Ausgangsstoffen.
- Entsorgung von Resten der Rezeptur- und Labortätigkeit.
- Reinigungsarbeiten.
- Drucken und Kopieren (Tonerfeinstaub, Ozonentwicklung).

Diese Übersicht macht deutlich, dass auch bei Tätigkeiten, bei denen primär nicht mit eingestuften Gefahrstoffen umgegangen wird, Gefährdungen für die Mitarbeiter entstehen können. Hier greift die weitgefasste Definition des Begriffs »Gefahrstoffe« aus dem Chemikaliengesetz, wo auch Stoffe und Zubereitungen (Gemische), die »*aufgrund ihrer physikalisch-chemischen, chemischen oder toxikologischen Eigenschaften und der Art und Weise, wie sie am Arbeitsplatz verwendet werden oder dort vorhanden sind, eine Gefährdung für die Gesundheit und die Sicherheit der Beschäftigten darstellen können*«. Es gilt also beispielsweise auch zu prüfen, ob Reinigungskräfte über lange Zeiträume und in erheblichem Maße hautschädigenden Reinigungsmitteln ausgesetzt sein können oder ob in großer Zahl Dokumente an einem Laserdrucker/-kopierer erzeugt werden, der in einem unbelüfteten Raum steht (inhalative Exposition).

14

14.2 Informationsbeschaffung – Gefahrstoffverzeichnis führen

Die Gefahrstoffverordnung fordert, dass der Arbeitgeber ein Verzeichnis der im Betrieb verwendeten Gefahrstoffe zu führen hat, in dem auf die entsprechenden **Sicherheitsdatenblätter** verwiesen wird.

Das Gefahrstoffverzeichnis muss mindestens folgende Angaben enthalten

- Bezeichnung des Gefahrstoffs.
- Einstufung des Gefahrstoffs oder Angaben zu den gefährlichen Eigenschaften.
- Angaben zu den im Betrieb verwendeten Mengenbereichen.
- Bezeichnung der Arbeitsbereiche, in denen Beschäftigte dem Gefahrstoff ausgesetzt sein können.

Diese Punkte beschreiben die Mindestanforderungen nach der Gefahrstoffverordnung. Der Arbeitgeber muss die entsprechenden Informationen allen Mitarbeitern zugänglich machen; die Angaben zu den Mengen können aus Gründen der betrieblichen Geheimhaltung auch gesondert geführt werden und den Behörden auf Anforderung zur Verfügung gestellt werden.

Da es keine konkretisierende Vorschrift zur Gestaltung eines Gefahrstoffverzeichnisses gibt, ist der Arbeitgeber unter Beachtung der genannten Vorgaben in Art und Weise der Gestaltung des Gefahrstoffverzeichnisses frei. Da die Art und die Menge der Gefahrstoffe in den Apotheken in großem Maße vergleichbar sind (Reagenziensatz, typische Arzneistoffe), empfiehlt sich dringend die Nutzung vorgefertigter Verzeichnisse, wie sie als Broschüren oder in elektronischer Form von den Fachverlagen angeboten werden. Diese vorgegebenen Verzeichnisse brauchen dann nur noch durch Ergänzung der konkret vorhandenen Mengen und den Verweis auf die Quelle der relevanten Sicherheitsdatenblätter ergänzt werden. Im Rahmen der **jährlichen Überprüfungen** der gefahrstoffrechtlichen Unterlagen müssen die Verzeichnisse auf ihre Aktualität geprüft und wenn nötig, ergänzt werden.

Neben den gesetzlich geforderten Mindestangaben kann ein solches Verzeichnis durch ergänzende Informationen (z. B. EG- und Index-Nummer, Sicherheitshinweise, Angabe des Lieferanten, Bevorratungspflicht gemäß Apothekenbetriebsordnung, Hinweis auf andere relevante gesetzliche Vorschriften wie das Grundstoffüberwachungsgesetz…) zusätzlich aufgewertet werden.

Darüber hinaus empfiehlt die BAK, bei der Liste der Arzneistoffe den Verwendungszweck (für welche Art von Rezepturen – Salben, Lösungen, Augentropfen…) zu ergänzen. Dies erleichtert später die Zuordnung der Substanzen bei der Erstellung der Gefährdungsbeurteilungen. Auch kann die Angabe des Farbcode-Symbols nach dem ABDA-Konzept die Arbeiten zur Kennzeichnung und zur Erstellung der Gefährdungsbeurteilungen deutlich erleichtern.

14.2.1 Vorschlag für ein Gefahrstoffverzeichnis gemäß EG-CLP-VO

◼ Tabelle 14.1 zeigt eine Möglichkeit zur Gestaltung eines Gefahrstoffverzeichnisses entsprechend EG-CLP-VO.

Die Angaben in den Spalten 1, 3, 5, 7 und 9 sind nach den Vorgaben der Gefahrstoffverordnung Pflicht. Die übrigen Spalten dienen als Datenbasis für weitergehende Tätigkeiten in der Apotheke.

■ Tab. 14.1 Vorschlag für ein Gefahrstoffverzeichnis nach EG-CLP-VO

Stoffidentität		Einstufung und Kennzeichnung				Mengenbereich/ Standort	Hersteller/ Lieferant	Sicherheit-datenblatt Speicherort Laborrechner Verzeichnis/SDB/ Hersteller…	Typische Verwen-dung
Bezeich-nung Deutsch	Index-Nr. EG-Nr. CAS-Nr.	Gefahren-klasse, Gefahren-kategorie	Piktogramme Signalwörter Farbcode ABDA	Gefahrenhin-weise (H-Sätze) und ergänzende Gefahrenmerk-male (EUH-Sätze)	Sicherheitshin-weise (P-Sätze) Empfehlungen				
1	2	3	4	5	6	7	8	9	10
Aceton	606-001-00-8 200-662-2 67-64-1	Entz. Fl. 2 Augenreiz. 2 STOT einm. 3	GHS02 GHS07 Gefahr gelb/orange/ blau	H225 H319 H336 EUH066	(P102), P210, P271, P305 + 351 + 338, P403 + 233, P501	1 l Labor Sicher-heitsschrank	(z. B.) Hedinger	Hedinger 01.12.2010	Lösungs-mittel

14.2.2 Übergangsregelungen »alt/neu«

Da auch in den Vorgängerversionen der Gefahrstoffverordnung die Pflicht zur Erstellung eines Gefahrstoffverzeichnisses bestand, kann davon ausgegangen werden, dass in jeder Apotheke eine solche Übersicht – basierend auf den »alten« Kennzeichnungsvorschriften – vorhanden ist.

Der Gesetzgeber lässt dem Apothekenleiter freie Hand, wie er die Umstellung auf ein neues Verzeichnis nach EG-CLP-VO gestalten möchte.

Möglichkeiten der Umstellung:

- Das alte Verzeichnis weiter nutzen und nach Wareneingang von neu gekennzeichneten Stoffen und Gemischen die neue Einstufung und Kennzeichnung in dem vorhandenen Verzeichnis ergänzen.
- Parallel das alte Gefahrstoffverzeichnis beibehalten und ein neues Verzeichnis mit den neu gekennzeichneten Stoffen aufbauen.
- Mehrere Gefahrstoffverzeichnisse je nach Verwendungszweckgruppen (z. B. Reagenziensatz, Rezepturarzneistoffe, Zytostatika…) parallel führen.

Die Umstellung auf das EG-CLP-System muss bis 01.06.2015 abgeschlossen sein. Besonderes Augenmerk muss bei der Form der Dokumentation darauf gelegt werden, dass die Informationen klar erkennbar, übersichtlich und für jeden verständlich aufbereitet sind.

Die Gestaltung der innerbetrieblichen Kennzeichnung (▶ Kap. 11) und die Umstellung der Gefährdungsbeurteilungen und Betriebsanweisungen sollten mit der Neugestaltung des Gefahrstoffverzeichnisses zeitlich und inhaltlich parallel laufen.

14.3 Gefährdungsbeurteilungen durchführen – Schutzmaßnahmen festlegen

14.3.1 Allgemeine Anforderungen

Im Gegensatz zum Sicherheitsdatenblatt, dessen Aufbau vom Gesetzgeber detailliert vorgegeben ist, gibt es für die Gefährdungsbeurteilungen als zentralen Baustein des betrieblichen Arbeitsschutzes nur allgemeine inhaltliche Mindestanforderungen, die im § 6 der Gefahrstoffverordnung formuliert sind.

Unabhängig von der Anzahl der Mitarbeiter muss der Apothekenleiter in der Gefährdungsbeurteilung Aussagen zu folgenden allgemeinen Punkten treffen:

1. Erfassung der Gefährdungen am Arbeitsplatz. Dabei sind die mit den Tätigkeiten verbundenen dermalen, inhalativen und physikalisch-chemischen Gefährdungen unabhängig voneinander zu beurteilen und in der Gefährdungsbeurteilung zusammenzufassen.
2. Dokumentation des Ergebnisses der Prüfung auf Möglichkeiten einer Substitution von Gefahrstoffen oder Verfahren zugunsten weniger gefährlicher Varianten.
3. Begründung für einen Verzicht auf eine technisch mögliche Substitution, sofern Schutzmaßnahmen nach § 9 oder § 10 (entspricht inhaltlich ehemals Schutzstufen 2–4) zu ergreifen sind.
4. Beschreibung der durchzuführenden Schutzmaßnahmen.
5. Dokumentation der Ermittlungsergebnisse, die belegen, dass der Arbeitsplatzgrenzwert eingehalten wird oder – bei Stoffen ohne Arbeitsplatzgrenzwert – die ergriffenen technischen Schutzmaßnahmen wirksam sind.

Einen ersten Überblick, für welche konkreten Tätigkeiten und Arbeitsplätze letztendlich eine Gefährdungsbeurteilung erstellt werden muss, gibt das Tätigkeitsverzeichnis (▶ Kap. 14.1).

Für alle Tätigkeiten der Herstellung und Prüfung von Arzneimitteln liegen mit den Handlungshilfen der Bundesapothekerkammer und softwaregestützten Angeboten aus den Fachverlagen wertvolle Materialien vor, mit deren Hilfe diese Tätigkeiten effizient und apothekenindividuell beurteilt werden können. Bei Gefährdungen aus nichtpharmazeutischen Tätigkeiten (z. B. Reinigungsarbeiten, Umgang mit Laserdruckern) müssen eigene Formulare gestaltet werden.

Jede der ermittelten Tätigkeiten (z. B. Herstellen von Salben, Herstellen von Kapseln, Umfüllen von Flüssigkeiten) muss extra bewertet werden. Es ist jedoch aus den praktischen Erfordernissen heraus zweckmäßig, gleichartige Tätigkeiten mit verschiedenen Stoffen, von denen ein annähernd gleichwertiges Gefahrenpotenzial ausgeht, in Gruppengefährdungsbeurteilungen zusammenzufassen (z. B. Herstellen von Salben mit CMR-Stoffen der Kategorien 1 oder 2, Herstellen von Salben mit Nicht-CMR-Stoffen…). Dies empfiehlt sich insbesondere deshalb, weil die sich daraus ergebenden Schutzmaßnahmen für die Stoffgruppe mit gleichartiger Tätigkeit identisch sind.

In den Handlungshilfen der Bundesapothekerkammer (BAK) wird dieser Handlungsansatz für die effiziente Erstellung von Gefährdungsbeurteilungen in der Apotheke umgesetzt.

14.3.2 Anpassung der Gefährdungsbeurteilungen an die EG-CLP-VO bis 01.06.2015

Die Pflicht zur Erstellung von Gefährdungsbeurteilungen besteht seit 2005, sodass in jeder Apotheke ein Exemplar auf der Basis der bisher geltenden Einstufungs- und Kennzeichnungsvorschriften vorhanden sein sollte. Die Einstufungskriterien der GefStoffV 2005 wurden auch in der aktuellen Variante der GefStoffV fortgeschrieben und sind bis 2015 weiterhin die Basis für alle nachgelagerten Vorschriften wie z. B. die Technischen Regeln (TRGS) und die Arbeitsschutzdokumente in den Betrieben. Das bisher geltende Schutzniveau bleibt damit erhalten.

Für die Umsetzung in den Apotheken bedeutet dies konkret

1. Die bestehenden Gefährdungsbeurteilungen können grundsätzlich in der bestehenden Form bis zum Ende der Übergangsfrist weitergeführt werden.
2. Werden im Betrieb bereits vorhandene und gefahrstoffrechtlich bewertete Stoffe durch neue Produktchargen mit neuer Kennzeichnung ersetzt, so ist anhand der Sicherheitsdatenblätter zu überprüfen, ob es hinsichtlich der Einstufung und der Vorgaben für den Umgang mit dem Gefahrstoff relevante Änderungen gegeben hat. Diese Prüfung ist zu dokumentieren.
3. Hat die Prüfung unter 2. ergeben, dass die Einstufungskriterien nach den »alten« Vorschriften geblieben sind (Pkt. 15 des SDB, parallele Angabe von »alter« und »neuer« Kennzeichnung), kann die bislang vorhandene Gefährdungsbeurteilung weiter genutzt werden. In der Gefährdungsbeurteilung sollte man dann dokumentieren, welche Stoffe mit abweichender (=«neuer«) Kennzeichnung im Arbeitsprozess verwendet werden.
4. Die Punkte 2. und 3. können sinngemäß auch angewendet werden, wenn neue Stoffe hinzukommen, die sich nach Auskunft des aktuellen Sicherheitsdatenblattes in das Gefährdungs- und Schutzmaßnahmenprofil schon bestehender Gefährdungsbeurteilungen für Stoffgruppen und Tätigkeiten einordnen lassen (z. B. Rezepturstandards der BAK). Diese Stoffe müssen dann der Dokumentation hinzugefügt werden.
5. Falls neue Erkenntnisse im Zuge der Stoffbewertung nach der REACH-Verordnung zu Einstufungsänderungen (Maßstab ist nach der aktuellen GefStoffV noch die Zuordnung zu den »alten« Einstufungskriterien) geführt haben, muss die Gefährdungsbeurteilung überprüft und ggf. angepasst werden.
6. Analog zu den Ausführungen zur innerbetrieblichen Kennzeichnung (▶ Kap. 11) und zum Gefahrstoffverzeichnis (▶ Kap. 14.2) gilt auch für die Gefährdungsbeurteilungen die Empfehlung, dass bei der Umstellung der innerbetrieblichen Kennzeichnung im Rahmen der Übergangsfrist bis 01.06.2015 auch die Gefährdungsbeurteilungen zeitnah an die neuen Gegebenheiten angepasst werden müssen.

14.3.3 Erstellung der Gefährdungsbeurteilung – Handlungshilfen der Bundesapothekerkammer

Von der Bundesapothekerkammer (BAK) wurden »Handlungshilfen« für die Durchführung der Gefährdungsbeurteilungen in Apotheken erstellt. Diese liegen unter http://www.abda.de/arbeitsschutzmassnahmen.html sowohl in der »alten« Form, basierend auf den Einstufungen der Stoff- und Zubereitungsrichtlinien und dem Schutzstufenkonzept der GefStoffV 2005, als auch in »neuer« Form und somit angepasst an die Erfordernisse der EG-CLP-VO und der GefStoffV 2010 zum Download bereit.

Bei den Handlungshilfen handelt es sich um standardisierte Beschreibungen verschiedener Tätigkeiten und empfohlener Schutzmaßnahmen. Werden Tätigkeiten nach diesen Standards ausgeführt, kann davon ausgegangen werden, dass die Schutzmaßnahmen ausreichend sind.

Zur Verfügung stehen:

- Ein Laborstandard für die Prüfung von Ausgangsstoffen.
- Ein Standard für Tätigkeiten mit brand- und explosionsgefährlichen Stoffen.
- Rezepturstandards für die typischen Tätigkeiten bei der Arzneimittelherstellung und beim Um- und Abfüllen von Stoffen und Zubereitungen/Gemischen.

Während für die Prüfung der Ausgangsstoffe und für Tätigkeiten mit brand- und explosionsgefährlichen Stoffen jeweils ein Standard ausreicht, sind bei der Rezeptur für die verschiedenen Darreichungsformen und die abgestuften Schutzmaßnahmen jeweils extra Standards erforderlich – die sogenannten »Rezepturstandards«.

Folgende Tätigkeiten in der Apothekenrezeptur werden von den Standards erfasst:
1. Herstellung einer halbfesten Zubereitung im geschlossenen System (Unguator®/Topitec®).
2. Herstellung einer halbfesten Zubereitung in der Fantaschale.
3. Herstellung einer Lösung/Suspension.
4. Herstellung von Augentropfen.
5. Herstellung pulvergefüllten Hartkapseln.
6. Herstellung abgeteilter Pulver.
7. Herstellung von Suppositorien.
8. Abfüllen fester Stoffe.
9. Abfüllen von Flüssigkeiten.
10. Umfüllen fester Stoffe.
11. Umfüllen von Flüssigkeiten.
12. Verreiben fester Stoffe.

In den Rezepturstandards nach dem »alten« System wurden die Tätigkeiten unter Nr. 1–7 in Abhängigkeit von der Einstufung der verwendeten Substanzen in die Schutzstufen 2, 3 oder 4 unterteilt. Die Tätigkeiten unter Nr. 8–12 fielen einheitlich unter Schutzstufe 4.

Dies hat sich mit dem »neuen« System etwas vereinfacht. Die Maßnahmen der ehemaligen Schutzstufen 2 und 3 wurden zu einem **Schutzmaßnahmenkomplex** zusammengefasst; lediglich die CMR-Stoffe der Kategorien 1 und 2, neu Muta./Karz./Repr. 1A und 1B (H340, H350, H360), werden aufgrund der höheren Anforderungen an die Schutzmaßnahmen jeweils gesondert bewertet. So gibt es zu jeder der 12 beschriebenen Tätigkeiten einen Standard für CMR-Stoffe und einen Standard für die übrigen Substanzen, wenn von ihnen eine dermale, inhalative oder eine Augengefährdung ausgeht.

In den Anhängen 5, 6 und 7 sind beispielhaft zwei Rezepturstandards für die Herstellung von halbfesten Zubereitungen sowohl im »alten« System (hier Schutzstufe 2 und 3) als auch im »neuen« System abgedruckt.

Es wird empfohlen, die kompletten Handlungshilfen der BAK einschließlich der dazugehörigen Erläuterungen downzuloaden (http://www.abda.de/arbeitsschutzmassnahmen.html).

14

14.3.4 Verantwortlichkeit für die Erstellung der Gefährdungsbeurteilung

Es ist Aufgabe des Arbeitgebers, vor der Aufnahme von Tätigkeiten, die zu Gefährdungen der Beschäftigten führen können, die Gefährdungsbeurteilungen zu erstellen. Am Ende setzt er diese mit Datum und Unterschrift für seinen Betrieb rechtswirksam in Kraft.

Der Apothekenleiter kann allerdings auch einen approbierten Mitarbeiter mit dieser Funktion beauftragen. Da die rechtlichen Verantwortlichkeiten in Sinne des Gefahrstoffrechts dann auf diesen Mitarbeiter übergehen, sollte dies im Rahmen einer sogenannten »**Pflichtenübertragung**« in schriftlicher Form geschehen. Ein Musterformular auf der Grundlage von § 9 Abs. 2 Satz 2 OWiG kann mit den Handlungshilfen der BAK von der Homepage der ABDA heruntergeladen werden und ist auch im Anhang 18 abgedruckt.

14.4 Betriebsanweisungen erstellen

14.4.1 Allgemeine Vorgaben nach der Gefahrstoffverordnung

Die Verpflichtung des Arbeitgebers zur Unterrichtung und Unterweisung der Beschäftigten ist im § 14 der GefStoffV beschrieben. Dazu hat der Arbeitgeber sicherzustellen, dass den Beschäftigten eine schriftliche Betriebsanweisung, die auf den Inhalten der Gefährdungsbeurteilungen basiert, in einer für die Beschäftigten verständlichen Form und Sprache zugänglich gemacht wird.

Die Betriebsanweisung muss mindestens enthalten:

- Informationen über die am Arbeitsplatz vorhandenen oder entstehenden Gefahrstoffe, wie beispielsweise die Bezeichnung der Gefahrstoffe, ihre Kennzeichnung sowie mögliche Gefährdungen der Gesundheit und der Sicherheit.
- Informationen über angemessene Vorsichtsmaßregeln und Maßnahmen, die die Beschäftigten zu ihrem eigenen Schutz und zum Schutz der anderen Beschäftigten am Arbeitsplatz durchzuführen haben. Dazu gehören insbesondere Hygienevorschriften, Informationen über Maßnahmen, die zur Verhütung einer Exposition zu ergreifen sind sowie Informationen zum Tragen und Verwenden von persönlicher Schutzausrüstung und Schutzkleidung,
- Informationen über Maßnahmen, die bei Betriebsstörungen, Unfällen und Notfällen und zur Verhütung dieser von den Beschäftigten durchzuführen sind.

Die Betriebsanweisung muss bei jeder maßgeblichen Veränderung der Arbeitsbedingungen aktualisiert werden. Der Arbeitgeber hat ferner sicherzustellen, dass die Beschäftigten Zugang haben zu allen Informationen über die Stoffe und Zubereitungen/Gemische, mit denen sie Tätigkeiten ausüben, insbesondere zu Sicherheitsdatenblättern, und dass sie über Methoden und Verfahren unterrichtet werden, die bei der Verwendung von Gefahrstoffen zum Schutz der Beschäftigten angewendet werden müssen.

Die Beschäftigten müssen anhand der Betriebsanweisungen regelmäßig über alle auftretenden Gefährdungen und entsprechende Schutzmaßnahmen mündlich unterwiesen werden. Teil dieser Unterweisung kann – sofern erforderlich – eine allgemeine arbeitsmedizinisch-toxikologische Beratung sein. Diese dient auch zur Information der Beschäftigten über die Voraussetzungen, unter denen sie Anspruch auf arbeitsmedizinische Vorsorgeuntersuchungen haben und über den Zweck dieser Vorsorgeuntersuchungen.

Die Unterweisung muss **vor Aufnahme der Beschäftigung** und danach **mindestens jährlich** arbeitsplatzbezogen durchgeführt werden. Sie muss in für die Beschäftigten verständlicher Form und Sprache erfolgen. **Inhalt** und **Zeitpunkt** der Unterweisung sind schriftlich festzuhalten und von den Unterwiesenen durch **Unterschrift** zu bestätigen.

14.4.2 Aufbau und Gliederung von Betriebsanweisungen

Betriebsanweisungen bestehen aus folgenden Teilen:
1. »Kopf« mit Namen des Gefahrstoffs bzw. der Stoffgruppe und Angabe des Arbeitsorts sowie ggf. der entsprechenden Tätigkeit.
2. Angaben zu den beim Umgang mit diesen Stoffen auftretenden Gefahren für Mensch und Umwelt.
3. Verhaltensregeln und Schutzmaßnahmen.
4. Anweisungen über das Verhalten im Gefahrenfall sowie Maßnahmen der Ersten Hilfe.

Obwohl vom Gesetzgeber nicht ausdrücklich gefordert, empfiehlt sich auch die Angabe einer kurzen Anweisung zur sachgerechten Entsorgung von Gefahrstoffresten, die im Arbeitsprozess entstehen.

Der Umfang einer Betriebsanweisung sollte überschaubar gehalten und der Informationsgehalt auf die praktisch relevanten Fakten beschränkt werden. Die Verständlichkeit und die schnelle und eindeutige Erfassbarkeit der Informationen stehen im Vordergrund; im Normalfall genügt dafür eine DIN-A4-Seite (▶ Kap. 18 und 19).

Gehen Mitarbeiter lediglich mit einzelnen wenigen Gefahrstoffen um, kann für jeden Stoff eine eigene Betriebsanweisung erstellt werden. In der Apotheke handelt es sich aber um eine Vielzahl verschiedener Gefahrstoffe, sodass es sich anbietet, Gruppenbetriebsanweisungen für Stoffe und Tätigkeiten zu erstellen, von denen ein vergleichbares Gefahrenpotenzial ausgeht und die demzufolge auch vergleichbare Schutzmaßnahmen und Erste-Hilfe-Maßnahmen zur Folge haben. Beispiele dafür sind der Umgang mit brennbaren Flüssigkeiten, ätzenden Stoffen, Steroidhormonen, Stoffen mit inhalativem Gefährdungspotential u. a. m.

Im Teil E dieses Buches sind Musterbetriebsanweisungen für apothekenrelevante Stoffgruppen aufgeführt.

14.4.3 Umsetzung in der Apotheke, Übergangsregelungen bis 01.06.2015

Es ist prinzipiell möglich, die einzelnen Betriebsanweisungen in der Apotheke selbst zu erstellen. Dazu ist es notwendig, aus den Sicherheitsdatenblättern der verwendeten Substanzen die relevanten Informationen zusammenzutragen.

Für die pharmazeutischen Tätigkeiten werden über die Fachverlage Lösungsvorschläge angeboten, deren Nutzung dringend empfohlen wird.

Die Pflicht zur Erstellung von Betriebsanweisungen war schon Bestandteil der Vorgängerversionen der Gefahrstoffverordnung, sodass in jeder Apotheke ein Exemplar, basierend auf den Vorgaben des »alten« Rechts, vorhanden sein sollte.

In der Umstellungsphase auf die Erfordernisse nach der EG-CLP-VO bis zum 01.06.2015 lässt der Gesetzgeber dem Arbeitgeber – ähnlich wie in den Kapiteln zur innerbetrieblichen Kennzeichnung, zum Gefahrstoffverzeichnis und zu den Gefährdungsbeurteilungen beschrieben – auch bei den Betriebsanweisungen einen gewissen Gestaltungsspielraum.

14

Da in der Übergangsphase Produkte mit alter und neuer Kennzeichnung eine Zeit lang parallel verwendet werden, kommen für die Gestaltung der Betriebsanweisungen formal mehrere Möglichkeiten in Frage (Quelle: BekGS 408):

1. Betriebsanweisungen mit alten und neuen Kennzeichnungselementen.
2. Betriebsanweisungen mit alten **oder** neuen Kennzeichnungselementen und einem Hinweis, dass abweichende Kennzeichnungen auf den Gebinden möglich sind.
3. Parallele Anwendung von zwei Betriebsanweisungen: Je eine Ausfertigung mit alten und neuen Kennzeichnungselementen.

Die Verwendung von Gruppenbetriebsanweisungen ist nach wie vor ausdrücklich erlaubt. Die Einstufungsgrundlagen nach den Stoff- und Zubereitungsrichtlinien (»altes« Recht) sind bis zum Ende der Übergangsfrist weiter nutzbar und decken sich mit den Vorgaben der TRGS 555 (»Betriebsanweisungen und Information der Beschäftigten«).

Für die Umstellung in der Apotheke erscheint Variante 2 am praktikabelsten. Solange noch die Stoffe und Zubereitungen/Gemische mit alter Kennzeichnung dominieren, sollten die alten Betriebsanweisungen (▶ Kap. 18) beibehalten, aber dabei unbedingt der Hinweis auf die ggf. abweichende Kennzeichnung auf einzelnen Gefäßen angebracht werden.

Nach der Umstellung der innerbetrieblichen Kennzeichnung auf die EG-CLP-VO **und** das Farbcode-System der BAK (▶ Kap. 11.2), sollten die Betriebsanweisungen auf die Gruppenbetriebsanweisungen der BAK umgestellt werden. Diese orientieren sich an den Farbcode-Kennzeichnungen der Gefäße und fassen damit gleichartige Gefährdungspotenziale (dermal, inhalativ, Augenschädigung, CMR-Stoffe, physikalisch-chemisch) zusammen.

Einige Muster dieser neuen Betriebsanweisungen sind in ▶ Kap. 20 abgedruckt; vollständig können sie unter http://www.abda.de/arbeitsschutzmassnahmen.html heruntergeladen werden.

Muster für Betriebsanweisungen nach neuem Recht, die unabhängig vom Farbcode-System der BAK sind und die generell verwendet werden können, finden sich in ▶ Kap. 19.

14.5 Unterweisung der Mitarbeiter

Gefährliche Arbeiten dürfen nur von Personen durchgeführt werden, denen die damit verbundenen Gefahren bekannt sind und die in der Lage sind, Schutzmaßnahmen einzuhalten.

Anhand der Betriebsanweisung muss vom Arbeitgeber eine **mündliche Unterweisung** der Mitarbeiter durchgeführt werden. Die Unterweisung hat vor Aufnahme der Beschäftigung und anschließend mindestens **einmal jährlich arbeitsplatzbezogen** zu erfolgen. Frauen im gebärfähigen Alter werden dabei zusätzlich über besondere Gefahren werdender und stillender Mütter unterrichtet. Im Rahmen dieser Unterweisung sollen die Mitarbeiter auf die Risiken hingewiesen werden, die durch Tätigkeiten mit Gefahrstoffen entstehen und dafür sensibilisiert werden, die angeordneten Schutzmaßnahmen zu beachten. Inhalt der Unterweisung soll auch der richtige Umgang, die Aufbewahrung und Pflege der persönlichen Schutzausrüstung sein. Die Früherkennung von gefahrstoffbedingten Problemen am Arbeitsplatz soll verbessert werden.

Inhalt und Zeitpunkt der Unterweisung sind schriftlich festzuhalten und von den Unterwiesenen durch Unterschrift zu bestätigen. Im Anhang 17 befindet sich ein Mustervordruck für dieses Formular.

Der Umfang der Unterweisung richtet sich nach der Vorbildung der Mitarbeiter. Da in Apotheken die meisten Arbeiten mit gefährlichen Stoffen vom pharmazeutischen Personal ausgeführt werden und dieses aufgrund seiner Ausbildung sachkundig ist und die Gefahren abschätzen kann, ist es zielführend, vor allem die Durchführung anstehender Arbeiten, bezogen auf die betrieblichen Verhältnisse zu besprechen, d. h., wie die geforderten Sicherheitsmaßnahmen am tatsächlichen Ort der Arbeit bestmöglich verwirklicht werden können. In die Unterweisung können auch praktische Übungen einbezogen werden, bei denen man Arbeitsschritte ggf. mit ungefährlichen Ersatzstoffen simuliert.

Unterweisungen von Personen, die sich in der Ausbildung befinden oder aus anderen Gründen nicht sachkundig sind (z. B. Reinigungspersonal), müssen selbstverständlich an deren Wissensstand anknüpfen und sind demzufolge ausführlicher.

Teil E enthält Hilfestellungen für die Durchführung der mündlichen Unterweisung.

Arbeitsmedizinische Vorsorgeuntersuchungen

Im Rahmen der Unterweisung sind den Mitarbeitern arbeitsmedizinische Vorsorgeuntersuchungen anzubieten. Dazu gehören Erstuntersuchungen vor Aufnahme der Tätigkeit, Nachuntersuchungen während der Tätigkeit und nach Beendigung. Dafür ist vom Arbeitgeber entweder ein Facharzt für Arbeitsmedizin oder ein Arzt mit der Zusatzbezeichnung »Betriebsarzt« zu beauftragen. Entsprechend der Ergebnisse dieser Untersuchungen legt der Apothekenleiter bei Bedarf zusätzliche Schutzmaßnahmen fest, die in die Gefährdungsbeurteilung aufgenommen werden (z. B. Frau Berta Bissig ist allergisch gegen Salicylate und darf Arbeiten mit diesen Stoffen nicht durchführen).

14

15 Schutzmaßnahmen bei Brand- und Explosionsgefahr

Brand- bzw. Explosionsgefahr geht in Apotheken in erster Linie von brennbaren Flüssigkeiten aus. Beim Umgang mit diesen treten oberhalb des Flammpunktes Dämpfe auf, die mit Luft explosive/entzündliche Gemische bilden (▶ Kap. 10.4). Diese Gemische sind schwerer als Luft und sinken zu Boden, wo sie unter Umständen nicht mehr (durch ihren Geruch) festgestellt werden.

15.1 Arbeitgeberpflichten

Der Arbeitgeber hat im Rahmen einer Gefährdungsbeurteilung festzustellen, in welchen Räumen Tätigkeiten mit brand- bzw. explosionsgefährlichen Stoffen durchgeführt werden und um welche Stoffe und Tätigkeiten es sich dabei handelt. Mithilfe der Sicherheitsdatenblätter werden die Gefahren ermittelt, die von den entsprechenden Stoffen ausgehen und technische sowie organisatorische Maßnahmen zur Unfallverhütung festgelegt.

Das Ergebnis ist zu dokumentieren. Es handelt sich um eine Gefährdungsbeurteilung, die gleichzeitig das geforderte Explosionsschutzdokument nach Betriebssicherheitsverordnung darstellt.

15.2 Umgang mit brennbaren Flüssigkeiten – Vorsichtsmaßnahmen

Bei Arbeiten mit brennbaren Flüssigkeiten sind folgende Regeln zu beachten:
1. **Verhinderung der Bildung explosionsfähiger Gemische.**
   Wenn möglich, sollen Stoffe eingesetzt werden, die keine derartigen Gemische bilden; ansonsten sind diese am Ort der Entstehung abzusaugen.
   Wenn dies nicht möglich ist:
2. Durch geeignete Schutzmaßnahmen (Ausschluss von Zündquellen) muss die **Entzündung dieser Gemische verhindert** werden.

Um- und Abfüllen brennbarer Flüssigkeiten

Um- bzw. Abfüllen brennbarer Flüssigkeiten in Vorratsräumen ist nicht gestattet. Deshalb werden Arbeiten, bei denen kleine Gefäße zum Einsatz kommen, im laufenden Laborabzug durchgeführt. Ab- oder Umfüllvorgänge mit großen Behältern, die sich nicht im Abzug erledigen lassen, erfolgen im gut belüfteten Labor, nachdem sichergestellt ist, dass sich keine offenen Flammen oder unkontrollierte Zündquellen im Raum befinden.

Der Aushang »Umgang mit brennbaren Flüssigkeiten« der BGW ist an Arbeitsplätzen, an denen mit brennbaren Flüssigkeiten gearbeitet wird, gut sichtbar anzubringen.

Zum Umfüllen verwendete leitfähige Trichter sind zu erden.

Aufbewahrung brennbarer Flüssigkeiten

Brennbare Flüssigkeiten dürfen nur in Vorrats- oder Lagerräumen aufbewahrt werden. An folgenden Orten ist die Aufbewahrung verboten:

- Durchgänge und Durchfahrten,
- Treppenräume und allgemein zugängliche Flure,
- Arbeitsräume (außer in Mengen, die für den laufenden Arbeitsprozess benötigt werden).

Abweichend davon können brennbare Flüssigkeiten auch in entsprechenden Sicherheitsschränken gelagert werden, die auch in Arbeitsräumen aufgestellt sein dürfen.

15.3 Explosionsschutzdokument

Die Betriebssicherheitsverordnung fordert vom Arbeitgeber die Erstellung eines »Explosionsschutzdokuments«, wenn seine Mitarbeiter mit brand- bzw. explosionsgefährlichen Stoffen umgehen. Aus diesem muss Folgendes hervorgehen:

- Die Explosionsgefährdungen wurden ermittelt und einer Bewertung unterzogen.
- Angemessene Vorkehrungen werden getroffen, um die Ziele des Explosionsschutzes zu erreichen.
- Welche Arbeitsbereiche wurden in Zonen eingeteilt?

Erläuterung zur Zoneneinteilung: Explosionsgefährdete Bereiche werden nach Häufigkeit und Dauer des Auftretens von gefährlicher explosionsfähiger Atmosphäre in Zonen unterteilt.

Zone 0 ist ein Bereich, in dem ständig bzw. häufig eine explosionsfähige Atmosphäre vorhanden ist.

Zone 1 ist ein Bereich, in dem sich bei Normalbetrieb gelegentlich eine explosionsfähige Atmosphäre bilden kann.

Zone 2 ist ein Bereich, in dem sich bei Normalbetrieb eine explosionsfähige Atmosphäre nicht oder nur kurzfristig bildet.

Gefährdungsbeurteilungen nach Gefahrstoffverordnung können als Explosionsschutzdokument verwendet werden, wenn sie die genannten Forderungen erfüllen.

Muster für Explosionsschutzdokumente, wie sie für Apotheken geeignet sind, sind auch Bestandteil der »BAK – Handlungshilfen« (abgedruckt in den Anhängen 12–15).

Hinsichtlich der Übergangsfristen bis 01.06.2015 gelten für Explosionsschutzdokumente die gleichen Bestimmungen wie für die übrigen Elemente der innerbetrieblichen Dokumentation. Die Umstellung auf die EG-CLP-VO sollte parallel mit dem Gefahrstoffverzeichnis und den Gefährdungsbeurteilungen erfolgen.

15

16 Beschäftigungsverbote

Werdende und stillende Mütter, Jugendliche und Frauen im gebärfähigen Alter sind besonders geschützte Personengruppen. Bezüglich Tätigkeiten mit Gefahrstoffen gelten Beschäftigungsbeschränkungen bzw. Beschäftigungsverbote gemäß Arbeitsschutzgesetz, Mutterschutzgesetz, Mutterschutzrichtlinienverordnung und Jugendarbeitsschutzgesetz.

◻ **Tab. 16.1** Beschäftigungsbeschränkungen und -verbote für Tätigkeiten und Gefahrstoffen

Gefahrstoffe	Schwangere Frauen	Stillende Mütter	Frauen im gebärfähigen Alter	Jugendliche
CMR_E-Stoffe	Vollständiges Verbot	Verbot bei Grenzwertüberschreitung	Verbot der Beschäftigung mit Blei- und Quecksilberalkylen bei Grenzwertüberschreitung	Verbot von Beschäftigungen, bei denen sie schädlichen Einwirkungen von Gefahrstoffen im Sinne des Chemikaliengesetzes ausgesetzt sind außer:
• CMR_F-Stoffe • Gifte • Gesundheitsschädliche oder in sonstiger Weise chronisch schädigende Stoffe	Verbot bei Grenzwertüberschreitung			• keine Grenzwertüberschreitung und • Tätigkeit ist zur Erreichung des Ausbildungsziles erforderlich und • Beaufsichtigung durch eine fachkundige Person
Sonstige Gefahrstoffe	Es existiert kein gesetzliches Verbot. Der Arbeitgeber hat im Rahmen der Gefährdungsbeurteilung zu entscheiden, ob eine Gefährdung besteht oder nicht			

Probleme

■ Beschränkungen und Verbote sind meist davon abhängig, ob ein »Grenzwert« überschritten wird. Grenzwerte sind für viele apothekenrelevante Stoffe allerdings nicht festgelegt. Es wird somit dem Arbeitgeber überlassen, im Rahmen der Gefährdungsbeurteilung zu entscheiden und zu dokumentieren, ob eine Gefährdung für die Mitarbeiter besteht oder nicht.

■ Schwangere Frauen dürfen laut Mutterschutzrichtlinienverordnung nicht mit CMR_E-Stoffen beschäftigt werden. Die Verordnung macht keine Angaben darüber, ob alle drei Kategorien (▶ Kap. 3.4.2 u. ▶ Kap. 4.3) davon betroffen sind oder ob die CMR-Verdachtsstoffe (Cat. 3) ausgenommen sind.

Der Verfasser interpretiert die Regelung so, dass Tätigkeiten mit allen R_E-Stoffen (Cat. 1, 2 und 3) für Schwangere verboten sind.

16

17 Herstellungs- und Verwendungsverbote

Es bestehen Herstellungs- und Verwendungsbeschränkungen für bestimmte Stoffe, Zubereitungen und Erzeugnisse nach § 16 der GefStoffV 2010.

Das Herstellen und Verwenden der folgenden Stoffe ist teilweise oder vollständig verboten:

1. Asbest
2. 2-Naphthylamin, 4-Aminobiphenyl, Benzidin, 4-Nitrobiphenyl
3. Arsen und seine Verbindungen
4. Benzol
5. Hexachlorcyclohexan (HCH)
6. Bleikarbonate, -sulfate
7. Quecksilber und seine Verbindungen
8. Zinnorganische Verbindungen
9. Di-μ-oxo-di-n-butyl-stanniohydroxyboran
10. Dekorationsgegenstände, die flüssige gefährliche Stoffe oder Zubereitungen enthalten
11. Aliphatische Chlorkohlenwasserstoffe
12. Pentachlorphenol und seine Verbindungen
13. Teeröle
14. Polychlorierte Biphenyle und Terphenyle sowie Monomethyltetrachlordiphenylmethan, Monomethyldichlordiphenylmethan und Monomethyldibromdiphenylmethan
15. Vinylchlorid
16. Starke Säure-Verfahren zur Herstellung von Isopropanol
17. Cadmium und seine Verbindungen
18. Kurzkettige Chlorparaffine (C_{10}-C_{13} Chlor)
19. Kühlschmierstoffe
20. DDT
21. Hexachlorethan
22. Biopersistente Fasern
23. Besonders gefährliche krebserzeugende Stoffe
24. Flammschutzmittel
25. Azofarbstoffe
26. Alkylphenole
27. Chromathaltiger Zement

Die Details zu den Verwendungsverboten für diese Stoffe finden sich im Anhang II zur GefStoffV 2010 und werden hier nur auszugsweise wiedergegeben, da sie für die Tätigkeit in der Apotheke keine Rolle spielen dürften.

Die Verwendungsverbote gelten nicht für Forschungs-, Analyse- und wissenschaftliche Lehrzwecke in den dafür erforderlichen Mengen.

Beispiel: Aliphatische Chlorkohlenwasserstoffe

- Tetrachlormethan,
- Trichlormethan (Chloroform),
- 1,1,2,2-Tetrachlorethan,
- 1,1,1,2-Tetrachlorethan,
- 1,1,2-Trichlorethan,
- 1,1,1-Trichlorethan,
- 1,1-Dichlorethylen,
- Pentachlorethan

dürfen in Reinform und Zubereitungen über 0,1 % nur in geschlossenen Anlagen verwendet werden.

Beispiel: Besonders gefährliche krebserzeugende Stoffe

- Cadmiumchlorid,
- N-Nitrosoverbindungen,
- Tetranitromethan,

u. a. dürfen nur in geschlossenen Anlagen verwendet werden.

Auf weitere Details zu den einzelnen Verboten bzw. eingeschränkten Verwendungsmöglichkeiten wird an dieser Stelle nicht eingegangen. Im Bedarfsfalle kann im Anhang II zur Gefahrstoffverordnung nachgelesen werden.

Teil E
Musterbetriebsanweisungen Unterweisung der Mitarbeiter

18 Musterbetriebsanweisungen »alt«

Die Pflicht zur Erstellung von Betriebsanweisungen war schon Bestandteil der Vorgänger-versionen der Gefahrstoffverordnung, sodass in jeder Apotheke ein Exemplar, basierend auf den Vorgaben des »alten« Rechts, vorhanden sein sollte (▶ Kap. 14.4.3).

Auf den nachfolgenden Seiten sind Musterbetriebsanweisungen nach altem Recht aufge-führt. Quelle: Kaufmann D. Betriebsanweisungen gemäß § 14 Gefahrstoffverordnung. Deutscher Apotheker Verlag Stuttgart 2005.

18.1 Betriebsanweisung Steroidhormone

Betriebsanweisung nach § 14 Gefahrstoffverordnung
für den Umgang mit

Steroidhormonen

Arbeitsplatz/Tätigkeit:
Labor – Prüfung von Arzneistoffen – Herstellung von Rezepturarzneimitteln

Gefahren für Mensch und Umwelt

Giftig

Steroidhormone wie Glukokortikoide (z. B. Betamethason, Dexamethason, Clobetasol, Hydrocortison, Prednison, Triamcinolon u. a.) sowie Androgene (z. B. Testosteron) sind in der Lage, die männliche Fortpflanzungsfähigkeit zu beeinträchtigen bzw. das Kind im Mutterleib zu schädigen.
Außerdem besteht die Gefahr einer Gesundheitsgefährdung durch Einatmen der Stäube bzw. durch versehentliches Verschlucken sowie Reizwirkung auf die Haut.

Schutzmaßnahmen

- Jeglichen Kontakt mit der Haut und den Augen vermeiden: Schutzhandschuhe aus Gummi oder PVC und Schutzbrille mit seitlichem Augenschutz tragen.
- Staub und Dämpfe nicht einatmen. Staubschutzmaske mit Filter FFP 2 tragen! Alle Arbeiten, bei denen Stäube freigesetzt werden, sind im laufenden Abzug mit weitgehend geschlossenem Frontschieber durchzuführen. Wägearbeiten, die nicht im Abzug vorgenommen werden können, sind in der Analysenwaage bei weitgehend geschlossenen Schiebern durchzuführen.
- Fenster schließen, um starke Luftbewegungen zu vermeiden.
- Hände nach Abschluss der Arbeiten sorgfältig mit Wasser und Seife reinigen.
- Für häufigeres Arbeiten mit diesen Stoffen empfiehlt sich, wenn möglich, die Herstellung und Verwendung von Stammverreibungen, um die Staubentwicklung zu verringern.
- Arbeitsplatz während des Herstellungsvorganges nicht verlassen, um unnötige Staubaufwirbelung zu vermeiden.

Verhalten im Gefahrfall – Erste Hilfe

- Bei unbeabsichtigter Freisetzung Substanzkontakt vermeiden.
- Substanz trocken aufnehmen und dem Sondermüll zuführen. Schutzhandschuhe aus Gummi oder PVC und Staubschutzmaske Filter FFP 2 tragen.

Nach Hautkontakt: Mit reichlich Wasser spülen und Haut anschließend mit Seife waschen.
Nach Einatmen: Gefahrenbereich verlassen. Frischluft zuführen (ans offene Fenster gehen und mehrmals tief durchatmen).
Nach Augenkontakt: Zehn Minuten mit geöffnetem Lidspalt unter fließendem Wasser spülen.

Sachgerechte Entsorgung

Giftstoffe sind Sondermüll. Bis zur Entsorgung in einem als Giftmüllbehälter mit Totenkopfsymbol gekennzeichneten und verschlossenen Behälter aufbewahren.

©Kaufmann D. Betriebsanweisungen, Deutscher Apotheker Verlag, Stuttgart 2005

18

18.2 Betriebsanweisung Gifte

Betriebsanweisung nach § 14 Gefahrstoffverordnung
für den Umgang mit

Giftstoffen

Arbeitsplatz/Tätigkeit:
Labor − Prüfung von Arzneistoffen − Herstellung von Rezepturarzneimitteln

Gefahren für Mensch und Umwelt

Giftig

Es handelt sich um eine Gruppenbetriebsanweisung für Giftstoffe. Details zu den jeweils verwendeten Substanzen sind den R−Sätzen und den Sicherheitsdatenblättern zu entnehmen.
Vergiftungsgefahr durch **Verschlucken, Einatmen** oder **Hautkontakt** möglich. Je nach Art des Gefahrstoffes kann es sich um chronische oder akute Vergiftungsgefahr handeln. Besondere Gefahren gehen von den krebserzeugenden, fortpflanzungsgefährlichen und mutagenen Stoffen (CMR-Stoffen) aus. **Bei Stoffen, die als »sehr giftig« gekennzeichnet sind, besteht möglicherweise Lebensgefahr bei Aufnahme kleiner Mengen.**
Vergiftungssymptome können sein: Übelkeit, Kopfschmerzen, Leibschmerzen, Schwindel, Schweißausbrüche, Kreislaufstörungen, Krämpfe, Koma etc.
Giftstoffe sind häufig umwelt- und wassergefährdend.

Schutzmaßnahmen

- Jeglichen Kontakt mit der Haut und den Augen vermeiden: Schutzhandschuhe und Schutzbrille mit seitlichem Augenschutz tragen. Der Handschuhtyp ist dem Sicherheitsdatenblatt zu entnehmen.
- Staub und Dämpfe nicht einatmen: Arbeiten, bei denen giftige Stäube und Dämpfe entstehen, sind im laufenden Abzug mit weitgehend geschlossenem Frontschieber durchzuführen.
- Für Arbeiten mit staubenden Substanzen Staubschutzfilter tragen. Der Filtertyp ist dem Sicherheitsdatenblatt zu entnehmen.

Verhalten im Gefahrfall − Erste Hilfe

- Bei unbeabsichtigter Freisetzung Substanzkontakt vermeiden.
- Zum Aufnehmen verschütteter Substanz Schutzhandschuhe und ggf. Staubschutzmaske tragen.

Nach Hautkontakt: Mit reichlich Wasser spülen und Haut anschließend mit Seife waschen.
Nach Einatmen: Betroffenen aus dem Gefahrenbereich bringen. Frischluft zuführen (ans offene Fenster gehen und mehrmals tief durchatmen).
Nach Augenkontakt: Zehn Minuten mit geöffnetem Lidspalt unter fließendem Wasser spülen.

Sachgerechte Entsorgung

Giftstoffe sind Sondermüll. Bis zur Entsorgung in einem als Giftmüllbehälter mit Totenkopfsymbol gekennzeichneten und verschlossenen Behälter aufbewahren.

©Kaufmann D. Betriebsanweisungen, Deutscher Apotheker Verlag, Stuttgart 2005

18.3 Betriebsanweisung Gesundheitsschädliche Stoffe

Betriebsanweisung nach § 14 Gefahrstoffverordnung
für den Umgang mit

Gesundheitsschädlichen Stoffen

Arbeitsplatz/Tätigkeit: Labor – Prüfung von Arzneistoffen –
Herstellung von Rezepturarzneimitteln – Umfüllen von Lösemitteln

Gefahren für Mensch und Umwelt

Reizend

Es handelt sich um eine Gruppenbetriebsanweisung für gesundheitsschädliche Stoffe. Details zu den jeweils verwendeten Substanzen sind den R–Sätzen und den Sicherheitsdatenblättern zu entnehmen.
Gesundheitsgefahr durch **Verschlucken, Einatmen** oder **Hautkontakt** möglich. Je nach Art des Gefahrstoffes können chronische oder akute Gesundheitsschäden verursacht bzw. bei Kontakt Überempfindlichkeitsreaktionen hervorgerufen werden.
Manche Stoffe stehen im Verdacht, krebserzeugende Wirkung zu besitzen. Bei manchen Stoffen besteht die Gefahr der Umwelt- oder Wassergefährdung.

Schutzmaßnahmen

- Jeglichen Kontakt mit der Haut und den Augen vermeiden: Ggf. Schutzhandschuhe und Schutzbrille mit seitlichem Augenschutz tragen.
- Staub und Dämpfe nicht einatmen: Arbeiten, bei denen gesundheitsschädliche Stäube und Dämpfe entstehen, sind im laufenden Abzug mit weitgehend geschlossenem Frontschieber durchzuführen.
- Für Arbeiten mit staubenden Substanzen Staubschutzfilter tragen. Der Filtertyp ist dem Sicherheitsdatenblatt zu entnehmen. Im Abzug arbeiten.

Verhalten im Gefahrfall – Erste Hilfe

- Bei unbeabsichtigter Freisetzung Substanzkontakt vermeiden.
- Zum Aufnehmen verschütteter Substanz Schutzhandschuhe und bei Staubbildung Staubschutzmaske tragen.

Nach Hautkontakt: Mit reichlich Wasser spülen und Haut anschließend mit Seife waschen.
Nach Einatmen: Betroffenen aus dem Gefahrenbereich bringen. Frischluft zuführen (ans offene Fenster gehen und mehrmals tief durchatmen).
Nach Augenkontakt: Zehn Minuten mit geöffnetem Lidspalt unter fließendem Wasser spülen.
Nach Verschlucken: Gemäß Angaben im Sicherheitsdatenblatt vorgehen. Medizinische Kohle als Aufschlämmung in Wasser verabreichen (2–3 Esslöffel), dazu ca. 20 g Glaubersalz auflösen. Mund gut ausspülen.

Sachgerechte Entsorgung

Gefahrstoffe sind Sondermüll. Bis zur Entsorgung in einem gekennzeichneten und verschlossenen Behälter aufbewahren.

18

18.4　Betriebsanweisung Ätzende Stoffe

Betriebsanweisung nach § 14 Gefahrstoffverordnung
für den Umgang mit

Ätzenden Stoffen

Arbeitsplatz/Tätigkeit: Labor – Verschiedene

Gefahren für Mensch und Umwelt

Ätzend

Es handelt sich um eine Gruppenbetriebsanweisung für ätzende Stoffe. Details zu den jeweils verwendeten Substanzen sind den Sicherheitsdaten-blättern und den R-Sätzen zu entnehmen.
Betroffene Stoffe sind v. a. konzentrierte Säuren und Laugen. Verätzungsgefahr durch Haut- bzw. Schleimhautkontakt, Verschlucken oder Einatmen von Dämpfen. Je nach Aggressivität, Konzentration und Einwirk-dauer kommt es zu Gewebereizungen bis zur Gewebezerstörung. Besonders gefährdet sind die Augen; Verätzung kann durch Narbenbildung bleiben-de Sehstörungen zur Folge haben. Erblindung nach Hornhautverätzung möglich. Eingeatmete Dämpfe reizen bzw. verätzen die Atemwege. Die Folge können sein: Schleimhautschädigungen und Krämpfe der Bronchialmusku-latur, Lungenreizung, -verätzung. Ätzende Stoffe können auch umwelt- und wassergefährdend sein.

Schutzmaßnahmen

- Berührung mit den Augen und der Haut auf jeden Fall vermeiden! Grund-sätzlich Schutzbrille tragen; beim Arbeiten mit konzentrierten Säuren und Laugen Schutzhandschuhe anziehen. Handschuhe aus Naturkautschuk oder PVC sind säure- und laugenbeständig.
- Eventuelle Hautbenetzungen, die anfangs möglicherweise nicht schmerz-haft sind, sofort mit reichlich Wasser entfernen.
- Entweichende Dämpfe flüchtiger Stoffe nicht einatmen; im laufenden Abzug arbeiten.
- Ätzende Stoffe, vor allem Flüssigkeiten, niemals über Augenhöhe aufbe-wahren.

Verhalten im Gefahrfall – Erste Hilfe

- Bei unbeabsichtigter Freisetzung Substanzkontakt vermeiden.
- Verschüttete Flüssigkeit mit reichlich Wasser verdünnen und mit Papier oder Stofflap-pen aufnehmen. Schutzhandschuhe und Schutzbrille tragen. Verschüttete Trockensub-stanz trocken aufnehmen.

Nach Hautkontakt: Mit reichlich Wasser spülen und verdünnen.
Nach Einatmen: Betroffenen aus dem Gefahrenbereich bringen und Frisch-luft zuführen (am offenen Fenster mehrmals tief durchatmen lassen).
Nach Augenkontakt: Zehn Minuten mit geöffnetem Lidspalt unter fließen-dem Wasser spülen. Anschließend Augenarzt aufsuchen.
Nach Verschlucken: Schluckweise reichlich Wasser trinken lassen (Verdün-nungseffekt). Kein Erbrechen auslösen.
Ärztliche Hilfe in Anspruch nehmen.

Sachgerechte Entsorgung

Gefahrstoffe sind Sondermüll. Bis zur Entsorgung in einem gekennzeichneten und verschlossenen Behälter aufbewahren.

18.5 Betriebsanweisung Reizende Stoffe

Betriebsanweisung nach § 14 Gefahrstoffverordnung
für den Umgang mit

Reizenden Stoffen

Arbeitsplatz/Tätigkeit: Labor – Prüfung von Arzneistoffen –
Herstellung von Rezepturarzneimitteln – Umfüllen von Lösemitteln

Gefahren für Mensch und Umwelt

Reizend

Es handelt sich um eine Gruppenbetriebsanweisung für reizende Stoffe. Details zu den jeweils verwendeten Substanzen sind den R–Sätzen und den Sicherheitsdatenblättern zu entnehmen.
Stoffe mit Reizwirkung auf Haut bzw. Schleimhäute.
Gefahr durch Haut- bzw. Schleimhautkontakt, Verschlucken oder Einatmen von Dämpfen. Besonders gefährdet sind die Augen; Augenkontakt kann Brennen und Tränen verursachen.
Eingeatmete Dämpfe reizen die Atemwege. Die Folge können sein: Husten und Krämpfe der Bronchialmuskulatur, Lungenreizung.
Manche Stoffe führen zur Sensibilisierung bei Haut-, Schleimhaut- oder Augenkontakt.

Schutzmaßnahmen

- Jeglichen Kontakt mit der Haut und den Augen vermeiden: Ggf. Schutzhandschuhe und Schutzbrille mit seitlichem Augenschutz tragen.
- Staub und Dämpfe nicht einatmen: Arbeiten, bei denen reizende Stäube und Dämpfe entstehen, sind im laufenden Abzug mit weitgehend geschlossenem Frontschieber durchzuführen.
- Für Arbeiten mit staubenden Substanzen Staubschutzfilter tragen. Der Filtertyp ist dem Sicherheitsdatenblatt zu entnehmen.

Verhalten im Gefahrfall – Erste Hilfe

- Bei unbeabsichtigter Freisetzung Substanzkontakt vermeiden.
- Zum Aufnehmen verschütteter Substanz Schutzhandschuhe und ggf. Staubschutzmaske tragen.

Nach Hautkontakt: Mit reichlich Wasser spülen und Haut anschließend mit Seife waschen.
Nach Einatmen: Betroffenen aus dem Gefahrenbereich bringen. Frischluft zuführen (ans offene Fenster gehen und mehrmals tief durchatmen).
Nach Augenkontakt: Zehn Minuten mit geöffnetem Lidspalt unter fließendem Wasser spülen.
Nach Verschlucken: Gemäß Angaben im Sicherheitsdatenblatt vorgehen. Medizinische Kohle als Aufschlämmung in Wasser verabreichen (2–3 Esslöffel), dazu ca. 20 g Glaubersalz auflösen. Mund gut ausspülen.

Sachgerechte Entsorgung

Gefahrstoffe sind Sondermüll. Bis zur Entsorgung in einem gekennzeichneten und verschlossenen Behälter aufbewahren.

18

18.6 Betriebsanweisung Brennbare Flüssigkeiten

Betriebsanweisung nach § 14 Gefahrstoffverordnung
für den Umgang mit

Brennbaren Flüssigkeiten

Arbeitsplatz/Tätigkeit: Labor – Prüfung von Arzneistoffen –
Herstellung von Rezepturarzneimitteln – Umfüllen von Lösemitteln

Gefahren für Mensch und Umwelt

Hochentzündlich

Brennbare Flüssigkeiten setzen Dämpfe frei, die mit Luft entzündliche bzw. explosionsfähige Gemische bilden.

Die Dämpfe sind oftmals schwerer als Luft, sinken zu Boden und verraten sich dann nicht durch ihren Geruch.

Durch Reibung – z. B. beim Umfüllen mittels Trichter – können elektrostatische Aufladungen entstehen: Entzündungsgefahr.

Manche Stoffe, wie z. B. Diethylether, sind in der Lage, explosionsfähige Peroxide zu bilden.

Brennbare Flüssigkeiten sind oftmals auch gesundheitsschädlich oder giftig. Eingeatmete Dämpfe verursachen Schwindel und Benommenheit. Gefahr chronischer Schädigung. Näheres zur toxischen Wirkung ist dem Sicherheitsdatenblatt zu entnehmen. Dazu ist auch die entsprechende Betriebsanweisung zu beachten. Viele Flüssigkeiten sind umwelt- und wasserbelastend.

Schutzmaßnahmen

- Arbeiten incl. Umfüllen und Abfüllen immer im laufenden Abzug oder, wenn möglich, im Freien durchführen; Dämpfe nicht einatmen.
- Ist ein Arbeiten im Abzug nicht möglich, alle Tätigkeiten im gut belüfteten Labor durchführen, in dem sich keine (auch versteckte) Zündquelle befindet.

- Von Zündquellen fernhalten, nicht rauchen, keine offenen Flammen im selben Raum.
- Funken vermeiden.
- Raum gut belüften.
- Berührung mit Augen und Haut vermeiden.

Geeignete Löschmethode dem Sicherheitsdatenblatt entnehmen, da brennbare Flüssigkeiten oftmals nicht mit Wasser gelöscht werden dürfen.

Verhalten im Gefahrfall – Erste Hilfe

- Bei unbeabsichtigter Freisetzung Substanzkontakt vermeiden.
- Zum Aufnehmen verschütteter Substanz Schutzhandschuhe und Schutzbrille tragen.

Tischbrände: Mit einer Löschdecke ersticken oder Handfeuerlöscher verwenden.

Zimmerbrand: Fenster schließen. Sofort Feuerwehr benachrichtigen.

Hautbenetzung: Mit viel Wasser abwaschen.

Nach Einatmen: Für Frischluftzufuhr sorgen.

Sachgerechte Entsorgung

Gefahrstoffe sind Sondermüll. Bis zur Entsorgung in einem gekennzeichneten und verschlossenen Behälter aufbewahren.

©Kaufmann D. Betriebsanweisungen, Deutscher Apotheker Verlag, Stuttgart 2005

18.7 Betriebsanweisung Zytostatika

**Betriebsanweisung nach § 14 Gefahrstoffverordnung
für den Umgang mit**

Zytostatika

Arbeitsplatz/Tätigkeit:
Zytostatikaraum – Herstellung von applikationsfertigen Lösungen

Gefahren für Mensch und Umwelt

Giftig

Zytostatika besitzen krebserzeugende, erbgutschädigende und/oder fort-pflanzungsgefährdende Eigenschaften. Besonders gefährdet sind Knochen-mark, Darmschleimhaut, Haarzellen, Keimdrüsen und das Immunsystem. Haut- oder Schleimhautkontakt kann zu Reizungen, Brennen und Juckreiz führen. Umwelt- und wassergefährdend.

Schutzmaßnahmen

- Jeglicher Kontakt mit der Haut, Schleimhaut und Augen sowie Inhalation von Aerosolen oder Stäuben ist zu vermeiden.
- Die Zubereitung darf ausschließlich in einer Sicherheitswerkbank erfolgen. Ein Versprühen zytostatikahaltiger Lösung oder das Aufwirbeln von Staub ist zu vermeiden.
- 2 Paar Schutzhandschuhe aus ....(s. Sicherheitsdatenblatt) übereinander tragen. Handschuhe halbstündlich wechseln.
- Hochgeschlossenen Schutzanzug anziehen.
- Hände nach Abschluss der Arbeiten sorgfältig mit Wasser und Seife reinigen.
- Arbeitsplatz während des Herstellungsvorganges nicht verlassen, um unnötige Staubaufwirbelung zu vermeiden.
- Im Arbeitsbereich nicht essen, trinken oder rauchen.

Verhalten im Gefahrfall – Erste Hilfe

Zur Entsorgung verschütteter Zytostatika bereitliegendes »Notfall-Set« verwenden. Atemschutzmaske FFP2 und Schutzbrille tragen. Aufwirbeln von Pulver vermeiden. Verschüttete Flüssigkeit mit trockenen Papiertüchern aufnehmen. Flächen anschließend mit Wasser und Putzmittel gründlich reinigen.

Nach Hautkontakt: Mit reichlich Wasser spülen und Haut anschließend mit Seife waschen.
Nach Einatmen: Gefahrenbereich verlassen. Frischluft zuführen (ans offene Fenster gehen und mehrmals tief durchatmen).
Nach Augenkontakt: Zehn Minuten mit geöffnetem Lidspalt unter fließen-dem Wasser spülen.
Anschließend Arzt aufsuchen!

Sachgerechte Entsorgung

Stark verunreinigte Abfälle werden am Ort der Entstehung eingeschweißt und anschlie-ßend dem Sondermüll zugeführt.

Näheres s. Dienstanweisung Zytostatika

18

19 Musterbetriebsanweisungen »neu«

Auf den folgenden Seite sind zwei Musterbetriebsanweisungen nach neuem Recht aufgeführt, die unabhängig vom Farbcode-System der BAK sind und generell verwendet werden können (▶ Kap. 14.4.3).

Quelle: Kaufmann D, Schulz A. GHS–Betriebsanweisungen gemäß §14 Gefahrstoffverordnung. 2. Aufl., Deutscher Apotheker Verlag 2011.
In diesem Werk finden sich auch alle weiteren Musterbetriebsanweisungen nach neuem Recht für den Apothekenbetrieb.

19.1 Betriebsanweisung Steroidhormone

Betriebsanweisung nach § 14 Gefahrstoffverordnung für den Umgang mit

Steroidhormonen

Arbeitsplatz/Tätigkeit: Labor, Rezeptur – Prüfung von Ausgangsstoffen, Herstellung von Rezepturarzneimitteln

Gefahren für Mensch und Umwelt

Es handelt sich um eine Gruppenbetriebsanweisung für Steroidhormone. Details zu den jeweils verwendeten Substanzen sind den H-Sätzen und den Sicherheitsdatenblättern zu entnehmen.

GHS08
Gesundheitsgefahr

Signalwort:
Gefahr
oder
Achtung

Steroidhormone, wie Glucocorticoide (z. B. Betamethason, Dexamethason, Clobetasol, Hydrocortison, Prednison, Prednisolon, Triamcinolon u. a.), Androgene (z. B. Testosteron), Estrogene, Gestagene, sind in der Lage, die Fruchtbarkeit zu beeinträchtigen oder das Kind im Mutterleib zu schädigen. Sie können organschädigend bei einmaliger oder wiederholter Exposition sowie erbgutschädigend und krebserzeugend wirken.

Es besteht die Gefahr einer Gesundheitsgefährdung durch Einatmen der Stäube bzw. durch versehentliches Verschlucken sowie Reizwirkung auf die Haut.

Es besteht ein Expositionsverbot für werdende Mütter!

Schutzmaßnahmen

- Jeglichen Kontakt mit der Haut und den Augen vermeiden: Schutzhandschuhe aus Gummi oder PVC und Schutzbrille mit seitlichem Augenschutz tragen.
- Staub und Dämpfe nicht einatmen. Staubschutzmaske mit Filter P2 tragen! Alle Arbeiten, bei denen Stäube freigesetzt werden, sind im laufenden Abzug durchzuführen. Wägearbeiten, die nicht im Abzug vorgenommen werden können, sind in der Analysenwaage bei weitgehend geschlossenen Schiebern durchzuführen.
- Fenster schließen, um starke Luftbewegungen zu vermeiden.
- Hände nach Abschluss der Arbeiten sorgfältig mit Wasser und Seife reinigen.
- Für häufigeres Arbeiten mit diesen Stoffen empfiehlt sich, wenn möglich, die Herstellung und Verwendung von Stammverreibungen, um die Staubentwicklung zu verringern.
- Arbeitsplatz während des Herstellungsvorganges nicht verlassen, um unnötige Stauaufwirbelung zu vermeiden.

Verhalten im Gefahrfall – Erste Hilfe

- Bei unbeabsichtigter Freisetzung Substanzkontakt vermeiden.
- Substanz trocken aufnehmen und dem Sondermüll zuführen. Schutzhandschuhe aus Gummi oder PVC und Staubschutzmaske Filter P2 tragen.

Nach Hautkontakt:	Mit reichlich Wasser spülen und Haut anschließend mit Seife waschen.
Nach Einatmen:	Gefahrenbereich verlassen. Frischluft zuführen. Arzt hinzuziehen.
Nach Augenkontakt:	Mehrere Minuten mit geöffnetem Lidspalt unter fließendem Wasser spülen.
Nach Verschlucken:	Mund ausspülen. Medizinische Kohle als Aufschlämmung in Wasser verabreichen (2–3 Esslöffel). Wenn vorhanden, zusätzlich ca. 20 g Natriumsulfat-Dekahydrat (Glaubersalz) in einem Glas Wasser gelöst geben. Sofort Arzt hinzuziehen.

Sachgerechte Entsorgung

Steroidhormone gehören zum Sondermüll. Bis zur Entsorgung in einem mit dem Piktogramm Gesundheitsgefahr gekennzeichneten und verschlossenen Behälter aufbewahren.

©Kaufmann/Schulz, GHS-Betriebsanweisungen, Deutscher Apotheker Verlag, Stuttgart 2011

19

19.2 Betriebsanweisung Zytostatika

Betriebsanweisung nach § 14 Gefahrstoffverordnung für den Umgang mit

Zytostatika

Arbeitsplatz/Tätigkeit: Zytostatikalabor/ Herstellung von applikationsfertigen Lösungen

Gefahren für Mensch und Umwelt

Es handelt sich um eine Gruppenbetriebsanweisung für Stoffe und Gemische mit zytostatischer Wirkung. Details zu den jeweils verwendeten Substanzen sind den H-Sätzen und den Sicherheitsdatenblättern zu entnehmen.

**GHS08
Gesundheitsgefahr**

**Signalwort:
Gefahr
oder
Achtung**

Zytostatika besitzen krebserzeugende, erbgutschädigende und/oder fortpflanzungsgefährdende Eigenschaften. Besonders gefährdet sind Knochenmark, Darmschleimhaut, Haarzellen, Keimdrüsen und das Immunsystem. Haut- oder Schleimhautkontakt kann zu Reizungen, Brennen und Juckreiz führen.

Zytostatika sind umwelt- und wassergefährdend.
Es besteht ein Expositionsverbot für werdende Mütter!

Schutzmaßnahmen

- Jeglicher Kontakt mit Haut, Schleimhaut und Augen sowie Inhalation von Aerosolen oder Stäuben ist zu vermeiden.
- Die Zubereitung darf ausschließlich in einer zugelassenen Sicherheitswerkbank erfolgen. Ein Versprühen zytostatikahaltiger Lösung oder das Aufwirbeln von Staub ist zu vermeiden.
- 2 Paar Schutzhandschuhe aus … (s. Sicherheitsdatenblatt) übereinander tragen. Handschuhe halbstündlich wechseln.
- Vorne hochgeschlossene flüssigkeitsdichte Schutzkittel mit langen eng anliegenden Armbündchen und Schutzhandschuhe, die über die Bündchen des Kittels gehen, tragen. Schutzkittel täglich wechseln.
- Für den Produktschutz Atemschutzmaske und Häubchen tragen.
- Arbeitsplatz während des Herstellungsvorganges nicht verlassen, um unnötige Staubaufwirbelung zu vermeiden.
- Hände nach Abschluss der Arbeiten sorgfältig mit Wasser und Seife reinigen.
- Im Arbeitsbereich nicht essen, trinken oder rauchen.

Verhalten im Gefahrfall – Erste Hilfe

Zur Entsorgung verschütteter Zytostatika das bereitliegende „Notfall-Set" verwenden. Atemschutzmaske P2 und Schutzbrille tragen. Aufwirbeln von Pulver vermeiden. Verschüttete Flüssigkeit mit trockenen Papiertüchern aufnehmen. Flächen anschließend mit Wasser und Putzmittel gründlich reinigen.

Nach Hautkontakt: Mit reichlich Wasser spülen und Haut anschließend mit Seife waschen.

Nach Einatmen: Gefahrenbereich verlassen. Frischluft zuführen. Arzt hinzuziehen.

Nach Augenkontakt: Zehn Minuten mit geöffnetem Lidspalt unter fließendem Wasser spülen.

Nach Verschlucken: Mund ausspülen. Medizinische Kohle als Aufschlämmung in Wasser verabreichen (2–3 Esslöffel). Wenn vorhanden, zusätzlich ca. 20 g Natriumsulfat-Dekahydrat (Glaubersalz) in einem Glas Wasser gelöst geben. Sofort Arzt hinzuziehen.

Sachgerechte Entsorgung

Stark verunreinigte Abfälle werden am Ort der Entstehung eingeschweißt, als Zytostatikaabfall gekennzeichnet und anschließend dem Sondermüll zugeführt.

Näheres s. Dienstanweisung Zytostatika

20 Musterbetriebsanweisungen bei Nutzung des neuen Farbkonzepts der Bundesapothekerkammer

Hinweis: Alle diese Betriebsanweisungen sind nur dann geeignet, wenn die Standgefäße nach dem Farbkonzept der BAK gekennzeichnet sind.

20.1 Herstellung von Rezepturarzneimitteln – Farbcode gelb

Betriebsanweisung gem. §14 GefStoffV Nr.: *01*	Arbeitsplatz/Bereich: *Rezeptur*
Tätigkeit: *Herstellung von Rezepturarznei-mitteln*	Datum: *04.05.2010*

Gefahrstoff/Gefahrstoffgruppe

Es handelt sich um eine Gruppenbetriebsanweisung für Tätigkeiten in der Rezeptur mit Stoffen/Gemischen, die **für die Haut gefährlich** sind. Dazu gehören Gefahrstoffe, die mit einem oder mehreren der folgenden H-Sätze bzw. nach dem Farbkonzept mit einem gelben Punkt gekennzeichnet sind:

 H310 H311 H312 H314 H315 H317 H341 H351 H361 H370 H371 H372 H373 EUH066

Gefahren für Mensch und Umwelt

Stoffe/Gemische, die mit einem der folgenden H-Sätze gekennzeichnet sind, können die Haut/Schleimhaut reizen, verätzen oder auch über die Haut/Schleimhaut in den Körper aufgenommen werden und ggf. innere Organe schädigen oder zu Vergiftungen führen.

20

H310	Lebensgefahr bei Hautkontakt.	H351	Kann vermutlich Krebs erzeugen (durch Hautkontakt).
H311	Giftig bei Hautkontakt.	H361	Kann vermutlich die Fruchtbarkeit beeinträchtigen oder das Kind im Mutterleib schädigen (durch Hautkontakt).
H312	Gesundheitsschädlich bei Hautkontakt.		
H314	Verursacht schwere Verätzung der Haut und schwere Augenschäden.	H370	Schädigt die Organe (durch Hautkontakt).
H315	Verursacht Hautreizungen.	H371	Kann die Organe schädigen (durch Hautkontakt).
H317	Kann allergische Hautreaktionen verursachen.	H372	Schädigt die Organe bei längerer oder wiederholter Exposition (durch Hautkontakt).
H341	Kann vermutlich genetische Defekte verursachen (durch Hautkontakt).	H373	Kann die Organe schädigen bei längerer oder wiederholter Exposition (durch Hautkontakt).
		EU EUH066	Wiederholter Kontakt kann zu spröder oder rissiger Haut führen.

Schutzmaßnahmen und Verhaltensregeln

- Jeglicher Kontakt mit der Haut, Schleimhaut und den Augen ist zu vermeiden
- Geschlossenen Schutzkittel tragen
- Geeignete Schutzhandschuhe tragen; der Handschuhtyp ist dem Sicherheitsdatenblatt, Kapitel 8, zu entnehmen
- Folgende Tätigkeiten unter dem Laborabzug durchführen, dabei Frontschieber soweit wie mgl. geschlossen:
  - Herstellung pulvergefüllter Hartkapseln und abgeteilter Pulver (Abzug ausgeschaltet, solange Pulver verwirbeln kann)
  - Abfüllen/Umfüllen fester Stoffe und Flüssigkeiten (wenn nicht abgewogen werden muss)
  - Verreiben fester Stoffe
- Spritzer auf der Haut sofort mit reichlich Wasser entfernen
- Mit Chemikalien verschmutzte, benetzte und durchtränkte Kleidung sofort auszuziehen und wechseln

Beschäftigungsbeschränkung:

- Beschäftigungsverbot für Schwangere für Tätigkeiten mit Stoffen, die mit H341, H351 oder H361 gekennzeichnet sind

Verhalten im Gefahrenfall

- Bei unbeabsichtigter Freisetzung Substanzkontakt vermeiden
- Kontaminierte Kleidung entfernen
- Zum Aufnehmen verschütteter Substanzen Schutzhandschuhe tragen; Flüssigkeiten mit reichlich Wasser verdünnen und mit Papier oder Stofflappen aufnehmen; verschüttete Trockensubstanz trocken aufnehmen
- Diensthabenden Apotheker informieren

| Wichtige Telefon- nummern | **D*-Arzt-Ambulanz:** **Betriebsarzt:** **Brandfall:** **Notfall:**

Erste Hilfe

Im Notfall sofort ärztliche Hilfe anfordern!

Nach Hautkontakt:	Kontaminierte Kleidung entfernen. Mit reichlich Wasser spülen und ggf. Haut anschließend mit Seife waschen. Ggf. Arzt rufen oder aufsuchen.
Nach Einatmen:	Betroffenen aus dem Gefahrenbereich bringen. Frischluft zuführen (ans offene Fenster gehen und mehrmals tief durchatmen).
Nach Augenkontakt:	Unter Schutz des unverletzten Auges zehn Minuten mit geöffnetem Lidspalt unter fließendem Wasser spülen. Ggf. Arzt aufsuchen.
Nach Verschlucken:	Ausreichend Wasser trinken (nicht bei Bewusstlosigkeit!). Kein Erbrechen auslösen. Ggf. Arzt rufen oder aufsuchen. Angaben zum Gefahrstoff und den durchgeführten Maß- nahmen machen.

Sachgerechte Entsorgung

Gefahrstoffe sind Sondermüll. Nicht in die Kanalisation einleiten. Bis zur Entsorgung in einem gekennzeichneten und verschlossenen Behälter aufbewahren. Kontaminierte Wegwerfartikel dicht verschlossen in den Hausmüll entsorgen.

* Durchgangsarzt

20

20.2 Herstellung von Rezepturarzneimitteln – Farbcode orange

Betriebsanweisung gem. § 14 GefStoffV Nr.: *03*   Arbeitsplatz/Bereich: *Rezeptur*

Tätigkeit: *Herstellung von Rezepturarzneimitteln*   Datum: *04.05.2010*

Gefahrstoff/Gefahrstoffgruppe

Es handelt sich um eine Gruppenbetriebsanweisung für Tätigkeiten in der Rezeptur mit Stoffen/Gemischen, die **beim Einatmen gefährlich** sind. Dazu gehören Gefahrstoffe, die mit einem oder mehreren der folgenden H–Sätze bzw. nach dem Farbkonzept mit einem orangen Punkt gekennzeichnet sind:

H304 H330 H331 H332 H334 H335 H336 H341
H351 H361 H370 H371 H372 H373
EUH029 EUH031 EUH032 EUH071

Gefahren für Mensch und Umwelt

Stoffe/Gemische, die mit einem der folgenden H–Sätze gekennzeichnet sind, können die Atemwege reizen, verätzen oder auch über die Atemwege in den Körper aufgenommen werden und ggf. innere Organe schädigen, zu Benommenheit oder zu Vergiftungen führen.

H304	Kann bei Verschlucken und Eindringen in die Atemwege tödlich sein.	H361	Kann vermutlich die Fruchtbarkeit beeinträchtigen oder das Kind im Mutterleib schädigen (durch Einatmen).
H330	Lebensgefahr bei Einatmen.	H370	Schädigt die Organe (durch Einatmen).
H331	Giftig bei Einatmen.		
H332	Gesundheitsschädlich bei Einatmen.	H371	Kann die Organe schädigen (durch Einatmen).
H334	Kann bei Einatmen Allergie, asthmaartige Symptome oder Atembeschwerden verursachen.	H372	Schädigt die Organe bei längerer oder wiederholter Exposition (durch Einatmen).
H335	Kann die Atemwege reizen.	H373	Kann die Organe schädigen bei längerer oder wiederholter Exposition (durch Einatmen).
H336	Kann Schläfrigkeit und Benommenheit verursachen.		
H341	Kann vermutlich genetische Defekte verursachen (durch Einatmen).	EUH029	Entwickelt bei Berührung mit Wasser giftige Gase.
		EUH031	Entwickelt bei Berührung mit Säure giftige Gase.
H351	Kann vermutlich Krebs erzeugen (durch Einatmen).	EUH032	Entwickelt bei Berührung mit Säure sehr giftige Gase.
		EUH071	Ätzend für die Atemwege.

Schutzmaßnahmen und Verhaltensregeln

- Das Einatmen von Stäuben/Aerosolen/Dämpfen/Nebeln ist zu vermeiden
- Geschlossenen Schutzkittel tragen
- Geeigneten Atemschutz verwenden; bei Stäuben/Aerosolen eine FFP2-Maske, bei Nebeln/Dämpfen eine Atemschutzmaske (alternativ unter dem Laborabzug arbeiten)
- Folgende Tätigkeiten unter dem Laborabzug durchführen, dabei Frontschieber soweit wie mgl. geschlossen:
    - Herstellung pulvergefüllter Hartkapseln und abgeteilter Pulver (Abzug ausgeschaltet, solange Pulver verwirbeln kann)
    - Abfüllen/Umfüllen fester Stoffe und Flüssigkeiten (wenn nicht abgewogen werden muss)
    - Verreiben fester Stoffe
- Mit Chemikalien verschmutzte, benetzte und durchtränkte Kleidung sofort auszuziehen und wechseln

Beschäftigungsbeschränkung:
- Beschäftigungsverbot für Schwangere für Tätigkeiten mit Stoffen, die mit H341, H351 oder H361 gekennzeichnet sind

Verhalten im Gefahrenfall

- Bei unbeabsichtigter Freisetzung Substanzkontakt vermeiden
- Kontaminierte Kleidung entfernen
- Zum Aufnehmen verschütteter Substanzen geeigneten Atemschutz tragen; Flüssigkeiten mit reichlich Wasser verdünnen und mit Papier oder Stofflappen aufnehmen; verschüttete Trockensubstanz trocken aufnehmen
- Arbeitsbereich verlassen und ausreichend lüften
- Diensthabenden Apotheker informieren

 Wichtige Telefonnummern

D*-Arzt-Ambulanz:
Betriebsarzt:
Brandfall:
Notfall:

20

Erste Hilfe	
Im Notfall sofort ärztliche Hilfe anfordern!	

Nach Hautkontakt:	Kontaminierte Kleidung entfernen. Mit reichlich Wasser spülen und ggf. Haut anschließend mit Seife waschen.
Nach Einatmen:	Betroffenen aus dem Gefahrenbereich bringen. Frischluft zuführen (ans offene Fenster gehen und mehrmals tief durchatmen). Ggf. Arzt rufen oder aufsuchen.
Nach Augenkontakt:	Unter Schutz des unverletzten Auges zehn Minuten mit geöffnetem Lidspalt unter fließendem Wasser spülen. Arzt aufsuchen.
Nach Verschlucken:	Ausreichend Wasser trinken (nicht bei Bewusstlosigkeit!). Kein Erbrechen auslösen. Ggf. Arzt rufen oder aufsuchen. Angaben zum Gefahrstoff und den durchgeführten Maßnahmen machen.

Sachgerechte Entsorgung
Gefahrstoffe sind Sondermüll. Nicht in die Kanalisation einleiten. Bis zur Entsorgung in einem gekennzeichneten und verschlossenen Behälter aufbewahren. Kontaminierte Wegwerfartikel dicht verschlossen in den Hausmüll entsorgen.

* Durchgangsarzt

20.3 Herstellung von Rezepturarzneimitteln – Farbcode blau

Betriebsanweisung gem. § 14 GefStoffV Nr.: *05*	**Arbeitsplatz/Bereich:** *Rezeptur*
Tätigkeit: *Herstellung von Rezepturarzneimitteln*	**Datum:** *04.05.2010*

Gefahrstoff/Gefahrstoffgruppe

Es handelt sich um eine Gruppenbetriebsanweisung für Tätigkeiten in der Rezeptur mit Stoffen/Gemischen, die **für die Augen gefährlich** sind. Dazu gehören Gefahrstoffe, die mit einem oder mehreren der folgenden H-Sätze bzw. nach dem Farbkonzept mit einem hellblauen Punkt gekennzeichnet sind:

  H314 H318 H319 EUH070

Gefahren für Mensch und Umwelt

Stoffe/Gemische, die mit einem der folgenden H-Sätze gekennzeichnet sind, können die Augen reizen, verätzen oder ggf. bei Kontakt über die Augen in den Körper aufgenommen werden und so zu Vergiftungen führen.

H314	Verursacht schwere Verätzungen der Haut und schwere Augenschäden.
H318	Verursacht schwere Augenschäden.
H319	Verursacht schwere Augenreizung.
EUH070	Giftig bei Kontakt mit den Augen.

Schutzmaßnahmen und Verhaltensregeln

- Jeglicher Kontakt mit den Augen ist zu vermeiden
- Geschlossenen Schutzkittel tragen
- Geeignete Schutzbrille mit Seitenschutz tragen
- Folgende Tätigkeiten unter dem Laborabzug durchführen, dabei Frontschieber soweit wie mgl. geschlossen:
  - Herstellung pulvergefüllter Hartkapseln und abgeteilter Pulver (Abzug ausgeschaltet, solange Pulver verwirbeln kann)
  - Abfüllen/Umfüllen fester Stoffe und Flüssigkeiten (wenn nicht abgewogen werden muss)
  - Verreiben fester Stoffe
- Mit Chemikalien verschmutzte, benetzte und durchtränkte Kleidung sofort ausziehen und wechseln

Beschäftigungsbeschränkung:
- Beschäftigungsverbot für Schwangere für Tätigkeiten mit Stoffen, die mit H341, H351 oder H361 gekennzeichnet sind

Verhalten im Gefahrenfall

- Bei unbeabsichtigter Freisetzung Substanzkontakt vermeiden
- Kontaminierte Kleidung entfernen
- Zum Aufnehmen verschütteter Substanzen geeignete Schutzbrille tragen; Flüssigkeiten mit reichlich Wasser verdünnen und mit Papier oder Stofflappen aufnehmen; verschüttete Trockensubstanz trocken aufnehmen
- Diensthabenden Apotheker informieren

Wichtige Telefonnummern
- **D*-Arzt-Ambulanz:**
- **Betriebsarzt:**
- **Brandfall:**
- **Notfall:**

20

Erste Hilfe

Im Notfall sofort ärztliche Hilfe anfordern!

Nach Hautkontakt:	Kontaminierte Kleidung entfernen. Mit reichlich Wasser spülen und ggf. Haut anschließend mit Seife waschen.
Nach Einatmen:	Betroffenen aus dem Gefahrenbereich bringen. Frischluft zuführen (ans offene Fenster gehen und mehrmals tief durchatmen).
Nach Augenkontakt:	Unter Schutz des unverletzten Auges zehn Minuten mit geöffnetem Lidspalt unter fließendem Wasser spülen. Arzt aufsuchen.
Nach Verschlucken:	Ausreichend Wasser trinken (nicht bei Bewusstlosigkeit!). Kein Erbrechen auslösen. Ggf. Arzt rufen oder aufsuchen. Angaben zum Gefahrstoff und den durchgeführten Maßnahmen machen.

Sachgerechte Entsorgung

Gefahrstoffe sind Sondermüll. Nicht in die Kanalisation einleiten. Bis zur Entsorgung in einem gekennzeichneten und verschlossenen Behälter aufbewahren. Kontaminierte Wegwerfartikel dicht verschlossen in den Hausmüll entsorgen.

* Durchgangsarzt

© Bundesapothekerkammer (http://www.abda.de/arbeitsschutzmassnahmen.html)

20.4 Herstellung von Rezepturarzneimitteln – Farbcode rot

Betriebsanweisung gem. § 14 GefStoffV Nr.: *07*	Arbeitsplatz/Bereich: *Rezeptur*
Tätigkeit: *Herstellung von Rezepturarzneimitteln*	Datum: *04.05.2010*

Gefahrstoff/Gefahrstoffgruppe

Es handelt sich um eine Gruppenbetriebsanweisung für Tätigkeiten in der Rezeptur mit **CMR-Stoffen (Kat. 1A, 1B)** bzw. Gemischen. Dazu gehören Gefahrstoffe, die mit einem oder mehreren der folgenden H-Sätze bzw. nach dem Farbkonzept mit einem roten Punkt gekennzeichnet sind:

 H340 H350 H350i H360 H360F H360D H360FD H360Fd H360Df

Gefahren für Mensch und Umwelt

Stoffe/Gemische, die mit einem der folgenden H-Sätze gekennzeichnet sind, können Krebs erzeugen, genetische Defekte verursachen, die Fruchtbarkeit beeinträchtigen und das Kind im Mutterleib schädigen.

H340	Kann genetische Defekte verursachen.	H360 D	Kann das Kind im Mutterleib schädigen.
H350	Kann Krebs erzeugen.	H360FD	Kann die Fruchtbarkeit beein-
H350i	Kann Krebs erzeugen beim Einatmen.		trächtigen. Kann das Kind im Mutterleib schädigen.
H360	Kann die Fruchtbarkeit be-einträchtigen oder das Kind im Mutterleib schädigen.	H360Fd	Kann die Fruchtbarkeit be-einträchtigen. Kann vermut-lich das Kind im Mutterleib
H360F	Kann die Fruchtbarkeit be-einträchtigen.	H360Df	schädigen.
			Kann das Kind im Mutterleib schädigen. Kann vermutlich die Fruchtbarkeit beeinträchtigen.

Schutzmaßnahmen und Verhaltensregeln

- Arbeitsbereich abgrenzen
- Jeglicher Kontakt mit der Substanz ist zu vermeiden
- Geschlossenen Schutzkittel tragen
- Geeignete Schutzhandschuhe tragen; der Handschuhtyp ist dem Sicherheitsdatenblatt, Kapitel 8, zu entnehmen
- Geeigneten Atemschutz verwenden; bei Stäuben/Aerosolen eine FFP2-Maske, bei Nebeln/Dämpfen eine Atemschutzmaske (alternativ unter dem Laborabzug arbeiten)
- Geeignete Schutzbrille mit Seitenschutz tragen
- Folgende Tätigkeiten unter dem Laborabzug durchführen, dabei Frontschieber soweit wie mgl. geschlossen:
  - Herstellung pulvergefüllter Hartkapseln und abgeteilter Pulver (Abzug ausgeschaltet, solange Pulver verwirbeln kann)
  - Abfüllen/Umfüllen fester Stoffe und Flüssigkeiten (wenn nicht abgewogen werden muss)
  - Verreiben fester Stoffe
- Spritzer auf der Haut sofort mit reichlich Wasser entfernen
- Mit Chemikalien beschmutzte, benetzte und durchtränkte Kleidung sofort ausziehen und wechseln

Beschäftigungsbeschränkung:	▪ Beschäftigungsverbot für Schwangere und Stillende

Verhalten im Gefahrenfall

- ▪ Bei unbeabsichtigter Freisetzung Substanzkontakt vermeiden
- ▪ Kontaminierte Kleidung entfernen
- ▪ Zum Aufnehmen verschütteter Substanzen Schutzhandschuhe, Schutzbrille und Atemschutz tragen; Flüssigkeiten mit reichlich Wasser verdünnen und mit Papier oder Stofflappen aufnehmen; verschüttete Trockensubstanz trocken aufnehmen
- ▪ Arbeitsbereich verlassen und ausreichend lüften
- ▪ Diensthabenden Apotheker informieren

Wichtige Telefonnummern	**D*-Arzt-Ambulanz:**
	Betriebsarzt:
	Brandfall:
	Notfall:

Erste Hilfe

Im Notfall sofort ärztliche Hilfe anfordern!

Nach Hautkontakt:	Kontaminierte Kleidung entfernen. Mit reichlich Wasser spülen und ggf. Haut anschließend mit Seife waschen. Ggf. Arzt rufen oder aufsuchen.
Nach Einatmen:	Betroffenen aus dem Gefahrenbereich bringen. Frischluft zuführen (ans offene Fenster gehen und mehrmals tief durchatmen).
Nach Augenkontakt:	Unter Schutz des unverletzten Auges zehn Minuten mit geöffnetem Lidspalt unter fließendem Wasser spülen. Ggf. Arzt aufsuchen.
Nach Verschlucken:	Ausreichend Wasser trinken (nicht bei Bewusstlosigkeit!). Kein Erbrechen auslösen. Ggf. Arzt rufen oder aufsuchen. Angaben zum Gefahrstoff und den durchgeführten Maßnahmen machen.

Sachgerechte Entsorgung

Gefahrstoffe sind Sondermüll. Nicht in die Kanalisation einleiten. Bis zur Entsorgung in einem gekennzeichneten und verschlossenen Behälter aufbewahren. Kontaminierte Wegwerfartikel dicht verschlossen in den Hausmüll entsorgen.

* Durchgangsarzt

20.5 Rezepturherstellung – Tätigkeiten mit umweltgefährlichen Stoffen

Betriebsanweisung gem. §14 GefStoffV Nr.: 10	Arbeitsplatz/Bereich: *Rezeptur, Labor*
Tätigkeit: *Herstellung von Rezepturarzneimitteln Prüfung der Ausgangsstoffe*	Datum: *04.05.2010*

Gefahrstoff/Gefahrstoffgruppe

Es handelt sich um eine Gruppenbetriebsanweisung für Tätigkeiten in der Rezeptur und im Apothekenlaboratorium mit Stoffen/Gemischen, die **umweltgefährlich** sind. Dazu gehören Stoffe/Gemische, die mit dem folgenden Piktogramm und/oder einem der folgenden H-Sätze gekennzeichnet sind:

 H400 H410 H411 H412 H413 EUH059

Gefahren für Mensch und Umwelt

Stoffe/Gemische, die mit einem der folgenden H-Sätze gekennzeichnet sind, können akut oder langfristig schädlich für Wasserorganismen sein oder die Ozonschicht schädigen.

H400	Sehr giftig für Wasserorganismen.
H410	Sehr giftig für Wasserorganismen, mit langfristiger Wirkung.
H411	Giftig für Wasserorganismen, mit langfristiger Wirkung.
H412	Schädlich für Wasserorganismen, mit langfristiger Wirkung.
H413	Kann für Wasserorganismen schädlich sein, mit langfristiger Wirkung.
EUH059	Die Ozonschicht schädigend.

Schutzmaßnahmen und Verhaltensregeln

- Freisetzung der Stoffe/Gemische in die Umwelt vermeiden
- Kontamination vermeiden
- Geschlossenen Schutzkittel tragen
- Spritzer auf die Haut sofort mit reichlich Wasser entfernen
- Mit Chemikalien verschmutzte, benetzte und durchtränkte Kleidung sofort ausziehen und wechseln

Verhalten im Gefahrenfall

- Bei unbeabsichtigter Freisetzung Substanzkontakt vermeiden
- Kontaminierte Kleidung entfernen
- Zum Aufnehmen verschütteter Substanzen Schutzhandschuhe tragen; Flüssigkeiten mit reichlich Wasser verdünnen und mit Papier oder Stofflappen aufnehmen; verschüttete Trockensubstanz trocken aufnehmen
- DCienstabenden Apotheker und ggf. Behörden informieren

Wichtige Telefon- nummern	**D*-Arzt-Ambulanz:**
	Betriebsarzt:
	Brandfall:
	Notfall:

20

Erste Hilfe		
Im Notfall sofort ärztliche Hilfe anfordern!		
	Nach Hautkontakt:	Kontaminierte Kleidung entfernen. Mit reichlich Wasser spülen und ggf. Haut anschließend mit Seife waschen.
	Nach Einatmen:	Betroffenen aus dem Gefahrenbereich bringen. Frischluft zuführen (ans offene Fenster gehen und mehrmals tief durchatmen).
	Nach Augenkontakt:	Unter Schutz des unverletzten Auges zehn Minuten mit geöffnetem Lidspalt unter fließendem Wasser spülen. Ggf. Arzt aufsuchen.
	Nach Verschlucken:	Ausreichend Wasser trinken (nicht bei Bewusstlosigkeit!). Kein Erbrechen auslösen. Ggf. Arzt rufen oder aufsuchen. Angaben zum Gefahrstoff und den durchgeführten Maßnahmen machen.
Sachgerechte Entsorgung		
Gefahrstoffe sind Sondermüll. Nicht in die Kanalisation einleiten. Bis zur Entsorgung in einem gekennzeichneten und verschlossenen Behälter aufbewahren. Kontaminierte Wegwerfartikel dicht verschlossen in den Hausmüll entsorgen.		

* Durchgangsarzt

© Bundesapothekerkammer (http://www.abda.de/arbeitsschutzmassnahmen.html)

20.6 Tätigkeiten mit brand- und/oder explosionsgefährlichen Stoffen

Betriebsanweisung gem. § 14 GefStoffV Nr.: *09*	**Arbeitsplatz/Bereich:** *Rezeptur, Labor*
Tätigkeit: *Herstellung von Rezepturarzneimitteln Prüfung der Ausgangsstoffe*	**Datum:** *04.05.2010*

Gefahrstoff/Gefahrstoffgruppe

Es handelt sich um eine Gruppenbetriebsanweisung für Tätigkeiten in der Rezeptur und im Apothekenlaboratorium mit Stoffen/Gemischen, die **brand- und/oder explosionsgefährlich** sind. Dazu gehören explosive Stoffe, entzündbare Gase/Aerosole/Flüssigkeiten/Feststoffe, oxidierende Gase/Flüssigkeiten/Feststoffe, Gase unter Druck, selbstzersetzliche Stoffe, pyrophore Flüssigkeiten und Feststoffe, selbsterhitzungsfähige Stoffe, Stoffe, die bei der Berührung mit Wasser entzündbare Gase entwickeln und organische Peroxide. Brand- und explosionsfähige Stoffe/Gemische sind mit einem oder mehreren der folgenden Piktogramme gekennzeichnet:

sowie (ohne Piktogramm):
- Expl. 1.5 (H205)
- Entz. Gas 2 (H221)
- Selbstzers. G
- Org. Perox. G

Gefahren für Mensch und Umwelt

- Zusammentreffen von Sauerstoff mit einem brennbaren bzw. explosionsfähigen Stoff und einer Zündquelle (Flamme, Funke, Temperatur, elektrostatische Aufladung)
- Förderung der Verbrennung anderer Materialien durch Tätigkeiten mit brandfördernden Stoffen
- Erwärmung von Gasen unter Druck, Schlag, Reibung explosionsfähiger Stoffe
- Tätigkeiten mit selbstzersetzlichen Stoffen und Gemischen oder organischen Peroxiden, die sich auch ohne Beteiligung von Sauerstoff stark exotherm zersetzen können
- Zusammentreffen von Stoffen, die mit Wasser reagieren und sich spontan entzünden

20

Schutzmaßnahmen und Verhaltensregeln

- Jeglicher Kontakt mit der Haut, Schleimhaut und den Augen ist zu vermeiden
- Tätigkeiten mit größeren Mengen brand- und explosionsgefährlichen Stoffen unter dem Laborabzug durchführen, Überhitzung, Schlag, Reibung vermeiden
- Gefährdung durch Zündquellen beachten
- Zündquellen, die zu Bränden und Explosionen führen können, vermeiden
- Vorkehrungen gegen elektrostatische Entladung treffen (Metall- oder Glastrichter beim Um- bzw. Abfüllen größerer Mengen brennbarer Flüssigkeiten verwenden, ggf. spezielle Laborschuhe tragen)
- Ausgelaufene Mengen brennbarer oder explosionsgefährlicher Stoffe unverzüglich mit geeigneten Hilfsmitteln aufnehmen und sachgerecht entsorgen
- Stoffe mit brand- und explosionsgefährlichen Eigenschaften in den Arbeitsbereichen nur in geringen Mengen vorhalten
- Geschlossenen Schutzkittel tragen
- Spritzer auf der Haut sofort mit reichlich Wasser entfernen
- Mit Chemikalien verschmutzte, benetzte und durchtränkte Kleidung sofort ausziehen

Beschäftigungsbeschränkung:
- Beschäftigungsverbot für Schwangere für Tätigkeiten mit Stoffen, die mit H340, H341, H350, H351, H360, H361 oder Abwandlungen gekennzeichnet sind

Verhalten im Gefahrenfall

- Bei unbeabsichtigter Freisetzung Substanzkontakt vermeiden
- Kontaminierte Kleidung entfernen
- Zum Aufnehmen verschütteter Substanzen Schutzhandschuhe tragen; Flüssigkeiten mit reichlich Wasser verdünnen und mit Papier oder Stofflappen aufnehmen; verschüttete Trockensubstanz trocken aufnehmen
- Diensthabenden Apotheker informieren

Wichtige Telefonnummern

D*-Arzt-Ambulanz:
Betriebsarzt:
Brandfall:
Notfall:

Erste Hilfe	
Im Notfall sofort ärztliche Hilfe anfordern!	

Nach Hautkontakt:	Kontaminierte oder brennende Kleidung entfernen. Mit reichlich Wasser spülen und ggf. Haut anschließend mit Seife waschen. Ggf. Arzt rufen oder aufsuchen.
Nach Einatmen:	Betroffenen aus dem Gefahrenbereich bringen. Frischluft zuführen (ans offene Fenster gehen und mehrmals tief durchatmen).
Nach Augenkontakt:	Unter Schutz des unverletzten Auges zehn Minuten mit geöffnetem Lidspalt unter fließendem Wasser spülen. Ggf. Arzt aufsuchen.
Nach Verschlucken:	Ausreichend Wasser trinken (nicht bei Bewusstlosigkeit!). Kein Erbrechen auslösen. Ggf. Arzt rufen oder aufsuchen. Angaben zum Gefahrstoff und den durchgeführten Maßnahmen machen.

Sachgerechte Entsorgung

Gefahrstoffe sind Sondermüll. Nicht in die Kanalisation einleiten. Bis zur Entsorgung in einem gekennzeichneten und verschlossenen Behälter aufbewahren. Kontaminierte Wegwerfartikel dicht verschlossen in den Hausmüll entsorgen.

* Durchgangsarzt

© Bundesapothekerkammer (http://www.abda.de/arbeitsschutzmassnahmen.html)

20

20.7 Prüfung von Ausgangsstoffen – Farbcode gelb

Betriebsanweisung gem. § 14 GefStoffV Nr.: *02*   **Arbeitsplatz/Bereich:** *Labor*

Tätigkeit: *Prüfung der Ausgangsstoffe*   **Datum:** *04.05.2010*

Gefahrstoff/Gefahrstoffgruppe

Es handelt sich um eine Gruppenbetriebsanweisung für Tätigkeiten im Apotheken-
laboratorium mit Stoffen/Gemischen, die **für die Haut gefährlich** sind. Dazu gehören
Gefahrstoffe, die mit einem oder mehreren der folgenden H-Sätze bzw. nach dem
Farbkonzept mit einem gelben Punkt gekennzeichnet sind:

    H310 H311 H312 H314 H315 H317 H341
H351 H361 H370 H371 H372 H373 EUH066

Gefahren für Mensch und Umwelt

Stoffe/Gemische, die mit einem der folgenden H-Sätze gekennzeichnet sind, können
die Haut/Schleimhaut reizen, verätzen oder auch über die Haut/Schleimhaut in den
Körper aufgenommen werden und ggf. innere Organe schädigen oder zu Vergiftungen
führen.

H310	Lebensgefahr bei Hautkontakt.	H351	Kann vermutlich Krebs erzeugen (durch Hautkontakt).
H311	Giftig bei Hautkontakt.		
H312	Gesundheitsschädlich bei Hautkontakt.	H361	Kann vermutlich die Fruchtbarkeit beeinträchtigen oder das Kind im Mutterleib schädigen (durch Hautkontakt).
H314	Verursacht schwere Verätzung der Haut und schwere Augenschäden.		
		H370	Schädigt die Organe (durch Hautkontakt).
H315	Verursacht Hautreizungen.		
H317	Kann allergische Hautreaktionen verursachen.	H371	Kann die Organe schädigen (durch Hautkontakt).
H341	Kann vermutlich genetische Defekte verursachen (durch Hautkontakt).	H372	Schädigt die Organe bei längerer oder wiederholter Exposition (durch Hautkontakt).
		H373	Kann die Organe schädigen bei längerer oder wiederholter Exposition (durch Hautkontakt).
		EUH066	Wiederholter Kontakt kann zu spröder oder rissiger Haut führen.

Schutzmaßnahmen und Verhaltensregeln

- Jeglicher Kontakt mit der Haut, Schleimhaut und den Augen ist zu vermeiden
- Geschlossenen Schutzkittel tragen
- Geeignete Schutzhandschuhe tragen; der Handschuhtyp ist dem Sicherheitsdatenblatt, Kapitel 8, zu entnehmen
- Folgende Tätigkeiten unter dem Laborabzug durchführen, dabei Frontschieber soweit wie mgl. geschlossen:
  - Herstellung von Lösungen/Mischungen, Filtration von Lösungen, Zugabe von Reagenzien bei Farb- und Fällungsreaktionen, DC, Arbeiten mit offener Flamme, Arbeiten mit dem Wasserbad
- Spritzer auf der Haut sofort mit reichlich Wasser entfernen
- Mit Chemikalien verschmutzte, benetzte und durchtränkte Kleidung sofort auszuziehen und wechseln

Beschäftigungsbeschränkung:
- Beschäftigungsverbot für Schwangere für Tätigkeiten mit Stoffen, die mit H341, H351 oder H361 gekennzeichnet sind

Verhalten im Gefahrenfall

- Bei unbeabsichtigter Freisetzung Substanzkontakt vermeiden
- Kontaminierte Kleidung entfernen
- Zum Aufnehmen verschütteter Substanzen Schutzhandschuhe tragen; Flüssigkeiten mit reichlich Wasser verdünnen und mit Papier oder Stofflappen aufnehmen; verschüttete Trockensubstanz trocken aufnehmen
- Diensthabenden Apotheker informieren

Wichtige Telefonnummern	**D*-Arzt-Ambulanz:**
	Betriebsarzt:
	Brandfall:
	Notfall:

Erste Hilfe

Im Notfall sofort ärztliche Hilfe anfordern!

Nach Hautkontakt:	Kontaminierte Kleidung entfernen. Mit reichlich Wasser spülen und ggf. Haut anschließend mit Seife waschen. Ggf. Arzt rufen oder aufsuchen.
Nach Einatmen:	Betroffenen aus dem Gefahrenbereich bringen. Frischluft zuführen (ans offene Fenster gehen und mehrmals tief durchatmen).
Nach Augenkontakt:	Unter Schutz des unverletzten Auges zehn Minuten mit geöffnetem Lidspalt unter fließendem Wasser spülen. Ggf. Arzt aufsuchen.
Nach Verschlucken:	Ausreichend Wasser trinken (nicht bei Bewusstlosigkeit!). Kein Erbrechen auslösen. Ggf. Arzt rufen oder aufsuchen. Angaben zum Gefahrstoff und den durchgeführten Maßnahmen machen.

Sachgerechte Entsorgung

Gefahrstoffe sind Sondermüll. Nicht in die Kanalisation einleiten. Bis zur Entsorgung in einem gekennzeichneten und verschlossenen Behälter aufbewahren. Kontaminierte Wegwerfartikel dicht verschlossen in den Hausmüll entsorgen.

* Durchgangsarzt

20

20.8 Prüfung von Ausgangsstoffen – Farbcode orange

Betriebsanweisung gem. § 14 GefStoffV Nr.: *04*	**Arbeitsplatz/Bereich:** *Labor*
Tätigkeit: *Prüfung der Ausgangsstoffe*	**Datum:** 04.05.2010

Gefahrstoff/Gefahrstoffgruppe

Es handelt sich um eine Gruppenbetriebsanweisung für Tätigkeiten im Apotheken-laboratorium mit Stoffen/Gemischen, die **beim Einatmen gefährlich** sind. Dazu gehö-ren Gefahrstoffe, die mit einem oder mehreren der folgenden H-Sätze bzw. nach dem Farbkonzept mit einem orangen Punkt gekennzeichnet sind:

 H304 H330 H331 H332 H334 H335 H336 H341
H351 H361 H370 H371 H372 H373 EUH029
EUH031 EUH032 EUH071

Gefahren für Mensch und Umwelt

Stoffe/Gemische, die mit einem der folgenden H-Sätze gekennzeichnet sind, können die Atemwege reizen, verätzen oder auch über die Atemwege in den Körper aufgenom-men werden und ggf. innere Organe schädigen, zu Benommenheit oder zu Vergiftun-gen führen.

H304	Kann bei Verschlucken und Eindringen in die Atemwege tödlich sein.	H361	Kann vermutlich die Fruchtbar-keit beeinträchtigen oder das Kind im Mutterleib schädigen (durch Einatmen).
H330	Lebensgefahr bei Einatmen.		
H331	Giftig bei Einatmen.	H370	Schädigt die Organe (durch Einatmen).
H332	Gesundheitsschädlich bei Einatmen.		
		H371	Kann die Organe schädigen (durch Einatmen).
H334	Kann bei Einatmen Allergie, asthmaartige Symptome oder Atembeschwerden ver-ursachen.	H372	Schädigt die Organe bei länge-rer oder wiederholter Exposi-tion (durch Einatmen).
H335	Kann die Atemwege reizen.	H373	Kann die Organe schädigen bei längerer oder wiederholter Exposition (durch Einatmen).
H336	Kann Schläfrigkeit und Be-nommenheit verursachen.		
H341	Kann vermutlich genetische Defekte verursachen (durch Einatmen).	EUH029	Entwickelt bei Berührung mit Wasser giftige Gase.
		EUH031	Entwickelt bei Berührung mit Säure giftige Gase.
H351	Kann vermutlich Krebs er-zeugen (durch Einatmen).	EUH032	Entwickelt bei Berührung mit Säure sehr giftige Gase.
		EUH071	Ätzend für die Atemwege.

Schutzmaßnahmen und Verhaltensregeln

- Das Einatmen von Stäuben/Aerosolen/Dämpfen/Nebeln ist zu vermeiden
- Geschlossenen Schutzkittel tragen
- Geeigneten Atemschutz verwenden; bei Stäuben/Aerosolen eine FFP2-Maske, bei Nebeln/Dämpfen eine Atemschutzmaske (alternativ unter dem Laborabzug arbeiten)
- Folgende Tätigkeiten unter dem Laborabzug durchführen, dabei Frontschieber soweit wie mgl. geschlossen:
  - Herstellung von Lösungen/Mischungen, Filtration von Lösungen, Zugabe von Reagenzien bei Farb- und Fällungsreaktionen, DC, Arbeiten mit offener Flamme, Arbeiten mit dem Wasserbad
- Mit Chemikalien verschmutzte, benetzte und durchtränkte Kleidung sofort ausziehen und wechseln

Beschäftigungsbeschränkung:
- Beschäftigungsverbot für Schwangere für Tätigkeiten mit Stoffen, die mit H341, H351 oder H361 gekennzeichnet sind

Verhalten im Gefahrenfall

- Bei unbeabsichtigter Freisetzung Substanzkontakt vermeiden
- Kontaminierte Kleidung entfernen
- Zum Aufnehmen verschütteter Substanzen geeigneten Atemschutz tragen; Flüssigkeiten mit reichlich Wasser verdünnen und mit Papier oder Stofflappen aufnehmen; verschüttete Trockensubstanz trocken aufnehmen
- Arbeitsbereich verlassen und ausreichend lüften
- Diensthabenden Apotheker informieren

Wichtige Telefonnummern

D*-Arzt-Ambulanz:
Betriebsarzt:
Brandfall:
Notfall:

20

Erste Hilfe

Im Notfall sofort ärztliche Hilfe anfordern!

Nach Hautkontakt: Kontaminierte Kleidung entfernen. Mit reichlich Wasser spülen und ggf. Haut anschließend mit Seife waschen.

Nach Einatmen: Betroffenen aus dem Gefahrenbereich bringen. Frischluft zuführen (ans offene Fenster gehen und mehrmals tief durchatmen). Ggf. Arzt rufen oder aufsuchen.

Nach Augenkontakt: Unter Schutz des unverletzten Auges zehn Minuten mit geöffnetem Lidspalt unter fließendem Wasser spülen. Ggf. Arzt aufsuchen.

Nach Verschlucken: Ausreichend Wasser trinken (nicht bei Bewusstlosigkeit!). Kein Erbrechen auslösen. Ggf. Arzt rufen oder aufsuchen. Angaben zum Gefahrstoff und den durchgeführten Maßnahmen machen.

Sachgerechte Entsorgung

Gefahrstoffe sind Sondermüll. Nicht in die Kanalisation einleiten. Bis zur Entsorgung in einem gekennzeichneten und verschlossenen Behälter aufbewahren. Kontaminierte Wegwerfartikel dicht verschlossen in den Hausmüll entsorgen.

* Durchgangsarzt

20.9 Prüfung von Ausgangsstoffen – Farbcode blau

Betriebsanweisung gem. § 14 GefStoffV Nr.: 06	Arbeitsplatz/Bereich: *Labor*
Tätigkeit: *Prüfung der Ausgangsstoffe*	Datum: *04.05.2010*

Gefahrstoff/Gefahrstoffgruppe

Es handelt sich um eine Gruppenbetriebsanweisung für Tätigkeiten im Apotheken-laboratorium mit Stoffen/Gemischen, die **für die Augen gefährlich** sind. Dazu gehören Gefahrstoffe, die mit einem oder mehreren der folgenden H–Sätze bzw. nach dem Farbkonzept mit einem hellblauen Punkt gekennzeichnet sind:

    H314 H318 H319 EUH070

Gefahren für Mensch und Umwelt

Stoffe/Gemische, die mit einem der folgenden H–Sätze gekennzeichnet sind, können die Augen reizen, verätzen oder ggf. bei Kontakt über die Augen in den Körper aufgenommen werden und zu Vergiftungen führen.

H314	Verursacht schwere Verätzungen der Haut und schwere Augenschäden.
H318	Verursacht schwere Augenschäden.
H319	Verursacht schwere Augenreizung.
EUH070	Giftig bei Kontakt mit den Augen.

Schutzmaßnahmen und Verhaltensregeln

- Jeglicher Kontakt mit den Augen ist zu vermeiden
- Geschlossenen Schutzkittel tragen
- Geeignete Schutzbrille mit Seitenschutz tragen
- Folgende Tätigkeiten unter dem Laborabzug durchführen, dabei Frontschieber soweit wie mgl. geschlossen:
  - Herstellung von Lösungen/Mischungen, Filtration von Lösungen, Zugabe von Reagenzien bei Farb- und Fällungsreaktionen, DC, Arbeiten mit offener Flamme, Arbeiten mit dem Wasserbad
- Mit Chemikalien verschmutzte, benetzte und durchtränkte Kleidung sofort ausziehen und wechseln

Beschäftigungsbeschränkung:

- Beschäftigungsverbot für Schwangere für Tätigkeiten mit Stoffen, die mit H341, H351 oder H361 gekennzeichnet sind

Verhalten im Gefahrenfall

- Bei unbeabsichtigter Freisetzung Substanzkontakt vermeiden
- Kontaminierte Kleidung entfernen
- Zum Aufnehmen verschütteter Substanzen geeignete Schutzbrille tragen; Flüssigkeiten mit reichlich Wasser verdünnen und mit Papier oder Stofflappen aufnehmen; verschüttete Trockensubstanz trocken aufnehmen
- Diensthabenden Apotheker informieren

 Wichtige Telefonnummern

D*-Arzt-Ambulanz:
Betriebsarzt:
Brandfall:
Notfall:

Erste Hilfe

Im Notfall sofort ärztliche Hilfe anfordern!

Nach Hautkontakt:	Kontaminierte Kleidung entfernen. Mit reichlich Wasser spülen und ggf. Haut anschließend mit Seife waschen.
Nach Einatmen:	Betroffenen aus dem Gefahrenbereich bringen. Frischluft zuführen (ans offene Fenster gehen und mehrmals tief durchatmen).
Nach Augenkontakt:	Unter Schutz des unverletzten Auges zehn Minuten mit geöffnetem Lidspalt unter fließendem Wasser spülen. Arzt aufsuchen.
Nach Verschlucken:	Ausreichend Wasser trinken (nicht bei Bewusstlosigkeit!). Kein Erbrechen auslösen. Ggf. Arzt rufen oder aufsuchen. Angaben zum Gefahrstoff und den durchgeführten Maßnahmen machen.

Sachgerechte Entsorgung

Gefahrstoffe sind Sondermüll. Nicht in die Kanalisation einleiten. Bis zur Entsorgung in einem gekennzeichneten und verschlossenen Behälter aufbewahren. Kontaminierte Wegwerfartikel dicht verschlossen in den Hausmüll entsorgen.

* Durchgangsarzt

20

© Bundesapothekerkammer (http://www.abda.de/arbeitsschutzmassnahmen.html)

20.10 Prüfung von Ausgangsstoffen – Farbcode rot

Betriebsanweisung gem. §14 GefStoffV Nr.: *08*   **Arbeitsplatz/Bereich:** *Labor*

Tätigkeit: *Prüfung der Ausgangsstoffe*   **Datum:** 04.05.2010

Gefahrstoff/Gefahrstoffgruppe

Es handelt sich um eine Gruppenbetriebsanweisung für Tätigkeiten im Apotheken-laboratorium mit **CMR-Stoffen (Kat. 1A, 1B)** bzw. Gemischen. Dazu gehören Gefahrstoffe, die mit einem oder mehreren der folgenden H-Sätze bzw. nach dem Farbkonzept mit einem roten Punkt gekennzeichnet sind:

 H340 H350 H350i H360 H360F H360FD
H360Fd H360Df

Gefahren für Mensch und Umwelt

Stoffe/Gemische, die mit einem der folgenden H-Sätze gekennzeichnet sind, können Krebs erzeugen, genetische Defekte verursachen, die Fruchtbarkeit beeinträchtigen und das Kind im Mutterleib schädigen.

H340	Kann genetische Defekte verursachen.	H360D	Kann das Kind im Mutterleib schädigen.
H350	Kann Krebs erzeugen.	H360FD	Kann die Fruchtbarkeit beein-
H350i	Kann Krebs erzeugen beim Einatmen.		trächtigen. Kann das Kind im Mutterleib schädigen.
H360	Kann die Fruchtbarkeit be-einträchtigen oder das Kind im Mutterleib schädigen.	H360Fd	Kann die Fruchtbarkeit be-einträchtigen. Kann vermut-lich das Kind im Mutterleib
H360F	Kann die Fruchtbarkeit be-einträchtigen.		schädigen.
		H360Df	Kann das Kind im Mutterleib schädigen. Kann vermutlich die Fruchtbarkeit beeinträchtigen.

Schutzmaßnahmen und Verhaltensregeln

- Arbeitsbereich abgrenzen
- Jeglicher Kontakt mit der Substanz ist zu vermeiden
- Geschlossenen Schutzkittel tragen
- Geeignete Schutzhandschuhe tragen; der Handschuhtyp ist dem Sicherheitsdatenblatt, Kapitel 8, zu entnehmen
- Geeigneten Atemschutz verwenden; bei Stäuben/Aerosolen eine FFP2-Maske, bei Nebeln/Dämpfen eine Atemschutzmaske (alternativ unter dem Laborabzug arbeiten)
- Geeignete Schutzbrille mit Seitenschutz tragen
- Folgende Tätigkeiten unter dem Laborabzug durchführen, dabei Frontschieber soweit wie mgl. geschlossen:
    - Herstellung von Lösungen/Mischungen, Filtration von Lösungen, Zugabe von Reagenzien bei Farb- und Fällungsreaktionen, DC, Arbeiten mit offener Flamme, Arbeiten mit dem Wasserbad
- Spritzer auf der Haut sofort mit reichlich Wasser entfernen
- Mit Chemikalien beschmutzte, benetzte und durchtränkte Kleidung sofort ausziehen und wechseln

| **Beschäftigungsbeschränkung:** | ■ Beschäftigungsverbot für Schwangere und Stillende |

Verhalten im Gefahrenfall

■ Bei unbeabsichtigter Freisetzung Substanzkontakt vermeiden

■ Kontaminierte Kleidung entfernen

■ Zum Aufnehmen verschütteter Substanzen Schutzhandschuhe, Schutzbrille und Atemschutz tragen; Flüssigkeiten mit reichlich Wasser verdünnen und mit Papier oder Stofflappen aufnehmen; verschüttete Trockensubstanz trocken aufnehmen

■ Arbeitsbereich verlassen und ausreichend lüften

■ Diensthabenden Apotheker informieren

Wichtige Telefonnummern	**D*-Arzt-Ambulanz:**
	Betriebsarzt:
	Brandfall:
	Notfall:

Erste Hilfe

Im Notfall sofort ärztliche Hilfe anfordern!

Nach Hautkontakt:	Kontaminierte Kleidung entfernen. Mit reichlich Wasser spülen und ggf. Haut anschließend mit Seife waschen. Ggf. Arzt rufen oder aufsuchen.
Nach Einatmen:	Betroffenen aus dem Gefahrenbereich bringen. Frischluft zuführen (ans offene Fenster gehen und mehrmals tief durchatmen).
Nach Augenkontakt:	Unter Schutz des unverletzten Auges zehn Minuten mit geöffnetem Lidspalt unter fließendem Wasser spülen. Ggf. Arzt aufsuchen.
Nach Verschlucken:	Ausreichend Wasser trinken (nicht bei Bewusstlosigkeit!). Kein Erbrechen auslösen. Ggf. Arzt rufen oder aufsuchen. Angaben zum Gefahrstoff und den durchgeführten Maßnahmen machen.

Sachgerechte Entsorgung

Gefahrstoffe sind Sondermüll. Nicht in die Kanalisation einleiten. Bis zur Entsorgung in einem gekennzeichneten und verschlossenen Behälter aufbewahren. Kontaminierte Wegwerfartikel dicht verschlossen in den Hausmüll entsorgen.

* Durchgangsarzt

20

20.11 Prüfung der Ausgangsstoffe – Tätigkeiten mit umweltgefährlichen Stoffen

Die Betriebsanweisung zur Prüfung der Ausgangsstoffe bei Tätigkeiten mit umweltgefährlichen Stoffen ist Teil der Betriebsanweisung Nr. 10 »Herstellung von Rezepturarzneimitteln/Prüfung der Ausgangsstoffe – Tätigkeiten mit umweltgefährlichen Stoffe« (▶ Kap. 20.5).

21 Hilfetexte für die Unterweisung der Mitarbeiter

Die folgenden Ausführungen können als Hilfestellung für die mündliche Unterrichtung der Mitarbeiter verwendet werden:

- Allgemeine Richtlinien für das Arbeiten mit Gefahrstoffen.
- Regeln für die Verwendung der Schutzkleidung.
- Unterweisung für Tätigkeiten mit ätzenden Stoffen.
- Unterweisung für Tätigkeiten mit brennbaren Flüssigkeiten.
- Unterweisung für Tätigkeiten mit gesundheitsschädlichen und giftigen Stoffen.

Zur Beachtung: Die Texte werden noch auf der Basis der »alten« Einstufungs- und Kennzeichnungsvorschriften abgefasst. Bei Umstellung der innerbetrieblichen Dokumentation auf das EG-CLP-System müssen nur die entsprechenden Gefahrenhinweise und Kennzeichnungselemente angepasst werden.

21

21.1 Allgemeine Richtlinien für das Arbeiten mit Gefahrstoffen

Im Sinne des vorbeugenden Arbeitsschutzes sind bei Arbeiten mit gefährlichen Stoffen folgende Basismaßnahmen einzuhalten, um Gefahren weitgehend auszuschließen:

- Am Arbeitsplatz nicht essen, trinken oder rauchen, auch keine Lebens- oder Genussmittel aufbewahren.
- Gründliche Reinigung der Hände nach der Arbeit oder vor Pausen.
- Am Arbeitsplatz nur Arbeitskleidung tragen, keine Straßen- oder Hauskleidung.
- Kontakt zwischen Gefahrstoff und Körper durch geeignete Schutzmaßnahmen vermeiden.
- Augen schützen.
- Gefahrstoffe immer in korrekt beschrifteten Behältnissen aufbewahren (Verwechslungsgefahr). Auch Bechergläser etc. mit Gefahrstoffen im Arbeitsgang sollte man mit Aufklebeschildchen versehen, wenn der Arbeitsplatz vorübergehend verlassen wird.
- Mit Gefahrstoffen besonders sorgfältig arbeiten und konzentriert »bei der Sache« sein.
- Der korrekte Umgang mit Feuerlöschern muss beherrscht werden, d. h. die Gebrauchsanweisung sollte nicht erst im Brandfalle gelesen werden; Feuerlöscher nicht auf Menschen richten.
- Bei Arbeiten in Rezeptur und Labor Kopfschutz tragen, der die Haare umschließt.

- Flaschen mit Gefahrstoffen dürfen zum Transport nicht am Hals getragen, sondern müssen am Boden unterstützt werden.
- Werden Flüssigkeiten im Reagenzglas erhitzt, darf dieses maximal zu ¼ gefüllt sein und die Öffnung muss vom Menschen abgewandt werden.
- Tritt Gasgeruch auf, sofort Fenster öffnen und keine Zündquellen (auch elektrische Schalter) betätigen. Erst anschließend nach der Ursache suchen.
- Sollen mittels Pipetten Flüssigkeiten angesaugt werden, dann darf dies niemals mit dem Mund geschehen. Es sind geeignete Pipettierhilfen zu verwenden (z. B. Peleusball).
- Zur Entsorgung dürfen keine Stoffe gemischt werden, die zu unvorhersehbaren oder stark exothermen Reaktionen führen könnten. Es sind getrennte Abfallbehälter bereitzustellen (z. B. für Lösungsmittel, Säuren/Laugen und Gifte).

21.2 Regeln für die Verwendung von Schutzkleidung

Schutzhandschuhe

Bei der Auswahl ist zu berücksichtigen, dass nicht alle Handschuhmaterialien gleichermaßen geeignet sind. Entsprechende Empfehlungen werden bei den jeweiligen Stoffgruppen gegeben (soweit dies ermittelt werden konnte). Auch die Sicherheitsdatenblätter sollten entsprechende Empfehlungen enthalten. Die Handschuhe sind vor der Verwendung auf Risse zu überprüfen. Es sollten verschiedene Größen bereitgehalten werden.

Augenschutz

Geeignet für den Apothekenbereich sind Schutzbrillen und ggf. Gesichtsschutzschirme. Da die Stoffe auch von der Seite her einwirken können, ist ein umfassender Augenschutz erforderlich. Bei der Auswahl sollte auch der Tragekomfort Berücksichtigung finden, denn wenn eine Brille drückt oder die gute Sicht behindert ist (Bildverzerrungen, Eintrübungen etc.), ist man geneigt, sie abzunehmen.

Feuchtigkeitsaustausch muss möglich sein, um ein Beschlagen zu verhindern. Auch bei Brillenträgern muss eine optimale Abdeckung des Augenraumes gewährleistet sein. Durch entsprechende Wartung und Lagerung ist der Augenschutz in einwandfreiem Zustand zu halten:

- Nicht auf die Sichtscheiben legen, um Kratzer zu vermeiden.
- Scheiben zwischendurch mit Seifenwasser reinigen und mit einem weichen Tuch abtrocknen.

Labormantel

Der Labormantel muss langärmelig sein und darf nicht offen getragen werden. Er muss aus Baumwolle bestehen, da Kunstfasermaterial bei Brand mit der Haut verkleben und giftige Stoffe freisetzen kann.

Kopf- und Haarschutz

Dieser sollte aus dünnem, atmungsaktiven Material bestehen und die Haare komplett einschließen (Hygienemaßnahme Rezeptur, Schutz bei Arbeit an offenen Flammen).

21.3 Unterweisung für Tätigkeiten mit ätzenden Stoffen

Die folgenden Texte können in Verbindung mit der Betriebsanweisung als Hilfestellung für die Unterweisung verwendet werden, sind aber an die jeweiligen betrieblichen Voraussetzungen anzupassen.

Säuren, Laugen und andere Ätzmittel sind in der Lage, Zelleiweiß zu denaturieren. Die Folge kann, je nach Konzentration und Einwirkzeit, von einer örtlichen Reizung (Entzündung) bis zur Gewebezerstörung von Haut oder Schleimhaut (Nekrose) reichen.

Laugenverätzungen haben eine Auflösung des Gewebes zur Folge und führen zu einer Kolliquationsnekrose, d. h. betroffenes Gewebe wird aufgelöst und die Lauge kann in tiefere Schichten vordringen.

Säureverätzungen haben eine Koagulationsnekrose zur Folge. Es entsteht durch Eiweißfällung ein sog. »Ätzschorf«, der ein weiteres Vordringen der Säure in tiefere Schichten zunächst verhindert. Bei weiterer Einwirkung löst sich dieser Schorf allerdings wieder auf.

21.3.1 Gefahren

Orale Aufnahme

Das Verschlucken von Laugen führt i. d. R. zur Verätzung der Speiseröhre (sie sind viskos und passieren diese nur langsam), im schlimmsten Fall zu deren Perforation. Nach der Abheilung bleibt Narbengewebe zurück. Im Magen erfolgt je nach Füllungszustand und pH-Wert eine teilweise oder vollständige Neutralisation.

Werden Säuren verschluckt, wird v. a. der Magen verätzt. Auch hier besteht neben der Gefahr von Blutungen und Nekrosen die Möglichkeit einer Perforation und damit des Übertrittes der Säure in den Bauchraum.

Benetzung des Auges

Besonders gefährdet sind die Augen, da eine Hornhautverätzung zu einer dauerhaften Trübung, Narbenbildung und im schlimmsten Falle zur Erblindung führen kann. Auch ein Verwachsen von Augapfel und Augenlid ist nach Laugenverätzungen beobachtet worden, was die freie Beweglichkeit des Auges einschränkte.

Schon wenige Spritzer eines Ätzmittels können zu einer Sehbehinderung durch Narbenbildung führen.

Eine Gefahr für die Augen geht nicht nur von den flüssigen Ätzmitteln aus, sondern auch von Feststoffen (Stäuben), die ihre Ätzwirkung durch Reaktion mit der Augenflüssigkeit entfalten. Auch die Dämpfe flüchtiger Stoffe stellen eine Gefahr für die Schleimhäute des Auges dar.

Einatmen von Dämpfen

Eingeatmete Dämpfe reizen bzw. verätzen die Atemwege. Als Folge können Schleimhautschädigungen und Krämpfe der Bronchialmuskulatur entstehen.

21.3.2 Schutzmaßnahmen und Verhaltensregeln

Neben den in ▶ Kap. 21.1 genannten »Allgemeinen Verhaltensregeln« ist insbesondere zu beachten:

- Haut- und Schleimhautkontakt ist zu vermeiden. Dazu ist immer geeignete Schutzkleidung zu verwenden. Dies gilt auch für die Reinigung gebrauchter Gefäße sowie die Entfernung verschütteter Stoffe!

21

Geeignete Handschuhmaterialien

Säurebeständige Materialien: Am besten geeignet sind Handschuhe aus PVC oder dickem Naturkautschuk. Gummihandschuhe sind nicht gegenüber allen Säuren beständig.

Laugenbeständige Materialien: PVC sowie Gummi oder Naturkautschuk. PVC ist ebenso geeignet für Arbeiten mit Wasserstoffperoxid oder Silbernitratlösung und erweist sich als das geeignetste Material für Arbeiten mit verschiedenen Ätzgiften.

- Augenschutz tragen, der unbedingt auch seitlich geschlossen ist.
- Mit Stoffen, die Dämpfe freisetzen, wird im eingeschalteten Abzug gearbeitet. Im Anschluss ist ggf. für ausreichende Frischluftzufuhr zu sorgen. Dämpfe nicht einatmen.
- Um ein versehentliches Verschütten zu vermeiden, sollten die Gefäße nach Gebrauch sofort wieder verschlossen werden.
- Behältnisse nicht über Augenhöhe aufbewahren.
- Während des Verdünnens von Säuren und Laugen vorsichtig umrühren, um lokale Überhitzung zu vermeiden (exotherme Reaktion).
- Zum Verdünnen von Säuren (v. a. Schwefelsäure) nicht das Wasser in die Säure gießen, sondern umgekehrt.
- Zum Erhitzen thermostabile Gefäße verwenden.

21.3.3 Verhalten im Gefahrenfall – Erste Hilfe

Maßnahmen nach oraler Aufnahme von ätzenden Stoffen

Wichtigste Sofortmaßnahme ist die schluckweise Verdünnung mit möglichst viel Wasser. Bei Verätzungen des Mundes mit Wasser spülen.

Kein Erbrechen herbeiführen! Dies würde zu einer wiederholten Verätzung der Speiseröhre und des Mundes führen.

Die orale Aufnahme von konzentrierten Säuren und Laugen ist lebensgefährlich! (Die Letaldosen der starken Säuren und Laugen liegen in der Größenordnung von 20 ml!)

Neutralisation: Neutralisationen sind exotherme Reaktionen, die das vorgeschädigte Gewebe durch Hitzeeinwirkung weiter schädigen können. Eine Neutralisation von Säuren mittels Carbonaten kann durch CO_2-Entwicklung sogar ein Reißen des verletzten Magens verursachen und darf deshalb keinesfalls vorgenommen werden.

Maßnahmen nach Einatmen von ätzenden Stoffen

Flüchtige Säuren und Laugen können durch Einatmen die Atemwege reizen oder verätzen (Ammoniak, Essigsäure u. a.). Die Folge sind Schleimhautschädigungen und Krämpfe der Bronchialmuskulatur.

Auch eine Schädigung der Augen durch aufsteigende Dämpfe ist hier zu bedenken! Es ist für ausreichend Frischluftzufuhr zu sorgen.

Wenn möglich, soll Wasserdampf eingeatmet werden, um für eine Verdünnung der Säure bzw. Lauge zu sorgen.

Maßnahmen bei Hautkontakt mit ätzenden Stoffen

Benetzte Kleidung entfernen und mit möglichst viel Wasser abwaschen. Geschädigte Hautbereiche steril abdecken und Arzt hinzuziehen.

Maßnahmen bei Augenkontakt

Auge mit Daumen und Zeigefinger offen halten und mit reichlich Wasser mindestens zehn Minuten lang spülen. Dabei den Kopf des Verletzten so drehen, dass das andere Auge nicht benetzt wird. Anschließend unbedingt einen Augenarzt aufsuchen.

Zur Beachtung: Dem Spülen muss Vorrang vor anderen Maßnahmen gegeben werden! Ein Unterlassen kann Beeinträchtigung oder Verlust der Sehkraft bedeuten.

21.3.4 Entsorgung und Umweltschutz

Reststoffe werden in Glasbehältern bis zur Entsorgung gesammelt (Ausnahme: Flusssäure greift Glas an; Kunststoff-Flaschen verwenden).

Säuren und Laugen können nach Maßgabe des Apothekenleiters vor der Entsorgung neutralisiert werden. Dies trägt dazu bei, die Gesamtmenge gefährlicher Reststoffe zu reduzieren.

Das verwendete Gefäß unterliegt der Kennzeichnungspflicht für Vorratsbehältnisse.

Da Abfallgemische keine genau definierte Zusammensetzung besitzen, empfiehlt sich aus Sicherheitsgründen folgende Kennzeichnung:

> Gefahrstoffe sind Sondermüll. Sie dürfen nicht in die Kanalisation eingeleitet werden. Es sind die örtlichen Vorschriften zur Abfallentsorgung zu beachten. Ob kleine Mengen erlaubterweise in das Abwasser gegeben werden dürfen, ist von den Abfallberatungsstellen der entsprechenden Stadt bzw. Gemeinde zu erfragen.

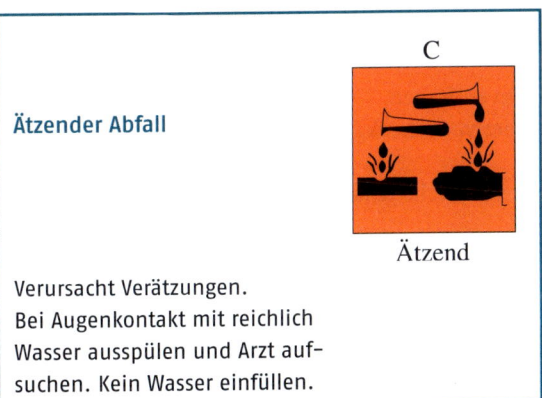

Ätzender Abfall

C

Ätzend

Verursacht Verätzungen.
Bei Augenkontakt mit reichlich
Wasser ausspülen und Arzt auf-
suchen. Kein Wasser einfüllen.

21.4 Unterweisung für Tätigkeiten mit brennbaren Flüssigkeiten

Die folgenden Texte können in Verbindung mit der Betriebsanweisung als Hilfestellung für die Unterweisung verwendet werden, sind aber erst an die jeweiligen betrieblichen Voraussetzungen anzupassen.

Brennbare Flüssigkeiten sind nicht nur dadurch gefährlich, dass sie sich entzünden lassen, sondern vor allem, weil sie Dämpfe freisetzen, die in Verbindung mit Luft entzündliche bzw. explosive Gemische bilden. Diese Dämpfe sind schwerer als Luft und befinden sich im Bodenbereich.

Genaueres zu den brennbaren Flüssigkeiten findet sich in ▶ Kap. 3.4.3

Zur Beachtung: Viele feuergefährliche Stoffe sind auch gesundheitsschädlich bzw. giftig, weswegen sie im Zusammenhang mit der *Unterweisung über Giftstoffe* zu sehen sind. Die hier geschilderten Gefahren beziehen sich nur auf ihre feuergefährliche Eigenschaft!

21.4.1 Schutzmaßnahmen und Verhaltensregeln

- Feuergefährliche Stoffe, v. a. brennbare Flüssigkeiten, in dicht verschlossenen Behältnissen kühl und trocken lagern.
- Von Zündquellen fernhalten, nicht rauchen.
- Auch das Umfüllen darf nicht in Räumen erfolgen, die eine Zündquelle aufweisen.
- Arbeiten mit brennbaren Stoffen sind im eingeschalteten Abzug durchzuführen. An Arbeitsplätzen dürfen die feuergefährlichen Stoffe nur in einer Menge aufbewahrt werden, die für den Fortgang der Arbeit erforderlich ist.
- Um- und Abfüllarbeiten mit größeren Gefäßen, die nicht im Abzug möglich sind, werden im gut belüfteten Labor ausgeführt. Alle Zündquellen, auch versteckte, sind auszuschließen – Explosionsgefahr!

21.4.2 Verhalten im Gefahrenfall – Erste Hilfe

Verbrennungen

- Brennende Personen unter die Dusche stellen oder Brand mit Decken ersticken. Keine Synthetikfaserdecken verwenden; diese setzen beim Brennen giftige Gase frei und verkleben mit der Haut!
- Verbrannte Hautstellen ausgiebig mit Wasser kühlen, bis die Schmerzen abklingen. Bei großflächigen Verbrennungen nasse Tücher verwenden.
- Leichte Verbrennungen können mit Brandgel behandelt werden.
- Brandwunden keimfrei abdecken (sterile Kompressen), es besteht Infektionsgefahr durch geschädigte Hautstellen.
- Auf der Haut anhaftende Stoffe nicht entfernen.
- Bei großflächigen Verbrennungen besteht Schockgefahr. Überwachung des Patienten. Notarzt rufen.
- Je nach Schwere der Verbrennung ist ärztliche Hilfe in Anspruch zu nehmen.

Löschen von Bränden

- Brennende Stellen mit Sand abdecken oder Feuerlöscher verwenden. Brennende Substanzen in Gefäßen werden mit einem Uhrglas abgedeckt.
- Der Apothekenleiter hat dafür zu sorgen, dass das Personal mit der Handhabung der vorhandenen Feuerlöschgeräte vertraut ist und dass für den Brandfall ein Alarmplan erstellt wird.
- Die Gebrauchsanleitung des Feuerlöschers sollte bereits vor dem Ernstfall sorgfältig gelesen werden.
- Bei größeren Bränden unverzüglich die Feuerwehr benachrichtigen.

21.4.3 Entsorgung und Umweltschutz

- Reststoffe werden in gut verschließbaren Gefäßen bis zur Entsorgung gesammelt. Es ist aus Sicherheitsgründen einem unzerbrechlichen Gefäß der Vorzug zu geben.
- Die Aufbewahrung erfolgt im Vorrats- bzw. Lagerraum für brennbare Flüssigkeiten.
- Das verwendete Gefäß unterliegt der Kennzeichnungspflicht für Vorratsbehältnisse.
- Da Abfallgemische keine genau definierte Zusammensetzung besitzen, empfiehlt sich aus Sicherheitsgründen beispielsweise folgende Kennzeichnung:

Leicht- und
hochentzündlicher Abfall

F

Leichtentzündlich

Behälter dicht geschlossen halten.
Von Zündquellen fern halten –
nicht rauchen.
Nicht in die Kanalisation gelangen lassen.

21.5 Unterweisung für Tätigkeiten mit gesundheitsschädlichen und giftigen Stoffen

21.5.1 Gefahren

Die folgenden Texte können in Verbindung mit der Betriebsanweisung als Hilfestellung für die Unterweisung verwendet werden, sind aber erst an die jeweiligen betrieblichen Voraussetzungen anzupassen.

Von zahlreichen Stoffen aus dem Apothekenlabor geht eine Gesundheitsgefährdung aus. Die Vergiftungen können folgendermaßen entstehen:

- Versehentliches Verschlucken.
- Hautkontakt bei Stoffen, die über die Haut aufgenommen werden können.
- Einatmen.

Je nach Art des Stoffes kann es sich um *akute* oder *chronische* Toxizität handeln. Näheres ist den Sicherheitsdatenblättern zu den jeweiligen Stoffen zu entnehmen. Auch die Hinweise auf dem Vorratsgefäß signalisieren die Art der Gefährdung.

Die Vergiftungssymptome sind sehr vielfältig. Sie reichen von Übelkeit, Erbrechen, Leibschmerzen, Kopfschmerzen, Krämpfen, Schwindel, Schweißausbrüchen, Kreislaufstörungen bis hin zu Schock, Koma, Tod.

Ernsthafte Gesundheitsschäden gehen auch vor allem von den Stoffen aus, die irreversible Schäden hervorrufen, und von CMR-Stoffen.

21.5.2 Schutzmaßnahmen und Verhaltensregeln

Vor der Arbeit mit diesen Stoffen sollten die ausgehenden Gefahren sowie Sicherheitsratschläge für die einzelnen Stoffe anhand der R- und S-Sätze (bzw. H- und P-Sätze bei Anwendung des BAK-Farbkonzepts) oder der Sicherheitsdatenblätter in Erfahrung gebracht werden.

Insbesondere ist zu beachten:

- Kontakt mit Augen und Haut vermeiden. Dazu Schutzhandschuhe und eine seitlich geschlossene Schutzbrille tragen.
- Bei Flüssigkeiten auf geeignetes Handschuhmaterial achten!
- Entstehende Stäube nicht einatmen.

21

- Beim Umgang mit Substanzen, die Stäube oder Dämpfe freisetzen, muss im einge-schalteten Abzug gearbeitet werden.
- Nach der Arbeit und vor einer Pause sind die Hände gründlich zu reinigen, um eine versehentliche Aufnahme zu vermeiden.

21.5.3 Verhalten im Gefahrenfall – Erste Hilfe

Wichtigste Aufgabe des Ersthelfers ist es, das Gift so *schnell wie möglich* zu entfernen. Die Maßnahmen hängen von der Art der Giftaufnahme ab:

- Verschlucken,
- Hautkontakt,
- Augenkontakt,
- Einatmen.

Giftentfernung nach Verschlucken

Das Gift muss möglichst rasch aus dem Magen-Darm-Kanal entfernt werden, um die Re-sorption gering zu halten. Dazu wird der Vergiftete zum Erbrechen gebracht. Dies ge-schieht durch Reizung der Rachenhinterwand mit dem Finger oder einem umwickelten Löffelstiel. Da Erbrechen eine gewisse Magenfüllung voraussetzt, wird zuvor Wasser zum Trinken gegeben. Lauwarmes Wasser wirkt zudem selbst brechreizerregend.

Auf die früher oft empfohlene Methode, mit konzentrierter Kochsalzlösung Erbrechen zu provozieren, sollte verzichtet werden, da bei einem Scheitern des Versuches hohe Men-gen Kochsalz aufgenommen wurden, die selbst gesundheitsschädlich sind.

Erbrechen darf nicht herbeigeführt werden bei:

- Vergiftung mit organischen Lösungsmitteln,
- Vergiftung mit ätzenden Stoffen,
- Vergiftung mit schäumenden Stoffen (Tensiden),
- bewusstlosen Personen.

Da durch Erbrechen selten eine vollständige Entleerung des Magens möglich ist, kann auf anschließende ärztliche Maßnahmen nicht verzichtet werden, auch wenn keine Sympto-matik beobachtet wird.

Nach dem Erbrechen bzw. dem Versuch Erbrechen auszulösen, besteht die wichtigste Maßnahme zur Giftentfernung in der **Gabe von Aktivkohle (medizinischer Kohle)** und anschließendem Abführen mit einem salinischen Abführmittel (Glaubersalz).

Handelt es sich um ein verschlucktes Lösungsmittel, ist anstelle von Aktivkohle Paraffinöl zu verwenden, wie weiter unten beschrieben!

Die Kohle kann durch ihre große innere Oberfläche das Gift aufnehmen und binden. Anschließend wird sie durch die Abführmaßnahme mit dem adsorbierten Gift aus dem Körper entfernt. Diese Maßnahme sollte so schnell wie möglich erfolgen.

Dosierung und Vorgehensweise bei der Kohlegabe

Es muss ein deutlicher Überschuss zur aufgenommenen Giftmenge verabreicht werden. 50 bis 100 Gramm sind in den meisten Fällen ausreichend. Als Faustregel kann ein Gewicht von 5 Gramm pro Esslöffel dienen. Nicht unterdosieren, medizinische Kohle hat keine giftigen Nebenwirkungen! Die Kohle wird in einem Glas Wasser angerührt und schluckweise verabreicht.

Im Anschluss muss für ein rasches Ausscheiden der Kohle gesorgt werden. Dazu wird eine Lösung von 20 g Glaubersalz auf ein großes Glas Wasser gegeben.

Qualität der Aktivkohle: Es ist in jedem Falle dem Pulver der Vorzug zu geben. Granulate und Tabletten besitzen eine geringere Bindekraft. Laut ApBetrO (Anlage 3 zu § 15 Abs. 1) muss in jeder Apotheke im Notfallsortiment auch Medizinische Kohle bereitgehalten werden. Alle Mitarbeiter sind davon zu unterrichten, wo sich diese Medikamente befinden.

Die Kohle sollte in dicht verschlossenen Gefäßen aufbewahrt werden, da sie an der Luft an Adsorptionsfähigkeit einbüßt. Erst kurz vor Gebrauch erfolgt ein Anrühren mit Wasser.

Kontraindikation: Bei Verätzungen mit Mineralsäuren und Laugen darf keine Aktivkohle verabreicht werden, da diese ohnehin nicht adsorbiert werden, aber die Verätzung verdeckt und die Gefahren verschleiert werden.

Giftentfernung nach dem Verschlucken organischer Lösungsmittel

Nach dem Verschlucken organischer Lösungsmittel wie Benzin, Ether, Kohlenwasserstoffen, halogenierten Kohlenwasserstoffen etc. gibt man anstelle von Aktivkohle Paraffinöl, das ebenfalls in jeder Apotheke vorhanden sein dürfte. Paraffinöl selbst wird nicht resorbiert, mischt sich mit dem Lösungsmittel und setzt dessen Resorption herab. Die Gabe muss möglichst schnell nach der Giftaufnahme erfolgen, da die meisten Lösungsmittel rasch ins Blut übergehen.

Dosierung

Nach Möglichkeit werden 100–200 ml Paraffinöl verabreicht.
Anschließend wird mit Glaubersalzlösung (20 g auf ein Glas Wasser) abgeführt.

Was auf keinen Fall getan werden darf! Dem Vergifteten darf auf keinen Fall Milch, Kaffee, Speiseöl oder Alkohol verabreicht werden, da diese zu einer Verbesserung bzw. Beschleunigung der Resorption führen. Rizinusöl als Abführmittel ist ebenso verboten!

Giftentfernung nach Hautkontakt

Kontaminierte Kleidungsstücke entfernen und die betroffenen Hautstellen mit reichlich Wasser mehrere Minuten lang spülen. Schlecht wasserlösliche Substanzen (z. B. organische Lösungsmittel) werden mit Wasser und Seife abgewaschen oder zuvor mit einer Kompresse abgetupft.

21

Giftentfernung nach Augenkontakt

Auge mit Daumen und Zeigefinger offen halten und mit reichlich Wasser mindestens zehn Minuten lang spülen. Dabei den Kopf des Verletzten so drehen, dass das andere Auge nicht benetzt wird. Anschließend unbedingt einen Augenarzt aufsuchen.

Zur Beachtung: Dem Spülen muss Vorrang vor anderen Maßnahmen gegeben werden! Ein Unterlassen kann Beeinträchtigung oder Verlust der Sehkraft bedeuten.

21.5.4 Entsorgung und Umweltschutz

Reststoffe werden in dicht verschlossenen Glasbehältern bis zur Entsorgung gesammelt. Die Aufbewahrung muss unter Verschluss erfolgen, sodass nur sachkundige Personen Zugang haben. Um die Gefahr gering zu halten, sollte keine zu große Abfallmenge angesammelt werden. Das verwendete Gefäß unterliegt der Kennzeichnungspflicht für Vorratsbehältnisse.

Da Abfallgemische keine genau definierte Zusammensetzung besitzen, empfiehlt sich aus Sicherheitsgründen folgende Kennzeichnung:

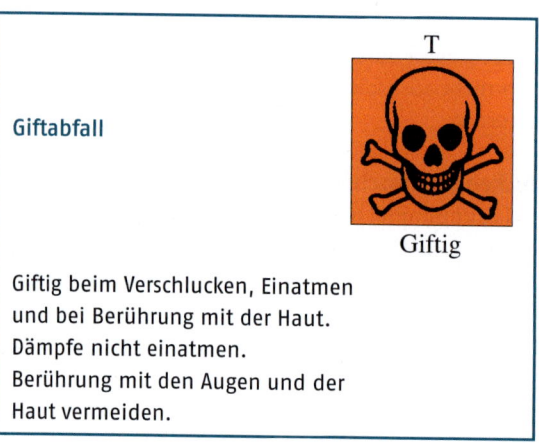

Giftabfall

T

Giftig

Giftig beim Verschlucken, Einatmen und bei Berührung mit der Haut. Dämpfe nicht einatmen. Berührung mit den Augen und der Haut vermeiden.

Gefahrstoffe sind Sondermüll. Sie dürfen nicht in die Kanalisation eingeleitet werden. Es sind die örtlichen Vorschriften zur Abfallentsorgung zu beachten. Ob kleine Mengen erlaubterweise in das Abwasser gegeben werden dürfen, ist von den Abfallberatungsstellen der entsprechenden Stadt bzw. Gemeinde zu erfragen.

Teil F
Für den Notfall

22 Wichtige Adressen und Rufnummern

Ärzte in der Nähe der Apotheke

Arzt für Allgemeinmedizin

Name
....

Adresse   Tel.

Internist

Name
....

Adresse   Tel.

Name
....

Adresse   Tel.

Nächstgelegene Giftnotrufzentrale

Name

Adresse   Tel.

Nächstgelegenes Krankenhaus

Name

Adresse   Tel.

Rettungsleitstelle

Name

Adresse   Tel.

22

23 Notfallarzneimittel

Jede einzelne Apotheke muss derzeit mit den folgenden Notfallarzneimitteln ausgestattet sein (Anlage 3 zur ApBetrO, Stand: 9.2.1987, Neugefasst am 26.9.1995, zuletzt geändert 2.12.2008). Mit Ausnahme der Positionen 4, 5 und 6 muss es sich um parenteral anzuwendende Arzneiformen handeln.

Welche Handelspräparate jeweils bereitgehalten werden, entscheidet die Apothekenleitung; die Menge muss ausreichend sein, um eine unmittelbare Erstversorgung zu gewährleisten, eine Weiterbehandlung dürfte ohnehin in einer Klinik erfolgen. Die Landesapothekerkammern stellen den Apotheken ein Merkblatt zur Verfügung, das Empfehlungen für geeignete Handelspräparate und zusätzliche Kurzinformationen zur Anwendung, Dosierung etc. enthält; dieses muss für alle Mitarbeiter einsehbar aufbewahrt werden.

Ergänzendes Merkblatt zu Anlage 3 zu § 15 Apothekenbetriebsordnung – Antidota (Stand: 9.2.1987/2.12.2008)

Nr. Antidot	Arzneistoff	Beispiele für Handels-präparate	Wirkung	Anmerkungen
1.1 Gegen Intoxikationen und Überdosierungen mit Opiaten	Naloxon	Naloxon-ratiopharm® 0,4 mg/ml 3 Amp. zu 1 ml	**Opiatrezeptor-Antagonist** bindet mit höherer Affinität als die meisten Opiate an μ-, δ- und κ-Rezeptoren ohne partiell agonistische Aktivität. Affinität von Buprenorphin jedoch höher.	Applikationsfrequenz von Naloxon wegen längerer HWZ der Opiate beachten. Bei Intoxikationen mit Buprenorphin wird das unspezifische Atemstimulanz Doxapram (Dopram®) gegeben. Doxapram muss nicht vorrätig gehalten werden.
1.2 Gegen Intoxikationen und Überdosierungen mit Cholinesterase- Hemmern	Atropin	Atropinsulfat 100 mg antidot. 5 Amp. zu 10 ml	**Muskarinischer Acetylcholin- Rezeptorantagonist,** antagonisiert Acetylcholin, das wegen Hemmung der Esterase länger wirkt. Die nikotinischen und zentralen Wirkungen bei Organophosphat-Intoxikationen werden nicht aufgehoben.	Bei Intoxikationen mit Phosphorsäureestern (Alkylphosphaten) und Carbamaten wird Atropin in hohen Dosen eingesetzt. Nach Erstmaßnahmen, Atropin i.v. (ggf. wiederholt) und Maßnahmen zur Resorptionsverminderung kann bei Phosphorsäureestervergiftung ein Cholinesterase-Reaktivator wie Obidoximchlorid (Toxogenin® Amp.) gegeben werden; nicht bei Carbamatintoxikation (Obidoxim muss in öffentlichen Apotheken nicht vorrätig gehalten werden).

1.3 Gegen Intoxikationen mit Cyanid(en)	1. 4-Dimethyla-mino- phenol (DMAP), anschließend:	4-DMAP Antidotlösung 1 Amp. zu 5 ml	**Methämoglobinbildner** bildet Fe(III) aus Fe(II). Fe(III) fängt Cyanid ab, so dass es nicht mehr an Fe(III) in der Atmungskette bindet. So wird „innere Erstickung" verhindert.	Zunächst Gabe von DMAP, anschließend Natri-umthiosulfat.
	2. Natrium-thiosulfat	Natriumthiosulfat 10 % 5 Amp. zu 10 ml	**Schwefeldonator** fördert Thiocyanatbildung via Rhodanid- Synthetase.	
1.4 Gegen Intoxikationen und Überdosierungen mit Methämoglobinbildnern	Tolonium-chlorid	Toluidinblau® Amp. zu 10 ml	**Redoxfarbstoff** reduziert durch Methämoglobin-bildner oxidiertes dreiwertiges Eisen in Erythrocyten, die dadurch wieder Sauerstoff transportieren können.	Bei Intoxikationen zum Beispiel mit Nitraten, Nitriten, aromatischen Aminen oder nach Überdosierung von 4-DMAP.
2. Emetika	Apomorphin	Apomorphin Teclapharm 10 Amp. zu 1 ml	**Emetikum** stimuliert durch Dopamin-2-Ago-nismus das zentrale Brechzentrum.	Für die Routineanwendung und für Kinder unter 6 Jahren nicht indiziert. Bei Bedarf kann (auch Erwachsenen) Brecherregender Ipecacuanha-Sirup (NRF) gegeben werden.
3. Corticoid, hoch dosiert zur Injektion	Glucocorticoid (zum Beispiel Prednisolon, Methylpred-nisolon)	Solu-Decortin®-H 250 1 St. oder Urbason® solubile forte 250 mg 1 St. oder anderes	**Antiphlogistikum** gegen toxisch- induzierte Ödeme und Entzündun-gen	Bei vielen Vergiftungen, besonders wenn antiinflammatorische, antipruriginöse oder antiödematöse Eigenschaften genutzt werden sollen.
4. Mittel zur Behandlung von Rauchgasvergiftun-gen	Inhalatives Glucocorticoid	1 St. Ventolair®, Junik® Dosier-Aerosol (DA) oder 1 St. anderes DA, wie zum Beispiel Flutide® forte 250	**Antiphlogistikum** reduziert rauchgasindu-zierte Lungenödeme und reduziert so Atemnot.	Unmittelbar nach Rauchgasexposition 4 Hübe/Sprühstöße Ventolair® oder Junik® oder anderes. Wiederholte Gabe möglich. Nach Ablauf von 2 Stunden erneut 4 Sprühstöße. Bei weiterhin auf- tretenden Symptomen (Husten, Dyspnoe) Fortsetzung der Therapie mit 4 Sprühstößen alle 2 Stunden bis zum Abklingen der Beschwerden.
5. Antischaum-Mittel zur Behandlung von Tensid-Intoxikationen	Dimeticon	Lefax® Pump liquid Suspension 1 x 50 ml oder Sab simplex® Suspension 1 x 30 ml	**Entschäumer** entfernt durch Antitensidwirkung physikalisch Schaum.	Nach Ingestion von großen Tensidmengen: 10 ml für Erwachsene, 5 ml für Kinder; in flüssiger Darreichungsform.
6. Medizinische Kohle	Carbo activates Ph. Eur. 5.0	Ultracarbon® Granulat, oder Kohle Suspension 25 % NRF 19.4. oder Kohle Pulvis 1 x 50 g oder entsprechende Menge Kohle-Compret-ten bzw. - Tabletten)	**Adsorbens;** viele Substanzen werden unspezifisch adsorbiert; Gabe ggf. auch nach länger zurückliegender Intoxikation, z.B. bei enterohepatischem Kreislauf, sinnvoll.	Bei oraler Vergiftung sollte sofort Kohle, 0,5–1 g/kg KG, gegeben werden. Anschließend kann ein Laxans, z. B. Natriumsul-fat-Decahydrat DAB (ca. 20 g) gegeben werden (entfällt bei NRF 19.4. mit Sorbitol).
7. Tetanus Impfstoff		Tetanol pur® 1 Fertig- spritze	**Impfstoff** zur aktiven Tetanus- Immunisierung.	
8. Tetanus- Hyperim-mun-Globulin 250 I.E.		Tetagam® N 1 Amp. oder Tetanobulin® 1 Amp.	**Immunglobulin** zur passiven Tetanus-Immu-nisierung.	Zur Prophylaxe bei nicht oder unvollständig immunisierten Frischverletzten sowie zur Therapie des klinisch manifesten Tetanus.

Die aufgeführten Handelspräparate sind Beispiele, die einen Kompromiss zwischen Notwendigkeit und Praktikabilität bezüglich Menge, Packungsgröße und Lagerstabilität für die öffentliche Apotheke darstellen. Falls nichts anderes angegeben, beziehen sich Angaben zur Dosierung auf Erwachsene.

© Zentrum für Arzneimittelinformation und Pharmazeutische Praxis (ZAPP), ABDA – Bundesvereinigung Deutscher Apothekerverbände. Berlin, Oktober 2007.

Es empfiehlt sich, diese Arzneimittel gesammelt an einem besonderen Ort aufzubewahren und alle Mitarbeiter darüber zu informieren, wo sich dieser befindet (der Lagerort kann auf der nächsten Seite eingetragen werden).

In angemessenen Zeitabständen sollte eine Überprüfung hinsichtlich Vollständigkeit und Haltbarkeit erfolgen.

Die Tabelle auf der nächsten Seite kann dabei behilflich sein, diese Notfallarzneimittel zu »pflegen«.

Darüber hinaus haben die Apotheken die Aufgabe, eine Reihe von lebensrettenden Sera, Impfstoffen etc. für dringende Notfälle bereitzustellen (Anlage 4 zur ApBetrO).

- Botulismus-Antitoxin vom Pferd
- Diphtherie-Antitoxin vom Pferd
- Gasbrand-Antitoxin
- Schlangengift-Immunserum, polyvalent, Europa
- Tollwut-Impfstoff
- Tollwut-Immunglobulin
- Tetanus-Immunglobulin 2500 I. E.
- Prothrombinkonzentrat (PPSB)
- Polyvalentes Immunglobulin
- Röteln-Immunglobulin
- Varizella-Zoster-Immunglobulin
- Hepatitis-B-Immunglobulin

Diese brauchen nicht von jeder einzelnen Apotheke vorrätig gehalten werden, müssen aber kurzfristig beschaffbar sein. Deshalb haben die Landesapothekerkammern Notfalldepots eingerichtet. Sie befinden sich in Krankenhäusern, sodass ein Zugriff rund um die Uhr möglich ist.

Telefonnummer und Adresse des nächstgelegenen Notdepots müssen in der Apotheke an gut sichtbarer Stelle angebracht sein.

Wichtig! Alle im Kundenverkehr tätigen Mitarbeiter sollten wissen, welche Arzneimittel sich in den Notfalldepots befinden, sodass im Bedarfsfalle schnell gehandelt werden kann und man nicht erst eine Bestellung beim Großhändler vornimmt. Dazu ist es empfehlenswert, einen entsprechenden Aushang gut sichtbar anzubringen.

Vorgehensweise zur Entnahme eines Arzneimittels
Nachdem ein entsprechendes Rezept vorgelegt wurde, kann die Apotheke das gewünschte Arzneimittel abholen und dem Patienten übergeben. Die Arzneikosten werden mit dem Patienten bzw. dessen Krankenkasse abgerechnet.

Die Apotheke ist für den Vorgang verantwortlich und hat auch die Aufzeichnungen nach dem Transfusionsgesetz zu machen.

Da es sich um apothekenpflichtige Arzneimittel handelt, ist es nicht gestattet, den Kunden selbst zur Abholung zu veranlassen.

■ Tab. 23.1 Mustertabelle – Notfallarzneimittel in der Apotheke

Lagerort der Notfallarzneimittel in der Apotheke:

»Pflege« der Notfallarzneimittel			
Vorhandenes Präparat	Verwendbar bis	Geprüft am	Namenszeichen
1. Antidote gegen Vergiftungen bzw. Überdosierungen mit			
1.1 Opiaten			
1.2 Cholinesterase-Hemmern			
1.3 Cyanid			
1.4 Methämoglobinbildnern			
2. Emetika			
3. Kortikoid, hochdosiert, zur Injektion			
4. Mittel zur Behandlung von Rauchgasvergiftungen			
5. Antischaummittel zur Behandlung von Tensid-Vergiftungen			
6. Medizinische Kohle			
7. Tetanus-Impfstoff			
8. Tetanus-Hyperimmun-Globulin 25o I. E.			

23

Teil G
Anhang

Übersicht der Anhänge

Anhang-Nr.	Inhalt und Zweck	Bezug zum Textteil
Nr. 1 und 2	Es handelt sich um »Endverbleibserklärungen« für die Dokumentation der Abgabe von Chemikalien, die der »Grundstoffüberwachung« (illegale Drogensynthese) unterstehen	▶ Kap. 9.10
Nr. 3 und 4	Allgemeine Schutzmaßnahmen, Mindeststandards für jegliche Tätigkeit mit gefährlichen Stoffen in der Apotheke	▶ Kap. 14.3.3
Nr. 5 und 6	Rezepturstandards auf der Basis des »alten« Gefahrstoffrechts, übergangsweise anwendbar bis 01.06.2015	▶ Kap. 14.3.3
Nr. 7	Rezepturstandard »neu« auf der Basis der EG-CLP-VO	▶ Kap. 14.3.3
Nr. 8	Musterformular »leer« für Gefährdungsbeurteilungen auf der Basis des »alten« Gefahrstoffrechts, übergangsweise anwendbar bis 01.06.2015	▶ Kap. 14.3.3
Nr. 9	Musterformular »leer« für Gefährdungsbeurteilungen auf Basis der EG-CLP-VO	▶ Kap. 14.3.3
Nr. 10	Beispiel für ein ausgefülltes Formular: Gefährdungsbeurteilung der Herstellung halbfester Zubereitungen im geschlossenen System auf der Basis des »alten« Gefahrstoffrechts, übergangsweise anwendbar bis 01.06.2015	▶ Kap. 14.3.3
Nr. 11	Beispiel für ein ausgefülltes Formular: Gefährdungsbeurteilung der Herstellung halbfester Zubereitungen im geschlossenen System auf Basis der EG-CLP-VO	▶ Kap. 14.3.3
Nr. 12 und 14	Musterformular »leer« und Beispiel für ein ausgefülltes Formular des Explosionsschutzdokuments auf der Basis des »alten« Gefahrstoffrechts, übergangsweise anwendbar bis 01.06.2015	▶ Kap. 15.3
Nr. 13 und 15	Musterformular »leer« und Beispiel für ein ausgefülltes Formular des Explosionsschutzdokuments auf Basis der EG-CLP-VO	▶ Kap. 15.3
Nr. 16	Musterformular für eine Empfangsbestätigung bei der Abgabe von Gefahrstoffen	▶ Kap. 9.6
Nr. 17	Musterformular für die Bestätigung der Unterweisung der Mitarbeiter	▶ Kap. 14.5
Nr. 18	Musterformular für die Pflichtenübertragung bei der Erstellung der Gefährdungsbeurteilungen	▶ Kap. 14.3.4

Die Anhänge Nr. 3 bis 15 und Nr. 18 basieren auf den Handlungshilfen der Bundesapothekerkammer und den darauf aufbauenden Softwarelösungen »Gefährdungsbeurteilung in Apotheken«, Stand 01/2008 und »Arbeitsschutz in Apotheken«, Stand 12/2010, jeweils bearbeitet von Frau Peggy Ahl.

Die Handlungshilfen stehen unter http://www.abda.de/arbeitsschutzmassnahmen.html als Download zur Verfügung.

A

Formular Endverbleibserklärung für einmalige Vorgänge

ERKLÄRUNG DES KUNDEN ÜBER DEN (DIE) GENAUEN VERWENDUNGSZWECK(E) DES ERFASSTEN STOFFES DER KATEGORIE 1 ODER 2 (einmaliger Vorgang)

Ich/Wir

Name: . . . .

Anschrift . . . .

. . . .

Genehmigungs–/Erlaubnis–/Registrierungskennzeichen . . . .
(Nichtzutreffendes streichen)

ausgestellt am   . . . . von . . . .
(Name und Anschrift der Behörde)

und unbefristet gültig/gültig bis . . . .

. . . .
(Nichtzutreffendes streichen)

habe(n) bei

Name: . . . .

Anschrift . . . .

den folgenden Stoff bestellt:

Stoffbezeichnung . . . .

. . . .

KN–Code . . . . Menge . . . .

Der Stoff wird ausschließlich verwendet für . . . .

. . . .

Ich/Wir bestätige(n), dass der vorstehend genannte Stoff nur unter der Bedingung weiterverkauft oder anderweitig an einen weiteren Kunden geliefert wird, dass dieser eine diesem Muster entsprechende Erklärung über den Verwendungszweck oder für die Stoffe der Kategorie 2 eine Erklärung über mehrmalige Vorgänge abgibt.

Unterschrift . . . . Name . . . .
(in Blockschrift)

Stellung im Unternehmen: . . . . Datum . . . .

Formular Endverbleibserklärung für mehrmalige Vorgänge

ERKLÄRUNG DES KUNDEN ÜBER DEN (DIE) GENAUEN VERWENDUNGSZWECK(E) DES ERFASSTEN STOFFES DER KATEGORIE 2 (mehrmaliger Vorgang)

Ich/Wir

Name: . . . .

Anschrift . . . .

. . . .

Registrierungskennzeichen . . . .
(Nichtzutreffendes streichen)

ausgestellt am . . . . von . . . .
(Name und Anschrift der Behörde)

und unbefristet gültig/gültig bis . . . .

. . . .
(Nichtzutreffendes streichen)

beabsichtige(n) bei

Name: . . . .

Anschrift . . . .

den folgenden Stoff zu bestellen:

Stoffbezeichnung . . . .

. . . .

KN-Code . . . . Menge . . . .

Der Stoff wird ausschließlich verwendet für . . . .

. . . .

Ich/Wir bestätige(n), dass der vorstehend genannte Stoff nur unter der Bedingung weiterverkauft oder anderweitig an einen weiteren Kunden geliefert wird, dass dieser eine ähnliche Erklärung über den Verwendungszweck oder eine Erklärung über einmalige Vorgänge abgibt.

Unterschrift . . . . Name . . . .
(in Blockschrift)

Stellung im Unternehmen: . . . . Datum . . . .

A

Allgemeine Maßnahmen der Schutzstufe 1 (alt)

Information und Kennzeichnung

- Die Ausgangsstoffe werden ordnungsgemäß und übersichtlich geordnet aufbewahrt.
- Die Ausgangsstoffe werden gemäß ApBetrO und nach Gefahrstoffrecht eindeutig gekennzeichnet.
- Das Gefahrstoffverzeichnis wird mind. einmal jährlich und bei Verwendung neuer Substanzen aktualisiert.
- Die Sicherheitsdatenblätter der Ausgangsstoffe stehen zur Einsicht zur Verfügung.
- Die Betriebsanweisungen sowie die Liste der Giftinformationszentren stehen schriftlich zur Verfügung.
- Die Arbeitnehmer werden über die Gefahren und Schutzmaßnahmen anhand der Betriebsanweisung mind. einmal jährlich unterrichtet.

Arbeitsplatz

- Trittsichere Fußböden und leicht zu reinigende Oberflächen sind im Arbeitsbereich vorhanden.
- Eine ausreichende Lüftung im Arbeitsbereich ist möglich.
- Der Arbeitsplatz ist aufgeräumt, die Gerätschaften werden sauber aufbewahrt.
- Der Arbeitsplatz wird unverzüglich nach der Tätigkeit mit geeigneten Methoden, z. B. tensidhaltiger Reinigungslösung, und möglichst ohne Staubbelastung gereinigt.
- Ein Hautschutzplan (Hautgefährdung, richtige Anwendung der zur Verfügung gestellten Hautreinigungs- und Hautpflegemittel) wird vom Arbeitgeber erstellt.
- Waschgelegenheiten mit Einmalhandtüchern, Hautreinigungsmitteln, Desinfektionsmitteln, Hautschutz- und Hautpflegemitteln sind vorhanden. Der Hautschutzplan wird an allen Waschgelegenheiten ausgehängt und während der Unterweisung erläutert.

Arbeitsverfahren

- Die standardisierten Herstellungsverfahren, z. B. des DAC/NRF, werden eingehalten.
- Die Leitlinien der Bundesapothekerkammer zur Qualitätssicherung werden eingehalten.
- Wenn möglich, werden Stammverreibungen bzw. Stammkonzentrate verwendet.
- Halbfeste Zubereitungen werden vorzugsweise in geschlossenen Systemen, wie Unguator oder Topitec, hergestellt.

Arbeitsorganisation

- Gefährliche Ausgangsstoffe werden nur in geringen Mengen im unmittelbaren Bereich der Tätigkeit aufbewahrt. Ätzende Flüssigkeiten werden nicht über Augenhöhe gelagert.
- Ungestörtes Arbeiten wird sichergestellt. Unterbrechungen und Störungen des Arbeitsprozesses werden weitgehend ausgeschlossen.
- Der Arbeitsplatz wird möglichst während der Tätigkeit nicht verlassen.
- Plötzliches Öffnen von Türen und Fenstern wird vermieden.
- Unterschiedliche Tätigkeiten mit verschiedenen gefährlichen Stoffen werden räumlich oder zeitlich getrennt durchgeführt. Dies bedeutet z. B., dass bei der Prüfung von Ausgangsstoffen im Labor nicht gleichzeitig eine Herstellung durchgeführt wird.
- Brennbare Flüssigkeiten werden grundsätzlich unter dem Abzug ab- oder umgefüllt.

Hygiene

- Essen, Trinken, Rauchen in den Herstellungsbereichen ist nicht gestattet.
- Nahrungsmittel werden außerhalb des Herstellungsbereiches aufbewahrt.
- Bei der Herstellung und Prüfung werden die Grundregeln der Hygiene eingehalten.
- Jeglicher Kontakt mit Gefahrstoffen wird weitgehend vermieden.
- Die persönliche Schutzausrüstung (Kittel, Schutzbrille, geeignete Schutzhandschuhe nach Maßgabe des Sicherheitsdatenblattes, ggf. Staubschutzmaske, Atemschutzmaske) wird bestimmungsgemäß verwendet. Der geschlossene Kittel gewährleistet den notwendigen Schutz.
- Die Grundregeln der persönlichen Hygiene werden eingehalten (Reinigung verschmutzter Körperstellen, Hände waschen vor dem Essen und Trinken, nach dem Toilettengang).
- Verschmutzte Arbeitskleidung wird gewechselt.

Reinigung/Entsorgung

- Verunreinigungen durch auslaufende oder verschüttete Arbeitsstoffe werden unverzüglich mit geeigneten Mitteln beseitigt.
- Arbeitsgeräte nach der Tätigkeit werden sorgsam von grober Verschmutzung (Rückstände von Arbeitsstoffen an den Gerätschaften, Behältern) befreit und zum Spülen gegeben; Hautkontakt wird vermieden.
- Abfälle und mit Gefahrstoffen verunreinigter Zellstoff/Papiertücher werden in bereitgestellten Behältern gesammelt und ordnungsgemäß entsorgt.

© Bundesapothekerkammer (http://www.abda.de/arbeitsschutzmassnahmen.html)

A

Allgemeine Maßnahmen zur Hygiene und zum Arbeitsschutz (neu)

Information und Kennzeichnung

- Die Gefahrstoffe werden nach Gefahrstoffrecht eindeutig gekennzeichnet (Ausgangsstoffe entspr. ApBetrO).
- Gefahrstoffe werden in geeigneten, dicht schließenden Gefäßen aufbewahrt. Gefahrstoffe werden nicht in solchen Behältern aufbewahrt, durch deren Form oder Bezeichnung der Inhalt mit Lebensmitteln verwechselt werden kann.
- Die Gefahrstoffe (Ausgangsstoffe, Chemikalien, Reagenzien) werden ordnungsgemäß und übersichtlich geordnet aufbewahrt.
- Giftige und sehr giftige Gefahrstoffe sowie CMR-Stoffe Kat. 1A und 1B werden unter Verschluss aufbewahrt.
- Das Gefahrstoffverzeichnis wird mind. einmal jährlich und bei Verwendung neuer Substanzen aktualisiert.
- Die Sicherheitsdatenblätter der Gefahrstoffe stehen zur Einsicht zur Verfügung.
- Die Betriebsanweisungen sowie die Liste der Giftinformationszentren stehen schriftlich zur Verfügung.
- Die Arbeitnehmer werden über die Gefahren und Schutzmaßnahmen anhand der Betriebsanweisung mind. einmal jährlich unterrichtet.

Arbeitsplatz

- Trittsichere Fußböden und leicht zu reinigende Oberflächen sind im Arbeitsbereich vorhanden.
- Eine ausreichende Lüftung im Arbeitsbereich ist möglich.
- Der Arbeitsplatz ist aufgeräumt, die Gerätschaften werden sauber aufbewahrt.
- Der Arbeitsplatz wird unverzüglich nach der Tätigkeit mit geeigneten Methoden, z. B. tensidhaltiger Reinigungslösung, und möglichst ohne Staubbelastung gereinigt.
- Waschgelegenheiten mit Einmalhandtüchern, Hautreinigungsmitteln, Desinfektionsmitteln, Hautschutz- und Hautpflegemitteln sind vorhanden. Der Hautschutzplan wird an allen Waschgelegenheiten ausgehängt und während der Unterweisung erläutert.
- Ein Hautschutzplan (Hautgefährdung, richtige Anwendung der zur Verfügung gestellten Hautreinigungs- und Hautpflegemittel) wird vom Arbeitgeber erstellt.

Arbeitsverfahren

- Die standardisierten Prüf- und Herstellungsverfahren, z. B. des Ph. Eur., des DAC/NRF, werden eingehalten.
- Die Leitlinien der Bundesapothekerkammer zu Qualitätssicherung werden eingehalten.
- Wenn möglich, werden Stammverreibungen bzw. Stammkonzentrate verwendet.
- Halbfeste Zubereitungen werden vorzugsweise in geschlossenen Systemen (Unguator oder Topitec) hergestellt.

Arbeitsorganisation

- Gefahrstoffe werden nur in geringen Mengen im unmittelbaren Bereich der Tätigkeit aufbewahrt.
- Ätzende Flüssigkeiten werden nicht über Augenhöhe gelagert.
- Der Arbeitsbereich ist nur für die Mitarbeiter zugänglich, die ihn zur Ausübung bestimmter Arbeiten betreten müssen.
- Unterbrechungen und Störungen des Arbeitsprozesses werden weitgehend ausgeschlossen.
- Der Arbeitsplatz wird möglichst während der Tätigkeit nicht verlassen. Plötzliches Öffnen von Türen und Fenstern wird vermieden.
- Unterschiedliche Tätigkeiten mit verschiedenen gefährlichen Stoffen werden räumlich oder zeitlich getrennt durchgeführt. Dies bedeutet, dass bei der Prüfung von Ausgangsstoffen im Labor nicht gleichzeitig eine Herstellung durchgeführt wird.
- Arbeitsplatzgrenzwerte (AGW) werden eingehalten und durch Messung überprüft. (In der Apotheke gibt es nur wenige Stoffe, für die AGW bestimmt worden sind. Wird unter einem funktionierenden Abzug gearbeitet, ist die Überschreitung der AGW unwahrscheinlich.)
- Brennbare Flüssigkeiten werden grundsätzlich unter dem Abzug ab- oder umgefüllt.

Hygiene

- Essen, Trinken, Rauchen in den Herstellungsbereichen und im Labor sind nicht gestattet.
- Nahrungsmittel werden außerhalb des Herstellungsbereiches und des Labors aufbewahrt.
- Bei der Herstellung und Prüfung werden die Grundregeln der Hygiene eingehalten.
- Die persönliche Schutzausrüstung (Kittel, Schutzbrille, geeignete Schutzhandschuhe nach Maßgabe des Sicherheitsdatenblattes, ggf. Staubschutzmaske, Atemschutzmaske) wird sachgerecht aufbewahrt, vor Gebrauch geprüft und falls nötig nach Gebrauch gereinigt. Sie wird bestimmungsgemäß verwendet. Schadhafte persönliche Schutzausrüstung wird ausgebessert bzw. ausgetauscht.
- Die Grundregeln der persönlichen Hygiene werden eingehalten (Reinigung verschmutzter Körperstellen, Hände waschen vor dem Essen und Trinken, nach dem Toilettengang).
- Verschmutzte Arbeitskleidung wird gewechselt.

Reinigung/Entsorgung

- Verunreinigungen durch auslaufende oder verschüttete Arbeitsstoffe werden unverzüglich mit geeigneten Mitteln beseitigt.
- Arbeitsgeräte nach der Tätigkeit werden sorgsam von grober Verschmutzung (Rückstände von Arbeitsstoffen an den Gerätschaften, Behältern) befreit und zum Spülen geben; Hautkontakt wird vermieden.
- Gefahrstoffe, die nicht mehr benötigt werden, und entleerte Behältnisse, die noch Reste von Gefahrstoffen enthalten können, werden vom Arbeitsplatz entfernt und sachgerecht gelagert bzw. entsorgt.
- Abfälle und mit Gefahrstoffen verunreinigter Zellstoff/Papiertücher werden in bereitgestellten Behältern gesammelt und ordnungsgemäß entsorgt.

A

Rezepturstandard 1 (alt)

Rezepturstandard 1

Tätigkeit: Herstellung einer halbfesten Zubereitung im geschlossenen System (Unguator/Topitec)

Gefährliche Eigenschaften der Inhaltsstoffe:

Xn   Xi   C

         **nicht C, M, R$_F$ (Cat. 1, 2)**

Gesundheitsschädlich   Reizend   Ätzend

Menge der Gefahrstoffe: mg- bis 100-g-Bereich (Menge Gefahrstoff für einen Ansatz)

Eventuelle Gefahren:
1. Inhalative Gefährdung: Staubentwicklung bei der Einwaage der Festsubstanzen
Staubentwicklung bei der Überführung der Festsubstanzen in die Spenderdose
2. Dermale Gefährdung: Hautkontakt bei der Entfernung des Unguator-Rührwerks

Herstellungsvorgang:
1. Benötigte Substanzen und Arbeitsgeräte in der Reihenfolge der Zugabe/Verarbeitung bereitstellen
2. Vorratsgefäß mit der Salbengrundlage öffnen
3. **Teilmenge der Salbengrundlage mit Pflastermesser oder Spatel entnehmen, unmittelbar in die Spenderdose einwiegen und gleichmäßig auf dem Boden der Spenderdose verteilen**
4. **Verwendetes Pflastermesser oder Spatel auf dem Spatelschlitten ablegen**
5. Salben-Vorratsgefäß verschließen
6. **Vorratsgefäß des einzubringenden Wirkstoffs/Hilfsstoffs neben der Waage vorsichtig und langsam öffnen**
7. Benötigte Menge Substanz geeigneter Teilchengröße mit einem für die Menge geeigneten Arbeitsgerät (Spatel/Löffel/Pipette) entnehmen und in die Spenderdose einwiegen
8. Benutzte Arbeitsgeräte auf einer geeigneten Unterlage außerhalb des engeren Arbeitsbereiches ablegen
9. Deckel des Vorratsgefäßes wieder vorsichtig verschließen, um Staubentwicklung oder Spritzern vorzubeugen
10. Mit weiteren Wirkstoffen/Hilfsstoffen wird in gleicher Weise verfahren
11. Restliche Salbengrundlage in die Spenderdose einwiegen, bis die Sollmasse erreicht ist

Unguator®
12. Flügelrührer durch die Öffnung des Dosendeckels einstecken; Flügel sollte dabei am Deckel sitzen (Anschlag)
13. Vorsichtig auf das Dosenunterteil aufschrauben und in den Unguator einhängen
14. Rührvorgang starten; geeignete Rührgeschwindigkeit wählen
15. Am Ende der vorgesehenen Dauer des Rührvorganges Spenderdose vom Gerät nehmen
16. Dosendeckel vorsichtig abschrauben und anhaftende Salbe vom Flügelrührer abkratzen; dabei Hautkontakt vermeiden

17. Rührer auf geeignete Unterlage ablegen
18. Visuelle Kontrolle der Zubereitung
19. Spenderdose verschließen

Topitec®
12. Rührwerk vorschriftsmäßig zusammenbauen
13. Rührwerk vorsichtig und langsam in die Spenderdose einbauen, dabei Spritzer und Staubentwicklung vermeiden
14. Spenderdose in den Topitec einbauen
15. Rührvorgang starten; geeignete Rührgeschwindigkeit wählen
16. Am Ende der vorgesehenen Dauer des Rührvorganges Spenderdose vom Gerät nehmen
17. Rührstab aus der Spenderdose entfernen
18. Spenderdose zur visuellen Kontrolle der Zubereitung öffnen
19. Spenderdose verschließen

Schutzmaßnahmen: Schutzstufe 2
1. Allgemeine Maßnahmen der Schutzstufe 1 beachten
2. Substitution der Gefahrstoffe aufgrund der ärztlichen Verordnung nicht möglich
3. Ist der Gefahrstoff »fruchtschädigend«, d. h. mit R_E (embryotoxisch, entwicklungsschädigend) gekennzeichnet (R 61 oder R 63), und/oder gehört er zu den C, M, R_F (Cat. 3)-Stoffen (R 40, R 68 oder R 62), ist Schwangeren und stillenden Müttern die Herstellung der Rezeptur verboten
4. Getrennte Aufbewahrungsmöglichkeiten für Arbeits-/Schutzkleidung und Straßenkleidung
5. Geschlossenen Kittel, geeignete Schutzhandschuhe (siehe Sicherheitsdatenblatt, Kapitel 8) u. Schutzbrille tragen
6. Atemschutzmaske FFP2 bei möglicher Staub- oder Aerosolentwicklung tragen
7. Gefahrstoffhaltige Abfälle ordnungsgemäß entsorgen
8. Entsorgung der kontaminierten Wegwerfartikel dicht verschlossen in den Hausmüll

Wirksamkeitskontrolle:
1. Beachtung der organisatorischen Maßnahmen jährlich überprüfen

A

Rezepturstandard 2 (alt)

Rezepturstandard 2

Tätigkeit: Herstellung einer halbfesten Zubereitung im geschlossenen System (Unguator/Topitec)

Gefährliche Eigenschaften der Inhaltsstoffe:

T    T⁺

nicht C, M, R$_F$ (Cat. 1, 2)

Giftig   Sehr giftig

Menge der Gefahrstoffe: mg- bis 100 g-Bereich (Menge Gefahrstoff für einen Ansatz)

Eventuelle Gefahren:
1. Inhalative Gefährdung: Staubentwicklung bei der Einwaage der Festsubstanzen
Staubentwicklung bei der Überführung der Festsubstanzen in die Spenderdose
2. Dermale Gefährdung: Hautkontakt bei der Entfernung des Unguator-Rührwerks

Herstellungsvorgang:
1. Benötigte Substanzen und Arbeitsgeräte in der Reihenfolge der Zugabe/Verarbeitung bereitstellen
2. Vorratsgefäß mit der Salbengrundlage öffnen
3. **Teilmenge der Salbengrundlage mit Pflastermesser oder Spatel entnehmen, unmittelbar in die Spenderdose einwiegen und gleichmäßig auf dem Boden der Spenderdose verteilen**
4. **Verwendetes Pflastermesser oder Spatel auf dem Spatelschlitten ablegen**
5. Salben-Vorratsgefäß verschließen
6. **Vorratsgefäß des einzubringenden Wirkstoffs/Hilfsstoffs neben der Waage vorsichtig und langsam öffnen**
7. Benötigte Menge Substanz geeigneter Teilchengröße mit einem für die Menge geeigneten Arbeitsgerät (Spatel/Löffel/Pipette) entnehmen und in die Spenderdose einwiegen
8. Benutzte Arbeitsgeräte auf einer geeigneten Unterlage außerhalb des engeren Arbeitsbereiches ablegen
9. Deckel des Vorratsgefäßes wieder vorsichtig verschließen, um Staubentwicklung oder Spritzern vorzubeugen
10. Mit weiteren Wirkstoffen/Hilfsstoffen wird in gleicher Weise verfahren
11. Restliche Salbengrundlage in die Spenderdose einwiegen, bis die Sollmasse erreicht ist

Unguator®
12. Flügelrührer durch die Öffnung des Dosendeckels einstecken; Flügel sollte direkt am Deckel sitzen (Anschlag)
13. Vorsichtig auf das Dosenunterteil aufschrauben und in den Unguator einhängen
14. Rührvorgang starten; geeignete Rührgeschwindigkeit wählen
15. Am Ende der vorgesehenen Dauer des Rührvorganges Spenderdose vom Gerät nehmen
16. Dosendeckel vorsichtig abschrauben und anhaftende Salbe vom Flügelrührer abkratzen; dabei Hautkontakt vermeiden

17. Rührer auf geeignete Unterlage ablegen
18. Visuelle Kontrolle der Zubereitung
19. Spenderdose verschließen

Topitec®
12. Rührwerk vorschriftsmäßig zusammenbauen
13. Rührwerk vorsichtig und langsam in die Spenderdose einbauen, dabei Spritzer und Staubentwicklung vermeiden
14. Spenderdose in den Topitec einbauen
15. Rührvorgang starten; geeignete Rührgeschwindigkeit wählen
16. Am Ende der vorgesehenen Dauer des Rührvorganges Spenderdose vom Gerät nehmen
17. Rührstab aus der Spenderdose entfernen
18. Spenderdose zur visuellen Kontrolle der Zubereitung öffnen
19. Spenderdose verschließen

Schutzmaßnahmen: Schutzstufe 3
1. Allgemeine Maßnahmen der Schutzstufe 1 beachten
2. Substitution der Gefahrstoffe aufgrund der ärztlichen Verordnung nicht möglich
3. Die Belastung des Einzelnen minimieren
4. Ist der Gefahrstoff »fruchtschädigend«, d. h. mit R_E (embryotoxisch, entwicklungsschädigend) gekennzeichnet (R 61 oder R 63), und/oder gehört er zu den C, M, R_F (Cat. 3)-Stoffen (R 40, R 68 oder R 62), ist Schwangeren und stillenden Müttern die Herstellung der Rezeptur verboten
5. Lagerung der Gefahrstoffe unter Verschluss
6. Getrennte Aufbewahrungsmöglichkeiten für Arbeits-/Schutzkleidung und Straßenkleidung
7. Geschlossenen Kittel, geeignete Schutzhandschuhe (siehe Sicherheitsdatenblatt, Kapitel 8) u. Schutzbrille tragen
8. Atemschutzmaske FFP2 bei möglicher Staub- oder Aerosolentwicklung tragen
9. Gefahrstoffhaltige Abfälle ordnungsgemäß entsorgen
10. Entsorgung der kontaminierten Wegwerfartikel dicht verschlossen in den Hausmüll

Wirksamkeitskontrolle:
1. Beachtung der organisatorischen Maßnahmen jährlich überprüfen

A

Rezepturstandard 1 (neu)

Rezepturstandard 1

Tätigkeit: Herstellung einer halbfesten Zubereitung im geschlossenen System (Unguator/Topitec)

Gefährliche Eigenschaften der Inhaltsstoffe:
Die Ausgangsstoffe sind keine CMR-Stoffe der Kategorie 1A oder 1B, d.h. kein Ausgangsstoff ist mit einem dieser H-Sätze gekennzeichnet.

H340
H350
H360*

Menge der Gefahrstoffe: mg- bis 100 g-Bereich (Menge Gefahrstoff für einen Ansatz)

Eventuelle Gefahren:

Inhalative Gefährdung:	Staubentwicklung bei der Einwaage der Festsubstanzen
	Staubentwicklung bei der Überführung der Festsubstanzen in die Spenderdose
Dermale Gefährdung:	Hautkontakt bei der Entfernung des Unguator-Rührwerks
Gefährdung für die Augen:	Spritzer, Stäube

Herstellungsvorgang:
1. Benötigte Substanzen und Arbeitsgeräte in der Reihenfolge der Zugabe/Verarbeitung bereitstellen
2. Vorratsgefäß mit der Salbengrundlage öffnen
3. Teilmenge der Salbengrundlage mit Pflastermesser oder Spatel entnehmen, unmittelbar in die Spenderdose einwiegen und gleichmäßig auf dem Boden der Spenderdose verteilen
4. Verwendetes Pflastermesser oder Spatel auf dem Spatelschlitten ablegen
5. Salben-Vorratsgefäß verschließen
6. Vorratsgefäß des einzubringenden Wirkstoffs/Hilfsstoffs neben der Waage vorsichtig und langsam öffnen
7. Benötigte Menge Substanz geeigneter Teilchengröße mit einem für die Menge geeigneten Arbeitsgerät (Spatel/Löffel/Pipette) entnehmen und in die Spenderdose einwiegen
8. Benutzte Arbeitsgeräte auf einer geeigneten Unterlage außerhalb des engeren Arbeitsbereiches ablegen
9. Deckel des Vorratsgefäßes wieder vorsichtig verschließen, um Staubentwicklung oder Spritzern vorzubeugen
10. Mit weiteren Wirkstoffen/Hilfsstoffen wird in gleicher Weise verfahren
11. Restliche Salbengrundlage in die Spenderdose einwiegen, bis die Sollmasse erreicht ist

Unguator®
12. Flügelrührer durch die Öffnung des Dosendeckels einstecken; Flügel sollte dabei am Deckel sitzen (Anschlag)
13. Vorsichtig auf das Dosenunterteil aufschrauben und in den Unguator einhängen
14. Rührvorgang starten; geeignete Rührgeschwindigkeit wählen
15. Am Ende der vorgesehenen Dauer des Rührvorganges Spenderdose vom Gerät nehmen
16. Dosendeckel vorsichtig abschrauben und anhaftende Salbe vom Flügelrührer abkratzen; dabei Hautkontakt vermeiden
17. Rührer auf geeignete Unterlage ablegen
18. Visuelle Kontrolle der Zubereitung
19. Spenderdose verschließen

Topitec®
12. Rührwerk vorschriftsmäßig zusammenbauen
13. Rührwerk vorsichtig und langsam in die Spenderdose einbauen, dabei Spritzer und Staubentwicklung vermeiden
14. Spenderdose in den Topitec einbauen
15. Rührvorgang starten; geeignete Rührgeschwindigkeit wählen
16. Am Ende der vorgesehenen Dauer des Rührvorganges Spenderdose vom Gerät nehmen
17. Rührstab aus der Spenderdose entfernen
18. Spenderdose zur visuellen Kontrolle der Zubereitung öffnen
19. Spenderdose verschließen

*umfasst auch die verschiedenen Abstufungen von H360

Beschäftigungsverbot:

Bei bestimmten Gefahrenhinweisen (H-Sätze) sind Beschäftigungsverbote zu beachten

Beschäftigungsverbot für Schwangere   **Beschäftigungsverbot für Stillende**

H341 H351 H361   H362

Schutzmaßnahmen:

1. Allgemeine Maßnahmen zur Hygiene und zum Arbeitsschutz sowie Explosionsschutzdokument beachten
2. Substitution der Gefahrstoffe aufgrund der ärztlichen Verordnung nicht möglich
3. Getrennte Aufbewahrungsmöglichkeiten für Arbeits-/Schutzkleidung und Straßenkleidung
4. Geschlossenen Kittel tragen
5. Weitere erforderliche Schutzmaßnahmen sind individuell entsprechend den Gefahreneigenschaften des verwendeten Stoffes zu ergreifen. Diesbezügliche Informationen sind den Gefahrenhinweisen (H-Sätzen) zu entnehmen.

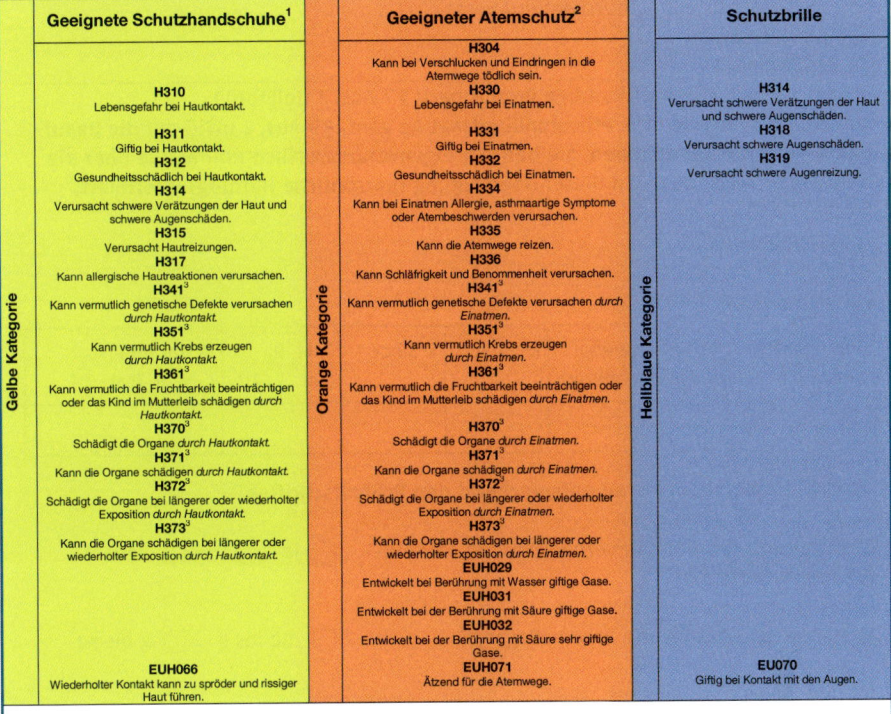

Geeignete Schutzhandschuhe[1]	Geeigneter Atemschutz[2]	Schutzbrille
Gelbe Kategorie	**Orange Kategorie**	**Hellblaue Kategorie**
H310 Lebensgefahr bei Hautkontakt.	**H304** Kann bei Verschlucken und Eindringen in die Atemwege tödlich sein. **H330** Lebensgefahr bei Einatmen.	**H314** Verursacht schwere Verätzungen der Haut und schwere Augenschäden. **H318** Verursacht schwere Augenschäden. **H319** Verursacht schwere Augenreizung.
H311 Giftig bei Hautkontakt. **H312** Gesundheitsschädlich bei Hautkontakt. **H314** Verursacht schwere Verätzungen der Haut und schwere Augenschäden. **H315** Verursacht Hautreizungen. **H317** Kann allergische Hautreaktionen verursachen. **H341**[3] Kann vermutlich genetische Defekte verursachen *durch Hautkontakt*. **H351**[3] Kann vermutlich Krebs erzeugen *durch Hautkontakt*. **H361**[3] Kann vermutlich die Fruchtbarkeit beeinträchtigen oder das Kind im Mutterleib schädigen *durch Hautkontakt*. **H370**[3] Schädigt die Organe *durch Hautkontakt*. **H371**[3] Kann die Organe schädigen *durch Hautkontakt*. **H372**[3] Schädigt die Organe bei längerer oder wiederholter Exposition *durch Hautkontakt*. **H373**[3] Kann die Organe schädigen bei längerer oder wiederholter Exposition *durch Hautkontakt*.	**H331** Giftig bei Einatmen. **H332** Gesundheitsschädlich bei Einatmen. **H334** Kann bei Einatmen Allergie, asthmaartige Symptome oder Atembeschwerden verursachen. **H335** Kann die Atemwege reizen. **H336** Kann Schläfrigkeit und Benommenheit verursachen. **H341**[3] Kann vermutlich genetische Defekte verursachen *durch Einatmen*. **H351**[3] Kann vermutlich Krebs erzeugen *durch Einatmen*. **H361**[3] Kann vermutlich die Fruchtbarkeit beeinträchtigen oder das Kind im Mutterleib schädigen *durch Einatmen*. **H370**[3] Schädigt die Organe *durch Einatmen*. **H371**[3] Kann die Organe schädigen *durch Einatmen*. **H372**[3] Schädigt die Organe bei längerer oder wiederholter Exposition *durch Einatmen*. **H373**[3] Kann die Organe schädigen bei längerer oder wiederholter Exposition *durch Einatmen*. **EUH029** Entwickelt bei Berührung mit Wasser giftige Gase. **EUH031** Entwickelt bei der Berührung mit Säure giftige Gase. **EUH032** Entwickelt bei der Berührung mit Säure sehr giftige Gase. **EUH071** Ätzend für die Atemwege.	
EUH066 Wiederholter Kontakt kann zu spröder und rissiger Haut führen.		**EU070** Giftig bei Kontakt mit den Augen.

[1] nähere Informationen sind ggf. dem Sicherheitsdatenblatt, Kapitel 8, zu entnehmen
[2] bei Stäuben eine FFP2-Maske, bei Dämpfen eine Atemschutzmaske gegen Gase und Dämpfe; alternativ die Arbeit unter dem Laborabzug
[3] ist der Expositionsweg (durch Hautkontakt, durch Einatmen) im SDB nicht explizit angegeben, sind geeignete Schutzhandschuhe und Atemschutz erforderlich

Die persönliche Schutzausrüstung (PSA) ist während des gesamten Herstellungsvorganges zu tragen.

6. Gefahrstoffhaltige Abfälle ordnungsgemäß entsorgen
7. Entsorgung der kontaminierten Wegwerfartikel dicht verschlossen in den Hausmüll

Wirksamkeitskontrolle:

Beachtung der organisatorischen Maßnahmen jährlich überprüfen

© Bundesapothekerkammer (http://www.abda.de/arbeitsschutzmassnahmen.html)

A

Leerformular Gefährdungsbeurteilung (alt)

Gefährdungsbeurteilung
(nach § 7 GefStoffV)

1. Apotheke:

Apothekenleiter:

Gefährdungsbeurteilung durchgeführt vom:
- ☐ Apothekenleiter
- ☐ Beauftragten _____

(fachkundige Person nach § 7 Abs. 7 GefStoffV)
Am.............. wurde eine Pflichtenübertragung gem. § 9 Abs. 2 OWiG auf die beauftragte Person vorgenommen. Sie handelt eigenverantwortlich und wurde über die rechtlichen Konsequenzen dieser Übertragung (persönliche Haftung) informiert.

2. Arbeitsbereich:

Bezeichnung der Tätigkeit:

Gefahrstoffe	Gefahrensymbol u. -bezeichnung	R–Sätze	S–Sätze	C, M, R_F (Cat. 1, 2)?	R_E und/oder C, M, R_F (Cat. 3)?

☐ **sowie Laborchemikalien entsprechend den Prüfvorschriften**

3. Sicherheitsdatenblätter vorhanden und aktuell?   ☐ ja   ☐ nein
(§ 7 Abs. 8 GefStoffV)

4. Menge der Gefahrstoffe im Arbeitsgang: ☐ mg bis g   ☐ g bis kg

Art und Weise des Umgangs:

5. Exposition

Art:
- ☐ inhalativ
- ☐ dermal
  - ▪ lokalschädigend
  - ▪ organschädigend (Resorption)
- ☐ physikalisch–chemisch

Ausmaß:
- ☐ gering
- ☐ beachtlich

bei dermaler Exposition:
- ☐ keine
- ☐ kleinflächig (Spritzer)
- ☐ großflächig

Dauer:
- ☐ kurz
- ☐ lang

bei dermaler Exposition:
- ☐ keine
- ☐ kurzfristig (< 15 min)
- ☐ längerfristig (> 15 min)

6. Arbeitsplatzgrenzwert vorhanden?
(TRGS 900: z. B. Aceton, Ethanol, Ether, Methanol, Propan-2-ol) ☐ ja ☐ nein

Biologischer Grenzwert vorhanden?
(TRGS 903: z. B. Aceton, Glycerintrinitrat, Methanol, Propan-2-ol) ☐ ja ☐ nein

☐ Grenzwerte sind vorhanden, aber Messungen sind nicht erforderlich, da die Tätigkeiten unter einem gut funktionierenden Abzug durchgeführt werden.

7. Substitution möglich? **(§ 9 Abs. 1 GefStoffV)**
☐ ja Alternativen:
☐ nein
☐ nein, da es sich um eine ärztliche Verordnung handelt **(§ 7 Abs. 1 ApBetrO)**

8. Bestimmung der Schutzstufe 1 ☐ 2 ☐ 3 ☐ 4 ☐
Begründung:

9. Schutzmaßnahmen:
1.
2.
3.
4.
5.
6.

10. Überprüfung der Wirksamkeit der Schutzmaßnahmen:
☐ Einhaltung der organisatorischen Maßnahmen
☐ Funktion der technischen Schutzausrüstungen
am: Ergebnis: durch:
am: Ergebnis: durch:
am: Ergebnis: durch:

11. Schlussfolgerungen aus arbeitsmedizinischen Vorsorgeuntersuchungen
(Anh. V Nr. 2 GefStoffV)

12. Beurteilung der Gefährdung für die Gesundheit und Sicherheit der Beschäftigten:

☐ Bei Beachtung der erforderlichen Schutzmaßnahmen können Gefährdungen für die Beschäftigten ausgeschlossen werden.

13.
Datum: Unterschrift: _____

Apothekerleiter Beauftragter

© Bundesapothekerkammer (http://www.abda.de/arbeitsschutzmassnahmen.html)

A

Leerformular Gefährdungsbeurteilung (neu)

Gefährdungsbeurteilung
(nach § 6 GefStoffV)

1. Apotheke:

Apothekenleiter:

Gefährdungsbeurteilung durchgeführt vom:
☐ Apothekenleiter
☐ Beauftragten _____
(fachkundige Person nach § 6 Abs. 9 GefStoffV)
Am............. wurde eine Pflichtenübertragung gem. § 9 Abs. 2 OWiG auf die beauftragte Person vorgenommen. Sie handelt eigenverantwortlich und wurde über die rechtlichen Konsequenzen dieser Übertragung (persönliche Haftung) informiert.

2. Arbeitsbereich:

Bezeichnung der Tätigkeit:

Gefahrstoffe	Piktogramm/e	Signalwort	Gefahrenhinweise (H–Sätze)

3. Sicherheitsdatenblätter vorhanden und aktuell?   ☐ ja   ☐ nein
(§ 6 Abs. 2 GefStoffV)

4. Menge der Gefahrstoffe im Arbeitsgang: ☐ mg bis 100 g ☐ 100 g bis kg

Art und Weise der Tätigkeit:

5. Exposition

Art:
☐ inhalativ   ☐ dermal   ☐ physikalisch–chemisch

Ausmaß:
☐ gering   ☐ beachtlich   bei dermaler Exposition:
                                         ☐ keine
                                         ☐ kleinflächig (Spritzer, Stäube)
                                         ☐ großflächig

Dauer:
☐ kurz   ☐ lang   bei dermaler Exposition:
                                 ☐ keine
                                 ☐ kurzfristig (< 15 min)
                                 ☐ längerfristig (> 15 min)

6. Arbeitsplatzgrenzwert vorhanden?
(TRGS 900: z. B. Aceton, Ethanol, Ether, Methanol, Propan-2-ol) ☐ ja   ☐ nein

Biologischer Grenzwert vorhanden?
(TRGS 903: z. B. Aceton, Glycerintrinitrat, Methanol, Propan-2-ol) ☐ ja   ☐ nein

☐ Grenzwerte sind vorhanden, aber Messungen sind nicht erforderlich, da die Tätigkeiten unter einem gut funktionierenden Abzug durchgeführt werden.

7. Substitution möglich? **(§ 6 Abs. 1 GefStoffV)**
☐ ja   Alternativen:
☐ nein
☐ nein, da es sich um eine ärztliche Verordnung handelt **(§ 7 Abs. 1 ApBetrO)**

8. Beschäftigungsverbote
Schwangere   ☐ mit allen in der Liste   ☐ mit folgenden Stoffen:
                    aufgeführten Stoffen   _____

Stillende   ☐ mit allen in der Liste   ☐ mit folgenden Stoffen:
                    aufgeführten Stoffen   _____

9. Schutzmaßnahmen:
1.
2.
3.
4.
5.
6.

10. Überprüfung der Wirksamkeit der Schutzmaßnahmen:
☐ Einhaltung der organisatorischen Maßnahmen
☐ Funktion der technischen Schutzausrüstungen
am: Ergebnis: durch:
am: Ergebnis: durch:
am: Ergebnis: durch:

11. Schlussfolgerungen aus arbeitsmedizinischen Vorsorgeuntersuchungen
(§ 8 ArbMedVV)

12. Beurteilung der Gefährdung für die Gesundheit und Sicherheit der Beschäftigten:
- -
☐ Bei Beachtung der erforderlichen Schutzmaßnahmen können Gefährdungen für die Beschäftigten ausgeschlossen werden.

13.
Datum: Unterschrift:_____
                    Apothekerleiter   Beauftragter

Beispiel – Gefährdungsbeurteilung Rezepturstandard 1 (alt) Schutzstufe 2

Gefährdungsbeurteilung Halbfeste Zubereitung	04.11.2011

Gefährdungsbeurteilung nach §7 GefStoffV

Durchgeführt von

Dr. F. Pistill

Apotheke

Gefahren-Apotheke
Chemikalienstraße 13
04111 Ätzhausen

Beurteilte Tätigkeit:

Herstellen einer Rezeptur nach BAK-Rezepturstandard
»Halbfeste Zubereitungen (Salben, Cremes) im Unguator/
Topitect«

Beurteilter Arbeitsbereich:

Rezeptur

Verwendete Gefahrstoffe:

Aluminiumchlorid-Hexahydrat

Reizend

Gefährliche Eigenschaften und Gefahrenhinweise
Reizt die Augen und die Haut.

Sicherheitsratschläge
Darf nicht in die Hände von Kindern gelangen. Bei Verschlucken sofort ärztlichen Rat einholen und Verpackung oder Etikett vorzeigen.

Citronensäure (Monohydrat)

Reizend

Gefährliche Eigenschaften und Gefahrenhinweise
Reizt die Augen.

Sicherheitsratschläge
Darf nicht in die Hände von Kindern gelangen. Berührung mit den Augen un der Haut vermeiden. Bei der Arbeit geeignete Schutzhandschuhe und Schutzbrille/Gesichtsschutz tragen. Bei Verschlucken sofort ärztlichen Rat einholen und Verpackung oder Etikett vorzeigen.

Clotrimazol

Gesundheitsschädlich

Gefährliche Eigenschaften und Gefahrenhinweise
Gesundheitsschädlich beim Einatmen und Verschlucken.

Sicherheitsratschläge
Darf nicht in die Hände von Kindern gelangen. Bei Verschlucken sofort ärztlichen Rat einholen und Verpackung oder Etikett vorzeigen.

Dihydroxyanthranol

Gesundheitsschädlich

Gefährliche Eigenschaften und Gefahrenhinweise
Gesundheitsschädlich beim Einatmen, Verschlucken und Berührung mit der Haut. Reizt die Atmungsorgane und die Haut. Verdacht auf krebserzeugende Wirkung. Gefahr ernster Augenschäden. Sensibilisierung durch Einatmen und Hautkontakt möglich.

Sicherheitsratschläge
Darf nicht in die Hände von Kindern gelangen. Berührung mit den Augen und der Haut vermeiden. Bei Berührung mit den Augen sofort gründlich mit Wasser abspülen und Arzt konsultieren. Bei der Arbeit geeignete Schutzhandschuhe und Schutzbrille/Gesichtsschutz tragen. Bei Unfall oder Unwohlsein sofort Arzt hinzuziehen (wenn möglich dieses Etikett vorzeigen).

Erythromycin

Gesundheitsschädlich

Gefährliche Eigenschaften und Gefahrenhinweise
Sensibilisierung durch Einatmen und Hautkontakt möglich.

Sicherheitsratschläge
Darf nicht in die Hände von Kindern gelangen. Bei der Arbeit geeignete Schutzkleidung, Schutzhandschuhe und Schutzbrille/Gesichtsschutz tragen. Bei Verschlucken sofort ärztlichen Rat einholen und Verpackung oder Etikett vorzeigen.

Metronidazol  Gesundheitsschädlich	**Gefährliche Eigenschaften und Gefahrenhinweise** Verdacht auf krebserzeugende Wirkung. **Sicherheitsratschläge** Darf nicht in die Hände von Kindern gelangen. Bei der Arbeit geeignete Schutzhandschuhe und Schutzkleidung tragen. Bei Verschlucken sofort ärztlichen Rat einholen und Verpackung oder Etikett vorzeigen.
Natriumdisulfit  Gesundheitsschädlich	**Gefährliche Eigenschaften und Gefahrenhinweise** Gesundheitsschädlich beim Verschlucken. Entwickelt bei Berührung mit Säure giftige Gase. Gefahr ernster Augenschäden. **Sicherheitsratschläge** Darf nicht in die Hände von Kindern gelangen. Bei Berührung mit den Augen sofort gründlich mit Wasser abspülen und Arzt konsultieren. Schutzbrille/Gesichtsschutz tragen. Bei Verschlucken sofort ärztlichen Rat einholen und Verpackung oder Etikett vorzeigen.
Oxytetracyclinhydrochlorid  Gesundheitsschädlich	**Gefährliche Eigenschaften und Gefahrenhinweise** Gesundheitsschädlich beim Einatmen, Verschlucken und Berührung mit der Haut. **Sicherheitsratschläge** Darf nicht in die Hände von Kindern gelangen. Bei der Arbeit geeignete Schutzkleidung, Schutzhandschuhe und Schutzbrille/Gesichtsschutz tragen. Bei Verschlucken sofort ärztlichen Rat einholen und Verpackung oder Etikett vorzeigen.
Salicylsäure  Gesundheitsschädlich	**Gefährliche Eigenschaften und Gefahrenhinweise** Gesundheitsschädlich beim Verschlucken. Reizt die Atmungsorgane und die Haut. Gefahr ernster Augenschäden. **Sicherheitsratschläge** Darf nicht in die Hände von Kindern gelangen. Berührung mit der Haut vermeiden. Bei Berührung mit den Augen sofort gründlich mit Wasser abspülen und Arzt konsultieren. Schutzbrille/Gesichtsschutz tragen. Bei Verschlucken sofort ärztlichen Rat einholen und Verpackung oder Etikett vorzeigen.
Art und Ausmaß der Exposition:	Inhalativ, Freisetzung von Staub – Ausmaß: Gering Dermal – Ausmaß: Gering
Dauer der Exposition:	Bis zu 15 Minuten am Tag
Verwendeter Mengenbereich:	Milligramm bis 1-Gramm
Substitution:	Es kann kein Stoff substituiert werden, da ärztliche Verordnung.
Schutzstufe:	2
Begründung:	Es handelt sich nicht um Giftstoffe.
Sicherheitsdatenblätter:	Sicherheitsdatenblätter für Aluminiumchlorid-Hexahydrat vorhanden. Sicherheitsdatenblätter für Citronensäure (Monohydrat) vorhanden. Sicherheitsdatenblätter für Clotrimazol vorhanden. Sicherheitsdatenblätter für Dihydroxyanthranol vorhanden. Sicherheitsdatenblätter für Erythromycin vorhanden. Sicherheitsdatenblätter für Metronidazol vorhanden. Sicherheitsdatenblätter für Natriumdisulfit vorhanden. Sicherheitsdatenblätter für Oxytetracyclinhydrochlorid vorhanden. Sicherheitsdatenblätter für Salicylsäure vorhanden.

A

Betriebsanweisung: Den Mitarbeitern stehen erforderliche Betriebsanweisungen zur Verfügung.

Unterweisung: Es wurden alle Mitarbeiter unterwiesen.

Arbeitsplatzgrenzwert: Ein Arbeitsplatzgrenzwert nach TRGS 900 ist für die ausgewählten Stoffe nicht festgelegt.

Schutzmaßnahmen: Die Herstellung erfolgt genau nach den Vorgaben des BAK-Rezepturstandards 1 »Halbfeste Zubereitungen (Salben, Cremes) im Unguator/Topitect«. Ein Ausdruck dieses Rezepturstandards liegt bei.

Die Freisetzung von Staub ist durch sachgerechte Arbeitstechnik (keine unnötige Staubaufwirbelung) zu verhindern. Dennoch entstehende Stäube nicht einatmen und Hautkontakt vermeiden. Im Abzug arbeiten, Atemschutzmaske FFP2 tragen. Auf Arbeitsflächen abgesetzter Staub wird durch feuchte Aufnahme entfernt.

Alle geforderten Schutzmaßnahmen sind einzuhalten.

Beschäftigungs-beschränkungen: Schwangeren und stillenden Frauen ist der Umgang mit folgenden Stoffen verboten: Dihydroxyanthranol, Metronidazol

Vorsorgeuntersuchungen: Es ergeben sich folgende Konsequenzen aus arbeitsmedizinischen Vorsorgeuntersuchungen von Mitarbeitern:

Aufgrund der Ergebnisse der arbeitsmedizinischen Vorsorgeuntersuchungen sind keine weiteren Schutzmaßnahmen oder spezielle Regelungen für die beurteilte Tätigkeit erforderlich.

Beurteilung: Eine Gefährdung der Sicherheit und Gesundheit der Mitarbeiter ist bei Einhaltung aller Schutzmaßnahmen nicht zu erwarten.

Datum: _____   **Unterschrift:** _____

                                                    Apothekenleiter   Beauftragter

Überprüfung: Die Einhaltung der geforderten personellen und organisatorischen Schutzmaßnahmen sowie die Funktionsfähigkeit der technischen Schutzausrüstung wurde überprüft (mindestens 1 x jährlich):

Datum: _____   **Unterschrift:** _____

                                                    Apothekenleiter   Beauftragter

Datum: _____   **Unterschrift:** _____

                                                    Apothekenleiter   Beauftragter

Datum: _____   **Unterschrift:** _____

                                                    Apothekenleiter   Beauftragter

Diese Gefährundungsbeurteilung richtet sich an folgende Personengruppen: Pharmazeutische Mitarbeiter

Diese Gefährdungsbeurteilung wurde gelesen und zur Kenntnis genommen.

_____   _____   _____

_____   _____   _____

_____   _____   _____

Kaufmann, Schult. Gefahrstoff-Programm, Deutscher Apotheker Verlag, Stuttgart 2010

Beispiel – Gefährdungsbeurteilung Rezepturstandard 1 (neu)

Gefährdungsbeurteilung Halbfeste Zubereitung Unguator	**04.11.2011**

Gefährdungsbeurteilung nach §6 GefStoffV

Durchgeführt von	Dr. F. Pistill
Apotheke	Gefahren-Apotheke Chemikalienstraße 13 04111 Ätzhausen
Beurteilte Tätigkeit:	Herstellen einer Rezeptur nach BAK-Rezepturstandard »Halbfeste Zubereitungen (Salben, Cremes) im Unguator/ Topitect«
Beurteilter Arbeitsbereich:	Rezeptur

Verwendete Gefahrstoffe:

Aluminiumchlorid-Hexahydrat

Achtung

Gefahrenhinweise
Verursacht Hautreizungen. Verursacht schwere Augenreizung.

Citronensäure (Monohydrat)

Achtung

Gefahrenhinweise
Verursacht schwere Augenreizung.

Clotrimazol

Achtung

Gefahrenhinweise
Gesundheitsschädlich bei Verschlucken. Gesundheitsschädlich bei Einatmen.

Dihydroxyanthranol

Gefahr

Gefahrenhinweise
Gesundheitsschädlich bei Verschlucken. Gesundheitsschädlich bei Hautkontakt. Verursacht Hautreizungen. Kann allergische Hautreaktionen verursachen. Verursacht schwere Augenschäden. Kann bei Einatmen Allergie, asthmaartige Symptome oder Atembeschwerden verursachen. Kann die Atemwege reizen. Kann vermutlich genetische Defekte verursachen. Kann vermutlich Krebs erzeugen.

Erythromycin

Gefahr

Gefahrenhinweise
Kann allergische Hautreaktionen verursachen. Kann bei Einatmen Allergie, asthmaartige Symptome oder Atembeschwerden verursachen.

Metronidazol

Achtung

Gefahrenhinweise
Kann vermutlich Krebs erzeugen.

A

Natriumdisulfit

Gefahrenhinweise
Gesundheitsschädlich bei Verschlucken. Verursacht schwere Augenschäden. Entwickelt bei Berührung mit Säure giftige Gase.

Gefahr 🟠 🔵

Oxytetracyclinhydrochlorid

Gefahrenhinweise
Gesundheitsschädlich bei Verschlucken. Gesundheitsschädlich bei Hautkontakt. Gesundheitsschädlich bei Einatmen.

Achtung 🟠 🟡

Salicylsäure

Gefahrenhinweise
Gesundheitsschädlich bei Verschlucken. Verursacht Hautreizungen. Verursacht schwere Augenreizung. Kann die Atemwege reizen.

Gefahr 🟠 🟡 🔵

Art und Ausmaß der Exposition:	Inhalativ, Freisetzung von Staub – Ausmaß: Gering
Dauer der Exposition:	Bis zu 15 Minuten am Tag
Verwendeter Mengenbereich:	Milligramm bis 1-Gramm
Substitution:	Es kann kein Stoff substituiert werden, da ärztliche Verordnung.
Sicherheitsdatenblätter:	Sicherheitsdatenblätter für Aluminiumchlorid-Hexahydrat vorhanden. Sicherheitsdatenblätter für Citronensäure (Monohydrat) vorhanden. Sicherheitsdatenblätter für Clotrimazol vorhanden. Sicherheitsdatenblätter für Dihydroxyanthranol vorhanden. Sicherheitsdatenblätter für Erythromycin vorhanden. Sicherheitsdatenblätter für Metronidazol vorhanden. Sicherheitsdatenblätter für Natriumdisulfit vorhanden. Sicherheitsdatenblätter für Oxytetracyclinhydrochlorid vorhanden. Sicherheitsdatenblätter für Salicylsäure vorhanden.
Betriebsanweisung:	Den Mitarbeitern stehen erforderliche Betriebsanweisungen zur Verfügung.
Unterweisung:	Es wurden alle Mitarbeiter unterwiesen.
Arbeitsplatzgrenzwert:	Ein Arbeitsplatzgrenzwert nach TRGS 900 ist für die ausgewählten Stoffe nicht festgelegt.
Schutzmaßnahmen:	Die Herstellung erfolgt genau nach den Vorgaben des BAK-Rezepturstandards 1. Ein Ausdruck dieses Rezepturstandards liegt bei.

Die Freisetzung von Staub ist durch sachgerechte Arbeitstechnik (keine unnötige Staubaufwirbelung) zu verhindern. Dennoch entstehende Stäube nicht einatmen und Hautkontakt vermeiden. Im Abzug arbeiten, Atemschutzmaske FFP2 tragen. Auf Arbeitsflächen abgesetzter Staub wird durch feuchte Aufnahme entfernt.

Alle geforderten Schutzmaßnahmen sind einzuhalten.

🟠 Geeigneten Atemschutz tragen

🟡 Geeignete Schutzhandschuhe tragen

🔵 Schutzbrille tragen

Beschäftigungs-beschränkungen:	Schwangeren Frauen ist der Umgang mit folgenden Stoffen verboten: Dihydroxyanthranol, Metronidazol
Vorsorgeuntersuchungen:	Es ergeben sich folgende Konsequenzen aus arbeitsmedizinischen Vorsorgeuntersuchungen von Mitarbeitern:
	Aufgrund der Ergebnisse der arbeitsmedizinischen Vorsorgeuntersuchungen sind keine weiteren Schutzmaßnahmen oder spezielle Regelungen für die beurteilte Tätigkeit erforderlich.
Beurteilung:	Eine Gefährdung der Sicherheit und Gesundheit der Mitarbeiter ist bei Einhaltung aller Schutzmaßnahmen nicht zu erwarten.

Datum: _____   **Unterschrift:** _____   _____
                                                   Apothekenleiter   Beauftragter

Überprüfung: Die Einhaltung der geforderten personellen und organisatorischen Schutzmaßnahmen sowie die Funktionsfähigkeit der technischen Schutzausrüstung wurde überprüft (mindestens 1 x jährlich):

Datum: _____   **Unterschrift:** _____   _____
                                                   Apothekenleiter   Beauftragter

Datum: _____   **Unterschrift:** _____   _____
                                                   Apothekenleiter   Beauftragter

Datum: _____   **Unterschrift:** _____   _____
                                                   Apothekenleiter   Beauftragter

Diese Gefährundungsbeurteilung richtet sich an folgende Personengruppen: Pharmazeutische Mitarbeiter

Diese Gefährdungsbeurteilung wurde gelesen und zur Kenntnis genommen.

_____   _____   _____

_____   _____   _____

_____   _____   _____

Kaufmann, Schult. Gefahrstoff-Programm, Deutscher Apotheker Verlag, Stuttgart 2010

A

Leerformular Explosionsschutzdokument (alt)

Gefährdungsbeurteilung
Brand- und Explosionsgefahren
Explosionsschutzdokument
(nach § 12 GefStoffV; §§ 3 und 6 BetrSichV)

1. Apotheke:

Apothekenleiter:

Gefährdungsbeurteilung durchgeführt vom:
- ☐ Apothekenleiter
- ☐ Beauftragten _____
  (fachkundige Person nach § 7 Abs. 7 GefStoffV)

Am............. wurde eine Pflichtenübertragung gem. § 9 Abs. 2 OWiG auf die beauftragte Person vorgenommen. Sie handelt eigenverantwortlich und wurde über die rechtlichen Konsequenzen dieser Übertragung (persönliche Haftung) informiert.

2. Arbeitsbereich:
- ☐ Lagerraum
- ☐ Rezeptur
- ☐ Labor
- ☐ Weitere:

3. Tätigkeiten:
- ☐ Lagerung
- ☐ Transport
- ☐ Umfüllen
- ☐ Abfüllen
- ☐ Einwiegen
- ☐ Rezepturherstellung
- ☐ Analytische Nachweisreaktionen
- ☐ Weitere:

4. Gefahrstoffe:

Bezeichnung	Gefahrensymbol u. -bezeichnung	R-Sätze	S-Sätze	Menge Arbeitsbereich	Menge Lager

5. Sicherheitsdatenblätter vorhanden und aktuell?　☐ ja　　☐ nein
(§ 7 Abs. 8 GefStoffV)

6. Art und Weise der Tätigkeit:

7. Zoneneinteilung:

Zone 0

Ist ein Bereich, in dem gefährliche explosionsfähige Atmosphäre als Gemisch aus Luft und brennbaren Gasen, Dämpfen oder Nebeln ständig, über lange Zeiträume oder häufig vorhanden ist.

☐ Arbeitsbereiche:

Zone 1

Ist ein Bereich, in dem sich bei Normalbetrieb gelegentlich eine gefährliche explosionsfähige Atmosphäre als Gemisch aus Luft und brennbaren Gasen, Dämpfen oder Nebeln bilden kann.

z. B.

– das Innere von Sicherheitsschränken ohne technische Lüftung

☐ Arbeitsbereiche:

Zone 2

Ist ein Bereich, in dem bei Normalbetrieb eine gefährliche explosionsfähige Atmosphäre als Gemisch aus Luft und brennbaren Gasen, Dämpfen oder Nebeln normalerweise nicht oder aber nur kurzfristig auftritt.

z. B.

– das Innere von Sicherheitsschränken mit technischer Lüftung

– der Umkreis von mind. 2,5 m um den nicht technisch belüfteten Sicherheitsschrank bis zu einer Höhe von mind. 0,5 m über dem Fußboden

– Labor, Rezeptur, Lagerraum

☐ Arbeitsbereiche:

8. Lüftungseinrichtung:

Natürliche Lüftung vorhanden ☐ Arbeitsbereiche:

Technische Lüftungseinrichtung vorhanden ☐ Arbeitsbereiche:

9. Ausmaß der Exposition:

☐ Bei den verwendeten Mengen erfordern die Auswirkungen keine baulichen Maßnahmen

10. Schutzmaßnahmen:

11. Überprüfung der Wirksamkeit der Schutzmaßnahmen:

☐ Einhaltung der organisatorischen Maßnahmen

☐ Funktion der technischen Schutzausrüstungen, z. B. Laborabzug, Sicherheitsschrank

am: durch: Ergebnis:

am: durch: Ergebnis:

am: durch: Ergebnis:

12. Beurteilung der physikalisch-chemischen Gefährdung:

- -

☐ Bei Beachtung der erforderlichen Schutzmaßnahmen ist Brand- und Explosionsgefahr minimiert.

13.

Datum: Unterschrift: _____

                                        Apothekerleiter   Beauftragter

A

Leerformular Explosionsschutzdokument (neu)

Gefährdungsbeurteilung
Brand- und Explosionsgefahren
Explosionsschutzdokument
(nach § 6 BetrSichV)

1. Apotheke:

Apothekenleiter:

Gefährdungsbeurteilung durchgeführt vom:
☐ Apothekenleiter
☐ Beauftragten _____
(fachkundige Person nach § 6 Abs. 9 GefStoffV)
Am............. wurde eine Pflichtenübertragung gem. § 9 Abs. 2 OWiG auf die beauftragte Person vorgenommen. Sie handelt eigenverantwortlich und wurde über die rechtlichen Konsequenzen dieser Übertragung (persönliche Haftung) informiert.

2. Arbeitsbereich:
☐ Lagerraum
☐ Rezeptur
☐ Labor
☐ Weitere:

3. Tätigkeiten:
☐ Lagerung
☐ Transport
☐ Umfüllen
☐ Abfüllen
☐ Einwiegen
☐ Rezepturherstellung
☐ Analytische Nachweisreaktionen
☐ Weitere:

4. Gefahrstoffe:

Bezeichnung	Gefahren-kategorie/n	Pikto-gramme	Signal-wort	Gefahrenhin-weise (H-Sätze)	Menge Arbeitsbereich	Menge Lager

5. Sicherheitsdatenblätter vorhanden und aktuell?　　☐ ja　　　　☐ nein
(§ 6 Abs. 2 GefStoffV)

6. Art und Weise des Umgangs/der Tätigkeit/der Lagerung:

7. Zoneneinteilung:

Zone 0

Ist ein Bereich, in dem gefährliche explosionsfähige Atmosphäre als Gemisch aus Luft und brennbaren Gasen, Dämpfen oder Nebeln ständig, über lange Zeiträume oder häufig vorhanden ist.

☐ Arbeitsbereiche:

Zone 1

Ist ein Bereich, in dem sich bei Normalbetrieb gelegentlich eine gefährliche explosionsfähige Atmosphäre als Gemisch aus Luft und brennbaren Gasen, Dämpfen oder Nebeln bilden kann.

z. B.

– das Innere von Sicherheitsschränken ohne technische Lüftung

☐ Arbeitsbereiche:

Zone 2

Ist ein Bereich, in dem bei Normalbetrieb eine gefährliche explosionsfähige Atmosphäre als Gemisch aus Luft und brennbaren Gasen, Dämpfen oder Nebeln normalerweise nicht oder aber nur kurzfristig auftritt.

z. B.

– das Innere von Sicherheitsschränken mit technischer Lüftung

– der Umkreis von mind. 2,5 m um den nicht technisch belüfteten Sicherheitsschrank bis zu einer Höhe von mind. 0,5 m über dem Fußboden

– Labor, Rezeptur, Lagerraum

☐ Arbeitsbereiche:

8. Lüftungseinrichtung:

Natürliche Lüftung vorhanden   ☐ Arbeitsbereiche:

Technische Lüftungseinrichtung vorhanden   ☐ Arbeitsbereiche:

9. Ausmaß der Exposition:

☐ Bei den verwendeten Mengen erfordern die Auswirkungen keine baulichen Maßnahmen

10. Schutzmaßnahmen:

1.
2.
3.
4.
5.
6.

11. Überprüfung der Wirksamkeit der Schutzmaßnahmen:

☐ Einhaltung der organisatorischen Maßnahmen

☐ Funktion der technischen Schutzausrüstungen, z. B. Laborabzug, Sicherheitsschrank

am: Ergebnis: durch:

am: Ergebnis: durch:

am: Ergebnis: durch:

12. Beurteilung der physikalisch-chemischen Gefährdung:

- -

☐ Bei Beachtung der erforderlichen Schutzmaßnahmen ist Brand- und Explosionsgefahr minimiert.

13.

Datum: Unterschrift:_____

                    Apothekerleiter   Beauftragter

A

Beispiel – Explosionsschutzdokument (alt)

Gefährdungsbeurteilung
Brand- und Explosionsgefahren
Explosionsschutzdokument
(nach § 12 GefStoffV; §§ 3 und 6 BetrSichV)

1. Apotheke: *Musterapotheke, Breite Str. 11, 10111 Musterhausen*

Apothekenleiter: *Peter Mustermann*

Gefährdungsbeurteilung durchgeführt vom:
☒ Apothekenleiter
☐ Beauftragten _____
(fachkundige Person nach § 7 Abs. 7 GefStoffV)
Am............. wurde eine Pflichtenübertragung gem. § 9 Abs. 2 OWiG auf die beauftragte Person vorgenommen. Sie handelt eigenverantwortlich und wurde über die rechtlichen Konsequenzen dieser Übertragung (persönliche Haftung) informiert.

2. Arbeitsbereich:
☐ Lagerraum
☒ Rezeptur
☒ Labor
☐ Weitere:

3. Tätigkeiten:
☒ Lagerung
☒ Transport
☒ Umfüllen
☒ Abfüllen
☒ Einwiegen
☒ Rezepturherstellung
☒ Analytische Nachweisreaktionen
☐ Weitere:

4. Gefahrstoffe:

Bezeichnung	Gefahrensymbol und -bezeichnung	R-Sätze	S-Sätze	Menge Arbeitsbereich	Menge Lager
Ethanol	*F (leichtentzündlich)*	*11*	*2-7-16-46*	*1l/Rezeptur 1l/Labor*	–
Isopropyl-alkohol	*F (leichtentzündlich), Xi (reizend)*	*11-36-67*	*2-7-16-24/25-26-46*	*1l/Rezeptur 1l/Labor*	–
Ether	*F+ (hochentzündlich), Xn (gesundheitsschädlich)*	*12-19-22-66-67*	*2-9-16-29-33-46*	*1l/Labor*	–

5. Sicherheitsdatenblätter vorhanden und aktuell?   ☒ ja   ☐ nein
(§ 7 Abs. 8 GefStoffV)

6. Art und Weise der Tätigkeit:
Rezeptur: entspricht Standard für Tätigkeiten mit brand- und explosionsgefährlichen Stoffen
Labor: entspricht Standard für Tätigkeiten mit brand- und explosionsgefährlichen Stoffen

7. Zoneneinteilung:
Zone 0
Ist ein Bereich, in dem gefährliche explosionsfähige Atmosphäre als Gemisch aus Luft und brennbaren Gasen, Dämpfen oder Nebeln ständig, über lange Zeiträume oder häufig vorhanden ist.
☐ Arbeitsbereiche:

Zone 1
Ist ein Bereich, in dem sich bei Normalbetrieb gelegentlich eine gefährliche explosionsfähige Atmosphäre als Gemisch aus Luft und brennbaren Gasen, Dämpfen oder Nebeln bilden kann.
z. B.
– das Innere von Sicherheitsschränken ohne technische Lüftung
☒ Arbeitsbereiche: *Sicherheitsschrank ohne techn. Lüftung*

Zone 2
Ist ein Bereich, in dem bei Normalbetrieb eine gefährliche explosionsfähige Atmosphäre als Gemisch aus Luft und brennbaren Gasen, Dämpfen oder Nebeln normalerweise nicht oder aber nur kurzfristig auftritt.
z. B.
– das Innere von Sicherheitsschränken mit technischer Lüftung
– der Umkreis von mind. 2,5 m um den nicht technisch belüfteten Sicherheitsschrank bis zu einer Höhe von mind. 0,5 m über dem Fußboden
– Labor, Rezeptur, Lagerraum
☒ Arbeitsbereiche: *Labor, Rezeptur*

8. Lüftungseinrichtung:
Natürliche Lüftung vorhanden   ☒ Arbeitsbereiche: *Labor, Rezeptur*
Technische Lüftungseinrichtung vorhanden   ☐ Arbeitsbereiche:

9. Ausmaß der Exposition:
☒ Bei den verwendeten Mengen erfordern die Auswirkungen keine baulichen Maßnahmen

10. Schutzmaßnahmen:
1. Allgemeine Maßnahmen der Schutzstufe 1 beachten
2. Brennbare Flüssigkeiten/Stoffe nicht in gefährlichen Mengen oder Konzentrationen, die zu Brand- oder Explosionsgefahren führen können, lagern
Bezüglich der Lagermengen TRbF 20 (Kapitel 3) beachten
Wenn möglich, brennbare Flüssigkeiten in Sicherheitsgefäßen aufbewahren
3. Brennbare Stoffe (entzündliche, leichtentzündliche, hochentzündliche, brandfördernde und explosionsgefährliche Gefahrstoffe) in den Arbeitsbereichen nur in geringen Mengen vorhalten
4. Tätigkeiten mit größeren Mengen von brand- und explosionsgefährlichen Stoffen unter dem Laborabzug durchführen
5. Gefährdung durch Zündquellen beachten
Zündquellen, die zu Bränden und Explosionen führen können, vermeiden
6. Vorkehrungen gegen elektrostatische Entladung treffen (Metall- oder Glastrichter beim Um- bzw. Abfüllen größerer Mengen brennbarer Flüssigkeiten, ggf. spezielle Laborschuhe)

A

7. Ausgelaufene Mengen brennbarer oder explosionsgefährlicher Stoffe unverzüglich mit geeigneten Hilfsmitteln aufnehmen und sachgerecht entsorgen

8. Allgemeine Maßnahmen zum Brandschutz beachten (Flucht- und Rettungswege, Feuerlöscher)

11. Überprüfung der Wirksamkeit der Schutzmaßnahmen:

☒ Einhaltung der organisatorischen Maßnahmen

☒ Funktion der technischen Schutzausrüstungen, z. B. Laborabzug, Sicherheitsschrank

am:	durch:	Ergebnis:
am:	durch:	Ergebnis:
am:	durch:	Ergebnis:

12. Beurteilung der physikalisch-chemischen Gefährdung:

☒ Bei Beachtung der erforderlichen Schutzmaßnahmen ist Brand- und Explosionsgefahr minimiert.

13.

Datum: *04.05.2007*   Unterschrift: *Peter Mustermann*

Apothekerleiter   **Beauftragter**

Beispiel – Explosionsschutzdokument (neu)

Explosionsschutzdokument	04.11.2011

Explosionsschutzdokument nach §11 GefStoffV

Erstellt von — Dr. F. Pistill

Apotheke — Gefahren-Apotheke
Chemikalienstraße 13
04111 Ätzhausen

Tätigkeiten: — Lagerung
Transport
Umfüllen
Einwiegen
Rezepturherstellung
Analytische Nachweisreaktion

Arbeitsbereiche: — Labor
Rezeptur

Gefahrstoffe:

Diethylether

Gefahr

Gefahrenhinweise
Flüssigkeit und Dampf extrem entzündbar. Gesundheitsschädlich bei Verschlucken. Kann Schläfrigkeit und Benommenheit verursachen. Kann explosionsfähige Peroxide bilden. Wiederholter Kontakt kann zu spröder oder rissiger Haut führen.

Menge Arbeitsbereiche
1 l Labor

Ethanol 96 %

Gefahr

Gefahrenhinweise
Flüssigkeit und Dampf leicht entzündbar.

Menge Arbeitsbereiche
500 ml Rezeptur

Isopropylalkohol 70 %

Gefahr

Gefahrenhinweise
Flüssigkeit und Dampf leicht entzündbar. Verursacht schwere Augenreizung. Kann Schläfrigkeit und Benommenheit verursachen.

Menge Arbeitsbereiche
1 l Rezeptur

Sicherheitsdatenblätter: — Sicherheitsdatenblatt für Diethylether vorhanden.

Sicherheitsdatenblatt für Ethanol 96 % vorhanden.

Sicherheitsdatenblatt für Isopropylalkohol 70 % vorhanden.

Art und Weise der Tätigkeit: — Entspricht BAK-Standard für Tätigkeiten mit brand- und explosionsgefährlichen Stoffen.

Zoneneinteilung: — ☐ **Zone 0**
Ist ein Bereich, in dem gefährliche explosionsfähige Atmosphäre als Gemisch aus Luft und brennbaren Gasen, Dämpfen oder Nebeln ständig, über lange Zeiträume oder häufig vorhanden ist.

☑ **Zone 1**
Ist ein Bereich, in dem sich bei Normalbetrieb gelegentlich eine gefährliche explosionsfähige Atmosphäre als Gemisch aus Luft und brennbaren Gasen, Dämpfen oder Nebeln bilden kann.

Arbeitsbereiche
Labor

A

☑ **Zone 2**
Ist ein Bereich, in dem bei Normalbetrieb eine gefährliche explosionsfähige Atmosphäre als Gemisch aus Luft
und brennbaren Gasen, Dämpfen oder Nebeln normalerweise nicht oder aber nur kurzzeitig auftritt.

Arbeitsbereiche
Rezeptur

Lüftungseinrichtung: ☑ Natürliche Lüftung vorhanden

Arbeitsbereiche
Labor
Rezeptur

☑ Technische Lüftungseinrichtung vorhanden

Arbeitsbereiche
Labor

Ausmaß der Exposition: ☑ Bei den verwendeten Mengen erfordern die Auswirkungen keine baulichen Maßnahmen.

Schutzmaßnahmen: Alle Arbeiten erfolgen genau nach den Vorgaben des
Standards für Tätigkeiten mit brand- und explosionsgefährlichen Stoffen. Ein Ausdruck des Standards liegt bei;
alle geforderten Schutzmaßnahmen sind einzuhalten.

Überprüfung der ☑ Einhaltung der organisatorischen Maßnahmen
Wirksamkeit der Schutz-
maßnahmen: ☑ Funktion der technischen Schutzausrüstungen, z. B.
Laborabzug, Sicherheitsschrank

am _____ **durch** _____ **Ergebnis:** _____

am _____ **durch** _____ **Ergebnis:** _____

am _____ **durch** _____ **Ergebnis:** _____

Beurteilung der ☑ Bei Beachtung der erforderlichen Schutzmaßnahmen ist
physikalisch-chemischen Brand- und Explosionsgefahr minimiert.
Gefährdung:

Datum: _____ **Unterschrift:** _____   _____
                                          Apothekenleiter   Beauftragter

Dieses Explosionsschutzdokument richtet sich an folgende Personengruppen:

Pharmazeutische Mitarbeiter

Diese Gefährdungsbeurteilung wurde gelesen und zur Kenntnis genommen.

_____   _____   _____

_____   _____   _____

_____   _____   _____

Kaufmann, Schult. Gefahrstoff-Programm, Deutscher Apotheker Verlag, Stuttgart 2010

Formular Empfangsbestätigung nach §3 ChemVerbotsV

Empfangsbestätigung nach § 3 ChemVerbotsV

Frau/Herr . . . .

Adresse . . . .

hat am   . . . .

in unserer Apotheke den folgenden Gefahrstoff erhalten:

. . . . Menge. . . . .

Verwendungszweck. . . . .

Die/Der Erwerber/in wurde über die mit dem Verwenden verbundenen Gefahren, notwendige Vorsichtsmaßnahmen beim bestimmungsgemäßen Gebrauch und für den Fall des unvorhergesehenen Verschüttens oder Freisetzens sowie über die ordnungsgemäße Entsorgung unterrichtet.

Die/Der Erwerber/in bestätigt, den Gefahrstoff nur für den angegebenen Zweck zu verwenden.

. . . . , den. . . . .

. . . .
Unterschrift des Erwerbers

. . . .
Name des Abgebenden   Apothekenstempel

A

Formular Unterweisungsbestätigung

Unterweisungsbestätigung

Frau/Herr . . . .

wurde am . . . .

gemäß GefStoffV § 14 mündlich und arbeitsplatzbezogen über den Umgang mit Gefahr-stoffen in der Apotheke, die damit verbundenen Gefahren sowie erforderliche Schutz-maßnahmen und Verhaltensregeln unterwiesen. Die Unterweisung enthielt Maßnah-men der Ersthilfe im Gefahrfall und Hinweise auf die ordnungsgemäße Entsorgung der Gefahrstoffe.

Die schriftliche Form dieser Betriebsanweisung liegt zur Einsichtnahme in der Apotheke aus.

. . . .

Unterschrift des Apothekenleiters   Unterschrift des Unterwiesenen

Apothekenstempel

Formular Pflichtenübertragung

Erklärung zur Pflichtenübertragung gem. § 9 Abs. 2 Satz 2 OWiG

Zwischen

. . . .

Leiter der . . . . –Apotheke (nachstehend »Apothekenleiter« genannt),

und

. . . .

(nachstehend »Beauftragter« genannt),

wird folgendes vereinbart:

Der Beauftragte ist eine fachkundige Person im Sinne des § 6 Abs. 9 Gefahrstoffverordnung. Die dem Apothekenleiter nach § 6 Gefahrstoffverordnung obliegenden Pflichten
zur Informationsermittlung und Gefährdungsbeurteilung in der . . . .-
Apotheke werden dem Beauftragten übertragen. Dieser führt die entsprechenden
Arbeiten eigenverantwortlich durch. Zu den Arbeiten gehören insbesondere:

. . . . .

. . . . .

. . . . .

Mit dieser Übertragung wird der Beauftragte neben dem Apothekenleiter persönlich
für die ordnungsgemäße Erledigung der betroffenen Tätigkeiten verantwortlich und
kann bei Versäumnissen von den Ordnungsbehörden in Anspruch genommen werden
(§ 9 Abs. 2 Satz 2 OWiG). Der Apothekenleiter bleibt dafür verantwortlich, dass er alle
erforderlichen organisatorischen Maßnahmen zur ordnungsgemäßen Erledigung der
Pflichten ergreift und den Beauftragten in ausreichendem Maße überwacht. Schriftliche
Dokumentationen zu den dem Beauftragten übertragenen Arbeiten werden sowohl von
ihm als auch vom Apothekenleiter unterzeichnet.

. . . . , den . . . .

. . . .
Apothekenleiter   Beauftragter

Literaturverzeichnis

Ahl P. Gefährdungsbeurteilung in Apotheken. Govi-Verlag, Eschborn 2008

Ahl P. Arbeitsschutz in Apotheken, Gefährdungsbeurteilung unter Berücksichtigung von GHS. Govi-Verlag, Eschborn 2011

Ahl P. Gefahrstoffrecht – Neue Regelungen in der Apotheke. Pharm Ztg 47: S. 18 ff., 2010

Ahl P. Gefahrstoffe: Einstufung, Kennzeichnung, Arbeitsschutz. Präsentation zur Fortbildungsveranstaltung der Bundesapothekerkammer vom 01.09.2010

Andres H. Gefahrstoffmanagement für Apotheken. Information, Organisation, Dokumentation. Grundwerk mit 2. Aktualisierungslieferung. Deutscher Apotheker Verlag, Stuttgart 2012

BekGS 408. Anwendung der GefStoffV und TRGS mit dem Inkrafttreten der CLP-Verordnung. Ausgabe Dezember 2009 GMBl 2010 Nr. 2-4, S. 65-77 vom 27.01.2010. Bekanntmachung zu Gefahrstoffen

Cyran W, Rotta C. Apothekenbetriebsordnung. Kommentar. 4. Aufl., Deutscher Apotheker Verlag, Stuttgart 2010

Emsbach MR. GHS Poster Arbeitsschutz. Deutscher Apotheker Verlag, Stuttgart 2011

GHS-Poster »Gefahren- und Sicherheitshinweise«, »Einstufung und Kennzeichnung«, »Umwandlungshilfe – Gesundheitsgefahren«, »Umwandlungshilfe – Physikalische Gefahren«. http://www.baua.de. 2010

Handlungshilfen der Bundesapothekerkammer. http://www.abda.de/arbeitsschutzmassnahmen.html

Hörath Gefahrstoff-Verzeichnis nach GHS / EG-CLP-Verordnung. 8. Aufl., Deutscher Apotheker Verlag, Stuttgart 2012

Hörath H. Gefährliche Stoffe und Zubereitungen. 7. Aufl., Wissenschaftliche Verlagsgesellschaft mbH, Stuttgart 2007

Hörath H. Gefahrstoffverzeichnis. 7. Aufl., Deutscher Apotheker Verlag, Stuttgart 2007

Hörath H. Gefahrstoffverzeichnis. Beiheft Global Harmonisiertes System (GHS). 2. Aufl., Deutscher Apotheker Verlag, Stuttgart 2011

Hofmann R. Die neue Gefahrstoffverordnung. 1. Aufl., Haufe Mediengruppe, Freiburg 2005

Kaufmann D, Schulz A. GHS-Betriebsanweisungen gemäß §14 Gefahrstoffverordnung. 2. Aufl., Deutscher Apotheker Verlag, Stuttgart 2012

Kaufmann D, Schult C. Gefahrstoffprogramm. Deutscher Apotheker Verlag, Stuttgart 2012

Mahlmann W. Chemikalienrecht. Wissenschaftliche Verlagsgesellschaft mbH, Stuttgart 2000

Leitfaden zur Anwendung der GHS-Verordnung. Das neue Einstufungs- und Kennzeichnungssystem für Chemikalien nach GHS – kurz erklärt. Umweltbundesamt, Dessau-Roßlau 2009

Mohr R. Neues Gefahrstoffrecht – Was auf die Apotheken zukommt. Dtsch Apoth Ztg 50: S. 83 ff., 2010

Sicherheitsdatenblätter der Firmen Caelo, Hedinger, Fagron, u. a.

Stapel U. GHS – Betriebsanweisungen und Gefährdungsbeurteilungen. 1. Aufl., Govi-Verlag, Eschborn 2011

Verordnung (EG) Nr. 1272/2008 des europäischen Parlaments und des Rates vom 16. Dezember 2008 über die Einstufung, Kennzeichnung und Verpackung von Stoffen und Gemischen, zur Änderung und Aufhebung der Richtlinien 67/548/EWG und 1999/45/EG und zur Änderung der Verordnung (EG) Nr. 1907/2006

Verordnung (EU) Nr. 286/2011 zur 2. Änderung der Verordnung (EG) Nr. 1272/2008 (CLP-Verordnung) vom 10.03.2011 (2. EG-CLP-Änderungs-VO)

Verordnung (EU) Nr. 453/2010 DER KOMMISSION vom 20. Mai 2010 zur Änderung der Verordnung (EG) Nr. 1907/2006 des Europäischen Parlaments und des Rates zur Registrierung, Bewertung, Zulassung und Beschränkung chemischer Stoffe (REACH)

Verordnung zum Schutz vor Gefahrstoffen (Gefahrstoffverordnung – GefStoffV) vom 23. Dezember 2004

Verordnung zur Neufassung der Gefahrstoffverordnung und zur Änderung sprengstoffrechtlicher Verordnungen, Kabinettsentwurf, Bearbeitungsstand 16. Juli 2010

Verordnung zur Neufassung der Gefahrstoffverordnung und zur Änderung sprengstoffrechtlicher Verordnungen vom 26. November 2010

Sachregister

Die Autoren

Dieter Kaufmann
Ifenstr. 2 1/2
86163 Augsburg

Kurzvita
Nach dem Studium der Pharmazie in München und anschließender Approbation, war Dieter Kaufmann in einer öffentlichen Apotheke und zwei Jahre in der pharmazeutischen Industrie beschäftigt. Seit 1990 lehrt er an der PTA-Schule Augsburg u. a. in den Fächern Arzneimittelkunde, Apothekenpraxis, Botanik, Gesetzeskunde, Kommunikation. Parallel hierzu arbeit er Teilzeit in einer öffentlichen Apotheke in Augsburg. Dieter Kaufmann ist Delegierter der Bayerischen Landesapothekerkammer, Referent im dritten Abschnitt der Apothekerausbildung in München, Regensburg und Erfurt, Referent für Fort- und Weiterbildungen der Bayerischen Landesapothekerkammer und der Landesapothekerkammer Thüringen sowie Fachbuchautor von Werken zum Gefahrstoffrecht und Mitautor der DAV-Software »Gefahrstoffrecht«.

Dr. Holger Herold
Luther-Apotheke
Wittenberger Straße 38
04129 Leipzig

Kurzvita
Nach dem Studium der Veterinärmedizin an der Veterinärmedizinischen Fakultät der Universität Leipzig und Promotion zum Dr. med. vet. (1992), studierte Holger Herold Pharmazie im ersten Studiengang des wieder gegründeten Instituts für Pharmazie der Universität Leipzig und erlangte 1997 die Approbation. Er ist Inhaber der Luther-Apotheke in Leipzig, seit 2003 Mitglied des Vorstands der Sächsischen Landesapothekerkammer mit dem Verantwortungsbereich Ausbildung, Referent für Gefahrstoffrecht, Kennzeichnung von Rezepturarzneimitteln und Tierarzneimittelrecht im Rahmen der begleitenden Unterrichtsveranstaltungen für Pharmazeuten im Praktikum sowie der Fort- und Weiterbildung für Apotheker, Mitglied der Staatlichen Prüfungskommission für den dritten Abschnitt der Pharmazeutischen Prüfung in Sachsen, Vorsitzender der Vertreterversammlung der Sächsisch-Thüringischen Apothekerversorgung und Autor der CD-ROM-Teamschulung »Gefahrstoffe in der Rezeptur« aus dem Deutschen Apotheker Verlag.